Larissa & Ian Murphy

Ich bleib an deiner Seite

Über die Autoren

Larissa und Ian Murphy sind seit 2010 verheiratet und wohnen in Pennsylvania. Sie leben und lachen zusammen, während sie mit den Herausforderungen eines Lebens umgehen lernen, das von Schmerz und Einschränkungen, aber auch großer Liebe geprägt ist.

IAN & LARISSA MURPHY

Ich bleib an deiner Seite

Wenn Liebe nicht aufgibt
Eine wahre Geschichte

Aus dem Amerikanischen von Eva Weyandt

GerthMedien

Wir wissen aber, dass denen,
die Gott lieben, alle Dinge zum Besten dienen.
Römer 8,28

Für unseren Papa und Lehrer Steve Murphy,
der uns vorausgegangen ist und jetzt weiß,
dass sich all das lohnt.
28.8.1960 – 8.10.2009

Wir schreiben dies mit großer Zuversicht, in der Hoffnung,
dass wir alle gemeinsam lernen,
Gott mehr zu lieben als unsere Bequemlichkeit.

Prolog

9. Oktober 2006
(Von Ians Vater Steve Murphy)

Für mich ist es unbegreiflich, wie ruhig und gelassen Mary und ich in dieser schwierigen Situation sind. Die Gnade Gottes trägt uns durch, auch wenn der Schmerz in uns immer wieder übermächtig zu werden droht. Heute habe ich wegen des Unfallwagens mit der Versicherung gesprochen, und aus irgendeinem Grund konnte ich mich kaum überwinden, Ians Auto verschrotten zu lassen. Auch Mary bewegt sich am Rand ihrer Kräfte, trotzdem strahlt sie inneren Frieden aus.

Wir sind bereit anzunehmen, was immer Gott uns zumuten wird, aber wie ihr alle beten wir dafür, dass Gott ein Wunder an Ian tut. Gott schenkt das Leben und erhält es. Gott hat mich gerettet und zu einem neuen Menschen gemacht. Für ihn ist es kein Problem, Ian aus dem Koma aufwachen zu lassen. Danke für euren Glauben an ein Wunder. Das beschämt uns, und wir sind dankbar für eure Gebete.

(Ursprünglich auf prayforian.com gepostet in den Tagen nach dem Unfall)

Eine Vorbemerkung von Ian

Ich möchte sagen, dass ich Larissa liebe. Mit ihr hat mir Gott einen großartigen Menschen an die Seite gestellt. Larissa ist mein Gedächtnis. Ich könnte dieses Buch nicht schreiben, weil ich mich an vieles nicht mehr erinnere. Ich vertraue Larissa. Sie wird unsere Geschichte richtig wiedergeben. Ich liebe sie, darum ist alles gut, wie es ist.

Ich hoffe, dass dieses Buch Sie zum Nachdenken bringt. Denn ich wünsche mir, dass Gott durch dieses Buch im Leben der Einzelnen wirkt und Beziehungen stärkt.

Setzen Sie Ihr Vertrauen auf Gott. Er ist größer als Ihre Geschichte. Er ist größer als unsere Geschichte.

Kapitel 1

Mit einem Aufseufzen sinke ich in mein Bett. Meine schmerzenden Füße habe ich unter die weiße Daunendecke geschoben, zutiefst erschöpft von meinem Arbeitstag. in hochhackigen Schuhen. Der Schlaf zieht mich mit sich fort, und die Daunenfedern wärmen meine Haut. Mein Mann ist noch nicht zu Hause, und ich will diese halbe Stunde der Ruhe genießen. Mein Blick wandert über die noch nicht geöffnete Post, die ungebügelte Wäsche auf dem Stuhl und das schmutzige Geschirr auf dem Tisch, aber ich ignoriere die Arbeit, die auf mich wartet, schließe die Augen und blende alles aus, was noch zu erledigen ist. Ich will ausruhen, nichts weiter, bevor ich meine Beine wieder über die Bettkante schwingen und meinen warmen und bequemen Kokon verlassen muss.

Auch wenn meine Glieder schwer werden und ich wegdöse; die Gedanken in meinem Kopf können keine Ruhe finden und quälen mich, bis ich nicht mehr zwischen Traum und Realität unterscheiden kann. Fast glaube ich, mich nicht mehr an ihn erinnern zu können, an sein Lächeln. Ich weiß nicht mehr, wie sein Lachen klang, sehe seinen Gang nicht mehr vor mir. Jener Raum in mir, der ihn kannte, der Teil meines Gedächtnisses, in dem der Klang seiner Stimme gespeichert ist und das Bild, wie er sich beim Lachen immer den Bauch hielt, ist zugeschüttet. Die Erinnerungen, die mir helfen sollen weiterzumachen, die meine Liebe am Leben erhalten sollen, sind verschwunden, einfach so, ungefragt und unwillkommen. Sie sind für mich nicht mehr greifbar. Es ist, als hätten sie sich irgendwo im hintersten Winkel meines Verstandes versteckt, so gut, dass ich sie nicht mehr erreichen kann. Vielleicht drängen sie aus den Tiefen des Wassers an die Oberfläche – diese Erinnerungen, Geräusche und Gerüche, die ihn in mir lebendig, nah und warm sein lassen –, aber irgendetwas lässt nicht zu, dass sie an die Oberfläche kommen.

Ein Erinnerungsblitz, wie wir gemeinsam auf seiner Veranda saßen, oder eine Nachricht von ihm auf meiner Mailbox … doch bevor ich es fühlen oder erfassen kann, versank es wieder in der Tiefe, unerreichbar für mich.

„Habe ich ihn wirklich vergessen?", frage ich mich im Halbschlaf, während ich auf sein Eintreffen warte. „Sind wir schon so lange auf diesem Weg, dass all diese Worte und Geräusche aus meiner Erinnerung gelöscht sind? Ist das alles, an was ich mich je werde erinnern können? Wird das alles sein, was mir von ihm in Erinnerung bleibt? Nur *dieser* Ian?"

Und dann … fällt die Tür ins Schloss, ein vertrautes Geräusch, das meine trüben Gedanken in alle Winde zerstreut. Ich springe auf, reibe mir den Schlaf aus den Augen und spähe aus dem Fenster. Gleich wird er in seinem Rollstuhl durch die Tür kommen.

„Hallo, Frauchen!", ruft er aus dem Vorraum, während sein jüngster Bruder Devon ihn ins Haus schiebt. Ian kann die Lautstärke seiner Stimme nicht mehr kontrollieren, und manchmal spricht er sehr undeutlich. Aber das Wort „Frauchen" ist in der Regel laut und deutlich zu verstehen.

Er kommt ins Schlafzimmer gerollt und umarmt mich. „Wie war dein Tag?", frage ich.

„Ich erinnere mich nicht daran. Also muss er gut gewesen sein!"

Eine für ihn typische Antwort – weil er durch die Gehirnverletzung sein Kurzzeitgedächtnis verloren hat. Ich bin die einzige von uns beiden, die detaillierte Erinnerungen an unsere zehnmonatige Beziehung und an alles besitzt, was zu unserem Leben vor dem 30. September 2006 gehört hat.

Zu unserem Leben vor dem Tag, der alles veränderte.

Dem Datum, das jedes Jahr in schöner Regelmäßigkeit wiederkommt, ob es mir passt oder nicht.

In der Nacht vor dem 30. September, der gerade hinter uns lag, hatte ich mich an Ian gekuschelt und ihm mein Herz ausgeschüttet: „Ian, ich bin so traurig. Wegen deiner Einschränkungen und weil du all das durchmachen musst."

„Und dafür liebe ich dich", erwiderte er. „Du bist traurig, weil ich dir so viel bedeute."

Jahrestage mag ich nicht mehr, und diesen speziellen verabscheue ich zutiefst. Ian soll nicht merken, dass ich die Jahrestage zähle. Doch die Erinnerung an jenen entsetzlichen 30. September hat sich in mein Herz gebrannt. Ich kann sie nicht auslöschen.

Die Erinnerung an den schlimmsten Jahrestag, den es gibt.

Kapitel 2

Wir lernten uns im Frühling des Jahres 2005 kennen, ganz zufällig bei einem Treffen mit Freunden. Ich war 18 Jahre alt, hatte gerade ein Semester in Australien studiert und war im Ganzen noch ziemlich grün hinter den Ohren. Das prickelnde Nachtleben in Bars und Clubs war mir bisher fremd gewesen. Doch in Australien hatte ich Geschmack daran gefunden, und bald ging ich jedes Wochenende abends aus und mit Freunden etwas trinken. Die meisten meiner Erlebnisse aus jener Zeit spielten sich in Bars ab, oder auf den Bürgersteigen davor, wenn ich mich mal wieder übergeben musste.

Diese drei Monate hielt ich in meinem Tagebuch fest, und im Nachhinein gelesen zeigt sich ganz deutlich, dass sich in mir eine Veränderung vollzog: Ich ließ mich treiben. Dunkelheit und Leere hatten sich in mir ausgebreitet und wurden immer stärker, wenn sie Nahrung in Form von Schnaps und Wein aus dem Tetrapack bekamen. Die Nächte hatten mich in eine zornige junge Frau verwandelt und der Alkohol vernebelte mein Denken.

Das dicke, große Notizbuch, das meine Schwester mir geschenkt hatte, nahm geduldig meine spätabendlichen Ergüsse in sich auf, und jedes Wort, das ich zu Papier brachte, zeugte von meiner Traurigkeit und Verwirrung, die auf eine einzige Frage zurückzuführen waren. Diese Frage hatte meine neue Freundin Tracey mir gestellt, als wir im letzten Monat des Auslandssemesters im Bus durch die schneebedeckte Berglandschaft und grünen Felder Neuseelands fuhren.

„Wenn du stirbst, kommst du doch in den Himmel, richtig?"

Wir trugen uns gerade für die Unternehmungen ein, an denen wir in Christchurch teilnehmen wollten. Ich entschied mich für Fallschirmspringen, und wenige Stunden später würde ich tatsächlich mit einem Partner zusammen aus einem kleinen Sportflugzeug ins Leere springen. Genau der richtige Zeitpunkt für die Frage meiner Freundin, schätze ich.

Ich zögerte mit der Antwort. „Hmmm, sicher bin ich mir da nicht", gestand ich mir zum ersten Mal in meinem Leben ein.

Traceys einfache Frage traf mitten ins Schwarze. Hinter mir lag eine Zeit, in der ich viele schlechte Entscheidungen getroffen und Schuld auf mich geladen hatte. Diese Frage war mir daher äußerst unangenehm. „Wenn du stirbst, kommst du doch in den Himmel, richtig?" Mit Sicherheit wusste ich nur, dass ich Angst davor hatte, in die Hölle zu kommen.

Ian absolvierte in der Zwischenzeit auf der anderen Seite mehrerer Kontinente und Ozeane das dritte Semester am College, genau wie ich. Er wohnte noch bei seinen Eltern und studierte Medien- und Kommunikationswissenschaften, zufälligerweise auch mein Hauptfach. Doch die Gründe, warum wir uns für dieses Studienfach entschieden hatten, waren nicht dieselben. Für mich war ausschlaggebend gewesen, dass ich für dieses Hauptfach keine Mathematik brauchte. Ian hatte vor, nach seinem Examen zusammen mit seinem besten Freund David Filme zu produzieren. Schon als Kinder hatten die beiden ständig zusammen herumgehangen und Filmchen gedreht, zum Beispiel das frühe Meisterwerk „Little Town". In diesem Streifen sind die beiden Hauptdarsteller Max und Clubbert sehr gemein zu einem Jungen mit Namen Casey. Bei einem Autounfall kommt Casey ums Leben, und von da an werden Max und Clubbert von dessen Geist verfolgt. Sehr vielschichtig und kreativ.

Als Studenten der Kommunikationswissenschaften jobbten wir beide bei dem zum Campus gehörenden kleinen Fernsehsender. Dort war ich Ian nach meinem Australienaufenthalt schon über den Weg gelaufen. Ein paar Worte hatten wir hier und da gewechselt, einige berufliche Begegnungen, ein schnelles Hallo. Aber besonderes Interesse hatte ich nicht an ihm gehabt.

Doch eines Abends begegneten wir uns in einer WG, die von ihren Bewohnern den hochtrabenden Namen „Die Zukunft" bekommen hatte. Zum ersten Mal führten wir ein Gespräch, das über Smalltalk hinausging. Die anderen spielten Videospiele; jemand legte Musik auf. Ich beobachtete, wie die anderen zum Rhythmus der Musik die abenteuerlichsten Verrenkungen machten. Sie kamen mir vor wie Stoffpuppen. Einer der Gäste hielt den Augenblick mit der Kamera fest. Auf einem der Fotos ist Ian zu sehen: kurzer Haarschnitt, blau gestreiftes Hemd. Mit der Hand greift er sich an den Kopf, und seine Lippen sind zu einem Lächeln verzogen. Ich habe dieses Foto noch. Ein Andenken an eine Zeit, als das Leben noch einfach war.

Das Gespräch mit Ian war prima, und auch danach unterhielten wir uns nun öfter und tiefgehender, aber er hatte sich noch keinen Platz in meinen Gedanken erobert. Gegen Ende des Semesters sahen wir uns dann häufiger. Ich hatte vor, in den Sommermonaten einen dreiwöchigen Ferienkurs zu belegen. Ian und seine Freunde Jimmy und Maelys, die ebenfalls in ihrer Heimatstadt studierten, blieben auch im Sommer dort. Ich wohnte damals ganz in Maelys` Nähe, und so kam es, dass wir viel gemeinsam unternahmen.

Es wurde ein Sommer, der nie zu Ende hätte gehen sollen. Am liebsten hätte ich ihn noch Jahre später genau so festgehalten. Dieser Sommer war in meiner Erinnerung viel sonniger als die heutigen Sommer, obwohl er in Wirklichkeit genauso verregnet war, wie das am Erie-See üblich ist.

Abends unternahmen wir vier immer neue Abenteuertouren. Manchmal legten wir uns mit Decken auf den Footballplatz unseres Colleges, an anderen Abenden bewunderten wir durch die Autoscheiben die Sterne am Nachthimmel. Wir Mädchen saßen auf der Rückbank und drückten unsere Gesichter an das kühle Glas, während Jimmy uns in seinem grünen Explorer an den Schornsteinen des Kraftwerks vorbeikutschierte.

„Der Himmel ist so unglaublich weit!", quietschte Maelys. Durch das Autofenster folgte ihr Blick der dichten Rauchwolke des Kraftwerks, die in den Himmel stieg, während die warme Sommerluft über ihre Wange strich. Ihre kindliche Begeisterung amüsierte uns. Wir durften so ausgelassen sein, denn wir waren noch nicht erwachsen. Wir brauchten keine Zurückhaltung zu üben und konnten unseren Gefühlen freien Lauf lassen; wir waren jung und sahen unserer Zukunft voller Optimismus entgegen. In der Freundschaft zu diesen drei Leuten begegnete ich Gott, und ich genoss unsere spätabendlichen Ausflüge zu Dean's Diner und unsere Gespräche über alles zwischen Himmel und Erde. Meine Zukunft erschien mir rosig und sicher. Der Gott, den ich gerade erst kennenlernte, war liebevoll und seine Geduld unerschöpflich.

„Wenn du jemanden mit einer Rakete ins Weltall schießen könntest, der nie wieder zur Erde zurückkehren könnte, wer wäre das?", fragte Jimmy, der auf dem Fahrersitz saß.

„Rob Thomas", antwortete Ian wie aus der Pistole geschossen, als müssten doch alle wissen, dass er sich *immer* für den Sänger von *Matchbox 20* entscheiden würde.

„Wenn du frei wählen könntest, wo würdest du leben wollen?", fragte Jimmy.

„In Virginia, irgendwo an einem See", erwiderte Ian.

Ich saß auf dem Rücksitz, lächelte in mich hinein und wunderte mich über diesen Zufall. Schon seit frühester Kindheit war es mein Wunsch, in Virginia zu leben, natürlich an einem See. An diesem Abend wusste ich noch nicht, dass Ian mit seiner

Familie jedes Jahr für zwei Wochen an genau so einem See in Virginia Urlaub macht.

„Ich weiß nicht, für welchen Ort ich mich entscheiden würde", erklärte ich zurückhaltend. Keinesfalls sollte Ian den Eindruck bekommen, ich würde ihm nach dem Mund reden oder hätte es auf ihn abgesehen. Später erfuhr ich, dass Ian in der Highschool und auf dem College von mehreren glühenden Verehrerinnen richtiggehend bedrängt worden war. Ich war froh, dass ich meine Antwort vage gehalten hatte. Bestimmt wären sonst sofort seine Warnlämpchen angegangen.

Doch nicht nur unsere fröhlichen, sorgenfreien Unternehmungen machten diesen Sommer für mich so unvergesslich. In meinem Herzen spürte ich eine Veränderung, eine Bewegung zu Gott hin. Da war eine Sehnsucht, die ich seit vielen Jahren nicht mehr empfunden hatte. Dinge, die ich vom Verstand her wusste, verankerten sich in meinem Herzen.

Zum Beispiel lud Ian meine Mitbewohnerin und mich zu einem Kurs ein, in dem es um die Auseinandersetzung mit den großen Fragen des christlichen Glaubens ging, und um die Antworten, die in der Bibel zu finden waren. Dieser Kurs war kostenlos, und vor der Diskussionsrunde gab es etwas zu essen. Eine arme Studentin wie ich konnte es sich nicht leisten, nicht daran teilzunehmen. An den Abenden saß ich meistens neben Tonya, die nach und nach zu meiner „College-Mutter" wurde. Und an einem dieser Abende konnte ich annehmen, was Jesus am Kreuz für mich getan hatte. Der Glaube wurde lebendig in mir, und meine Weltsicht veränderte sich von Grund auf.

Ich war ein sündiger Mensch. Und Gott liebte mich.

In diesem Augenblick änderte sich meine Marschroute. Nicht mehr die Sinnlosigkeit der Hölle wartete auf mich, sondern der Himmel.

Ian dagegen hatte sich schon vor einigen Jahren für ein Leben mit Gott entschieden. Während einer Jugendfreizeit war er zu seinem Vater gegangen und hatte ihm gesagt, er wolle Jesus in sein Leben einladen. Das tat er auch, und er erlebte seine eigenen Herausforderungen. Vom Verstand her war ihm klar, dass Jesus bereits alles für ihn getan hatte und er nichts mehr zu leisten brauchte, doch er wurde seinen eigenen Ansprüchen an sich nicht gerecht. Er wollte ein Leben führen, das Gott gefiel.

Ian und ich waren beide in Bezug auf den Glauben noch ziemlich unerfahren. Wir hatten mit Missverständnissen und Zweifeln zu kämpfen und marschierten auch mal in eine verkehrte Richtung. Aber Gott war da, und mit seiner mächtigen Hand hielt er uns fest.

Und nach und nach spürte ich, dass ich mich immer mehr zu Ian hingezogen fühlte und dass es ihm ebenso mit mir erging.

„Brett!“, höre ich eine heisere Stimme aus dem Fernsehzimmer. „Breit! Birke! Bring!“

Er trainiert seine Sprechfähigkeit. Diese Anfangssilben sind schwer auszusprechen, ganz besonders, wenn ein Gehirn so müde ist wie das von Ian. Er arbeitet mit Devon unermüdlich an sich, genau wie schon in den vergangenen sechs Jahren. Um eine Besserung zu erzielen.

Seine Stimme klang nicht immer so rau. Vor seinem Unfall hat Ian gern gesungen, und zwar laut – sehr, sehr laut. Mit Tom Petty schmetterte er „Free Falling“, während er seine lange Mähne im Wind flattern ließ. Wo er ging und stand, sang er. Zusammen mit seinen Freunden Mark, David und Justin hatte er die Band *Knucklehead* gegründet. Er sang mir endlose Nachrichten auf meine Mailbox, scheußlich-schöne romantische Lieder, die mich später, als ich auf dem harten, kalten Boden der Intensivstation hockte, zu verspotten schienen.

Jetzt jedoch ist seine Stimme rau und die Atmung unkontrolliert. Wenn er Tom Petty singt, kann er die Melodie nicht halten. Aber mich bringt das zum Lachen, mehr als früher. Weil ich ziemlich sicher bin, dass mein Mann trotz allem irgendwie glücklicher ist als je zuvor.

Obwohl Ian eine wunderschöne Stimme und ein herrlich verschmitztes Lächeln hatte, dauerte es eine Weile, bis ich anfing, mehr in ihm zu sehen als nur einen Freund.

„Ian ist wirklich ein guter Typ und unheimlich attraktiv“, hatte ich in jenem Sommer zu Maelys gesagt, bevor er und ich zusammenkamen, „aber trotzdem fühle ich mich nicht zu ihm hingezogen, wie … du weißt schon.“

„Ich auch nicht“, erwiderte sie und schien das genauso wenig zu verstehen wie ich, als wir den Jungen durch die Straße folgten. Es war wirklich unverständlich: Ian hatte diesen gewissen Tom-Cruise-Charme, und sein Lächeln war einfach unwiderstehlich.

Meine innere Zerrissenheit war, wie ich vermutete, darauf zurückzuführen, dass ich mich auch ständig über ihn ärgerte. Wir waren zwar Freunde geworden, doch von meiner Seite war es eine Art Hassliebe. Und ein wenig auch von seiner. Sicher, er war lustig, klug, anziehend. All das. Aber leider ging er mir auch unglaublich auf die Nerven. Da waren seine unverschämten Kommentare zu allem und jedem. Und Verhaltensweisen, die für mich zu den ganz grundlegenden Regeln der Höflichkeit des Mannes einer Frau gegenüber gehörten, gingen ihm völlig ab. Kurz gesagt, er war beileibe kein Kavalier.

„Du wärst wirklich ein furchtbarer Partner", sagte ich zu ihm, als wir an der Kasse im Supermarkt standen. Ich hatte eingekauft, um Lasagne für uns zu machen, und nachdem ich bezahlt hatte, stand er einfach nur dabei und sah mir zu, wie ich mich mit den ziemlich schweren Tüten abmühte. *Mein Vater hätte mich diese Tüten nie tragen lassen*, dachte ich.

Und dann gab es die Gelegenheiten, wo Ian zu glauben schien, dass Regeln für alle anderen galten, nur nicht für ihn, zumindest nicht *meine* Regeln. Zum Beispiel fand ich, dass man nicht mit einem vollen Kaffeebecher in einen Laden geht. War ihm denn nicht klar, dass er seinen Kaffee über die Waren verschütten könnte und dass wir dann ein Problem hätten? Oder dass es unfair war, wenn er bei gemeinsamen Ausflügen fünf Dollar weniger Benzingeld gab als alle anderen? Einmal verwendete er wochenlang nur eine Spülung statt Shampoo, weil ihm der fettige Look gefiel, den seine Haare dadurch bekamen. Ich ärgerte mich auch darüber, dass er behauptete, einen Wagen mit Schaltgetriebe fahren zu können, obwohl das gar nicht stimmte. Als er dann in einem geliehenen Auto einen Freund nach Hause bringen wollte, würgte er den Motor auf der kurzen Strecke hundertmal ab.

Ich führte schon seit Kindheitstagen ein Tagebuch und Ian kam in der Zeit häufig darin vor. Ich beschrieb hochdramatisch meine Gefühle, denen ich mich noch nicht stellen wollte, vertraute dem Tagebuch an, dass die Gedanken an Ian „meinen Geist vergiften würden". Doch tatsächlich „vergiftete" er mich mit Erinnerungen, die zu den schönsten meines Lebens gehören.

Manchmal lebte Ian einfach in einer anderen Welt. Doch es war eine Welt, die mir gut tat.

Es dauerte ein paar Wochen, bis wir uns schließlich outeten. Wir hatten versucht, uns und unsere Gefühle zu schützen, aber wir waren einfach viel zu gern zusammen und hatten so viel Spaß miteinander.

Irgendwann Ende November, mitten im Herbstsemester, fragte mich Ian: „Hast du morgen schon was vor?" Wir saßen im Wagen und wollten einen Freund abholen, um gemeinsam zum Bowlen zu fahren. Ich erklärte, ich hätte noch nichts vor. Zuerst dachte ich mir nichts bei dieser Frage. Wir verbrachten so viel Zeit miteinander, dass mir zunächst nichts Außergewöhnliches auffiel.

Doch dann dämmerte es mir.

Ich erkannte, dass er mich um eine richtige „Verabredung" bat. Wir hatten schon jede Menge Gespräche darüber geführt, wie wir uns unsere jeweilige Zukunft vorstellten und wie der ideale Partner aussehen müsste und was wir uns von einer Beziehung erhofften (natürlich immer nur rein hypothetisch, versteht sich!). Daher wusste ich, dass dies bedeutete, dass Ian sich diesen Schritt gründlich überlegt hatte und dass es weit mehr war als nur ein Date, worum er mich bat. Er hatte mir oft genug erklärt, dass er nur mit einem Mädchen ausgehen würde, mit dem er sich auch eine Ehe vorstellen konnte. Das fand ich schön, und mir schwebte etwas Ähnliches vor.

Was ich zu diesem Zeitpunkt noch nicht wusste, war, dass er sogar mit seinen Eltern darüber gesprochen hatte. Er hatte sie gefragt, ob er ihrer Meinung nach schon bereit sei für eine ernsthafte Beziehung, die möglicherweise zu einer Ehe führen würde. Außerdem hatte er ihnen viel von mir erzählt, zum Beispiel, dass es ihm sehr gefiel, wie wichtig es mir war, mich in meinem Glauben an Gott weiterzuentwickeln. Das imponierte ihm. Er fand es inspirierend, ebenso wie die Tatsache, dass ich keine Scheu davor hatte, ihn herauszufordern.

Sein Vater meinte, die Tatsache, dass er sie um ihre Einschätzung bitte, ob er bereit sei für eine Beziehung, ließe darauf schließen, dass das so wäre.

Und darum hatte er ihren Segen.

Als wir an diesem Abend, an dem er mich für den nächsten Tag zum Essen eingeladen hatte, im Bowlingcenter ankamen, war plötzlich alles anders. Mein Blick auf Ian war anders. Wenn ich ihn dabei ertappte, wie er mich beobachtete, war das anders. Es war schön, den Gefühlen nachzugeben, die ich zu unterdrücken versucht hatte. Endlich konnte ich diese Gefühle zulassen, weil ich wusste, dass er sie erwiderte.

Damals wusste ich es noch nicht, aber ich trat ein in ein Universum, das Jesus am Kreuz für uns geschaffen hatte, als er um unsertwillen den Tod auf sich nahm und damit den Weg zu Gott frei machte. Unsere Liebe konnte natürlich niemals so vollkommen sein wie seine, doch als Kinder Gottes waren wir in der Lage, seine Liebe zu empfangen, besonders dann, wenn unsere eigene Liebesfähigkeit versagte, und wir konnten lernen, sie einander zu schenken. Noch wussten wir nicht, welche Kräfte Liebe in uns freisetzen kann und wie sehr sie uns trägt. Ich hätte es nicht voraussagen können, aber durch Ian und seine Entscheidung, mehr aus uns zu machen als nur gute Freunde, trat ich auch in eine tiefere Gemeinschaft mit Jesus ein, die für die schmerzliche Zwangspause, die unsere Liebe bald aushalten musste, überlebenswichtig war.

Ich wollte meine Eltern mit meiner neuen Liebe bekannt machen und wünschte mir, dass sie sich mit mir freuten. Als ich ihnen von Ian erzählte, gingen sie davon aus, dass er einer meiner vielen Kurzzeit-Freunde am College sei. Leider hatte ich ihnen schon ein paarmal erzählt, ich hätte meinen zukünftigen Ehemann kennengelernt. Trotzdem kamen sie an einem Wochenende, zusammen mit meiner Schwester, um Ian kennenzulernen und sich eine Meinung darüber zu bilden, ob er den

„Familienstandards“ genügte. Meine Mutter erzählte mir später, sie sei anfangs skeptisch gewesen, doch dann hätte sie sein Lächeln gesehen – sein allumfassendes Lächeln, bei dem er sein Zahnfleisch entblößte und das den liebenswerten jungen Mann hinter seinem Sarkasmus erahnen ließ.

In dem Moment, in dem sie dieses Lächeln sah, verstand sie, warum ich mich in ihn verliebt hatte.

Ich begann, eine ganz andere Seite an meinem besten Freund zu sehen, die mir bisher verborgen geblieben war. Er konnte auch ernsthaft sein, leidenschaftlich, weichherzig. Seine Stimme hatte eine andere Färbung, wenn er zu fast allem, worum ich ihn bat, Ja sagte, einfach weil er mich liebte.

„Ich hätte nie gedacht, dass Ian einmal ein Mädchen finden würde, das ihn genug mag, um mit ihm auszugehen“, scherzte seine Tante Andrea Jahre später, als wir gemeinsam ein Zimmer in Ians Elternhaus strichen. Die Erklärung dafür ist einfach. Ian war umgänglich und humorvoll, aber auch sehr sarkastisch und unnahbar. Er ließ niemanden wirklich an sich heran. Zu Ians Herz drang man nicht so leicht vor – und dass ich es tat, gefiel mir. Es gab mir das Gefühl, etwas ganz Besonderes zu sein, und ich spürte, dass er mir vertraute.

Andrea war eines der drei Familienmitglieder, die mich, wie Ian sagte, einfach mögen *mussten*. Ich weiß nicht, was geschehen wäre, wenn sie mich nicht gemocht hätten, aber als wir uns zu Ostern auf den Weg nach Philadelphia gemacht hatten, erzählte mir Ian, dass ich an diesem Wochenende genau drei Leute unbedingt für mich einnehmen musste: seine Tante Andrea und seine Cousinen Jessie und Sarah.

Jessie und Sarah waren etwa in Ians Alter und für ihn so etwas wie Schwestern. Sehr schnell wurde mir klar, dass sie ihn viel mehr liebten, als ich ihn je lieben könnte, denn etwas Besonderes passiert zwischen Menschen, die schon immer zusammen waren. Jedes Jahr verlebten sie in den Ferien zwei sehr intensive

Wochen miteinander, gingen zur Ferienbibelschule oder fuhren Kajak auf dem See, ohne den Rest der Familie. Diese gemeinsamen Zeiten über Jahre hinweg hatten sie zusammengeschweißt. Abends hatten sie in den Ferienhäusern zusammen gesessen und stundenlang alte Hitchcock-Filme auf Video angeschaut, während Ian die laufenden Dialoge neu interpretierte. Sie waren an den Wochenenden bei ihrer Oma beste Freunde geworden, wenn sie sich bis spät in der Nacht Geschichten erzählten, lachten und redeten und die Küchenschränke durchsuchten, weil sie Hunger bekamen und hofften, irgendwo noch eine Tüte Chips zu finden.

Das intensive Zusammensein mit Sarah und Jessie in den gemeinsamen Ferien und bei Wochenenden, Weihnachts- und Osterfesten zeigte Wirkung bei Ian, machte ihn sanfter und einfühlsamer, wenn vermutlich auch unbeabsichtigt. Es geschah einfach nur deshalb, weil sie ihn teilhaben ließen an ihren Gefühlen und Mädchensichtweisen, die er sonst nicht so hautnah kennengelernt hätte. Und andersherum hatte er genug Vertrauen zu ihnen, um ihnen offen seine Sicht der Dinge zu erzählen und überhaupt geradeheraus alles zu sagen, was er dachte.

Doch dies war eine Eigenschaft, die bei seiner Freundin nicht so gut ankam. Zum Beispiel, als er einmal nach einem Gottesdienst zu mir sagte: „Lustig – selbst von der anderen Seite des Raums konnte ich deinen Oberlippenbart sehen."

Ich war tief verletzt und mir traten Tränen in die Augen. Und das ließ ich ihn auch sehr deutlich wissen. Er konnte überhaupt nicht verstehen, warum ich so reagierte und warum sich der Abend danach so unerfreulich entwickelte.

„Larissa, warum heulst du denn jetzt? Meinen Cousinen kann ich solche Sachen sagen, ohne dass sie ausrasten", erklärte er mit liebevoll-verwirrter Stimme.

„Aber ich bin nicht deine Cousine! Ich bin deine Freundin! Und das ist absolut furchtbar!"

„Ich fand es nur irgendwie süß. Und ich dachte, du würdest es wissen wollen, damit du etwas dagegen unternehmen kannst."

„Hättest du es denn nicht anders ausdrücken können? Das klingt ja, als hätte ich eine Gesichtsbehaarung wie ZZ Top!"

Und dann schaukelte sich das Gespräch hoch, wie das manchmal so ist nach einer gut gemeinten, aber ungeschickten Bemerkung. Es uferte aus, und ich brachte Dinge ein, die gar nichts mit dem Thema oder mit Ian zu tun hatten. Und doch hatte ich das Gefühl, dass sie an dieser Stelle durchaus angebracht wären. Zum Beispiel machte ich ihn darauf aufmerksam, dass in meinem Englischkurs ein sehr hübsches Mädchen sei und dass er vielleicht eines Tages der Meinung sein könnte, dass er sie lieber mochte als mich. Und einen Oberlippenbart hatte sie auch nicht.

Er bemühte sich auf dem Heimweg – seine Wohnung lag etwa drei Meilen von meiner entfernt –, meine ausgearteten Argumente zu entkräften, doch das gelang ihm nicht. Stattdessen kam er sich vor wie in einem schlechten Film, und er überlegte fieberhaft, wie er das alles hätte verhindern können – oder zumindest, wie er es in einem künftigen Drehbuch unterbringen konnte.
In der Nacht hatte er anscheinend wenig Schlaf gefunden, denn am nächsten Morgen stieg er, während ich im College war, durch das niedrige Küchenfenster in meine Wohnung ein und verteilte als Friedensangebot in jedem Zimmer meine Lieblingsschokoriegel. Ich nahm das Angebot gerne an. Und um ehrlich zu sein, wurde die Oberlippenbart-Episode ein Running Gag zwischen uns und eine unserer liebsten und lustigsten Erinnerungen.

Wir lachten viel miteinander. Einmal besuchte ich ihn für einen Tag in Lancaster, wo er am Set für einen Spielfilm ein Praktikum absolvierte. Nachdem wir in einer Pizzeria zu Mittag gegessen hatten, schlenderten wir durch die Stadt. Ein von einem Pferd gezogener schwarzer Buggy rollte an uns vorbei. So etwas hatte ich noch nie gesehen, und irgendwie ging ich automatisch davon aus, dass das Gefährt zu dem Filmset gehörte. In der Kutsche saß ein Amisch-Mann in den typischen altmodischen Klamotten, der für meine ahnungslosen Augen irgendwie unecht wirkte.

„Ian, war das eine Schaufensterpuppe?"

Er musste mich einfach necken. „Ja, in Lancaster ist es üblich, dass Schaufensterpuppen in Pferdekutschen herumfahren."

„Warte mal, oder war das ein Statist für den Film? Aber das Gesicht wirkte so unbeweglich, als wäre es aus Plastik, und die Gestalt hat sich nicht bewegt. Das war definitiv eine Schaufensterpuppe!"

In meinem Kopf wirbelten die Möglichkeiten durcheinander, und mich beschäftigte die Frage, ob der Wagen irgendwie ferngesteuert wurde oder woher um alles in der Welt die Schaufensterpuppen wussten, dass sie an einer roten Ampel anhalten mussten. Das kam mir gar nicht abwegig vor, und Ian blieb dabei ganz ernst und steuerte sogar noch überzeugende Argumente bei.

Doch als der Bann schließlich brach und mir einfiel, dass in Lancaster County viele Amisch-Gemeinschaften leben und diese Buggys ihre normalen Fortbewegungsmittel sind, boxte ich ihn und schimpfte ihn aus, weil er mich so auflaufen lassen hatte.

Er bombardierte mich mit Ideen für Aufdrucke auf T-Shirts, die er in seinem Ideenbuch vermerkt hatte. Zum Beispiel wollte er ein Protest-Shirt gegen die Zeitumstellung herstellen: „Nutzt mehr Sonnenenergie – schafft die Winterzeit ab." Oder eines über Davy Jones' Rucksack, der irgendwo in Davys Spind versteckt war. Leider spielte ich kein Minecraft und verstand den Witz nicht, und ich saß mit einem großen Fragezeichen über dem Kopf auf der Couch, während er Arme schwenkend auf und ab ging und sich darüber wunderte, dass ich ihm nicht folgen konnte. Beim Sprechen gestikulierte er immer sehr lebhaft mit Händen und Armen, und ich sehe noch die große silberne Uhr vor mir, die bei seinen wilden Bewegungen über seinen Arm rutschte.

In Pittsburgh belegten wir einen Kurs im Swing-Tanzen (dafür liebte ich ihn noch viel mehr, denn meine Mutter hatte meinen Vater 25 Jahre lang anbetteln müssen, bis er endlich mit ihr zu einem Tanzkurs ging), und anschließend wollten wir seinen Eltern unsere neu erlernten Bewegungsabläufe vorführen, bei denen Ian mich hochhob und herumwirbelte. Leider ließ Ian mich während der Vorführung fallen. Meine Haarspange ging bei dem Sturz zu Bruch, ich wälzte mich vor Lachen auf dem Boden, und Ians Mutter Mary dachte entsetzt, ich würde mich vor Schmerzen winden.

Mein Herz immer wieder neu für sich zu gewinnen war eine Herausforderung, auf die er sich gefreut hatte, und er verbrachte viel Zeit damit, sich immer neue Wege dorthin auszudenken. Oft gelang ihm das durch seinen grenzenlosen Humor, manchmal auch durch gut inszenierte Täuschung.

Zum Beispiel fand er heraus, dass mir Stiefel mit Stahlkappen an ihm gefielen. In meinen Augen waren das richtige Männerschuhe. Sie erinnerten mich an meinen Vater. Er war auf einer Farm aufgewachsen und arbeitete später als Vertreter für landwirtschaftliche Geräte. In der Highschool fuhr er ein frisiertes, tiefergelegtes Auto und nahm an illegalen Autorennen teil. Sein Spitzname war „Hammer“, wegen seines ausgeprägten Bizeps. Er konnte alles reparieren. Bevor er im Alter von 30 Jahren an die Uni zurückkehrte und Radiologie studierte, war er für mich der Vater, der mit einem fleckigen Blaumann und Stiefeln mit Stahlkappen zur Arbeit ging.

Ian war anders. Ganz anders. Was ich auch total in Ordnung fand. Doch nachdem er gemerkt hatte, dass ich auf diese Stiefel mit Stahlkappen stand, trug er sie ständig und zu allem. Er trug sie zur Jogginghose, zu Shorts und zu Jeans.

Ein weiterer Versuch, meiner durch meinen Papa geprägten Vorstellung von Männlichkeit zu entsprechen, war sein Angebot, meinen kaputten Couchtisch zu reparieren. Eines Tages stand er mit dem Werkzeug seines Vaters in meiner Wohnung und sah aus, als wüsste er, wie man damit umgeht. Er kniete sich hin, drehte den Couchtisch um, besah sich den Schaden und überlegte, wie er zu reparieren sei. Das gelang ihm dann zwar nicht so richtig, aber die Intention allein ließ mich schon dahinschmelzen.

Er fand heraus, dass ich Jazzmusik mochte. Ich hatte mir immer gewünscht, einen Mann zu heiraten, der Jazz liebte, und schon bald war dies unsere Hintergrundmusik, wenn wir abends Scrabble spielten oder gemeinsam auf dem Sofa einen Film schauten, die Füße auf den noch immer wackeligen Couchtisch gelegt.

Ian machte immer wieder deutlich, dass er diese Beziehung zu mir mit der Absicht eingegangen war, mich zu seiner Frau zu machen. Und auch das brachte mich dazu, zu einer kleinen emotionalen Pfütze zu schmelzen. Es war eine schlammige Pfütze voller falscher Erwartungen, Fehler und Altlasten, aber das war mir noch nicht klar, und es war auch nicht so wichtig. Hiervon hatte ich geträumt, seit ich ein kleines Mädchen war. Ich war glücklich. Er hatte sich für mich entschieden.

Ian war nicht einfach so mit mir zusammen, sondern er wollte mich besser kennenlernen, und er wollte herausfinden, ob er sein Leben mit mir teilen könnte. Mir war nicht so richtig klar, was es bedeuten würde, eine Ehefrau, *seine* Ehefrau zu sein. Ich, die ich in so vieler Hinsicht genau das Gegenteil von ihm war. Doch mein Herz wusste, dass ich bei ihm sein wollte.

Unser Alltag war ausgefüllt, trotzdem fanden wir immer Gelegenheiten, uns zu treffen und Zeit miteinander zu verbringen. Er schlug vor, dass wir gemeinsam das Matthäusevangelium lesen könnten. Und wieder kamen wir uns ein großes Stück näher.

Er ermunterte mich dazu, mich mit ein paar Freundinnen zu einer Gesprächs- und Gebetsgruppe zusammenzutun, in der wir uns gegenseitig halfen, im Glauben weiterzukommen.

Gemeinsam suchten wir einen Weihnachtsbaum aus, fällten ihn, schleppten ihn zum Auto und stellten ihn in meiner Wohnung in den Weihnachtsbaumständer. Er bot mir an, ihn nach den Weihnachtstagen auch wieder zu entsorgen. Tatsächlich schleifte er ihn einfach durchs Treppenhaus und hinterließ dabei so viele Nadeln, dass wir einen Beschwerdebrief von meinem Vermieter erhielten. Auch hatte ich nicht gewusst, dass seine Idee von „Entsorgen" bedeutete, dass er den Baum zwischen die Büsche im Vorgarten seines Elternhauses steckte und abwartete, ob seiner Mutter irgendetwas auffiel.

Am Valentinstag verteilte er überall in meiner Wohnung Hitlisten, in denen von mir die Rede war. Zum Beispiel eine mit zehn Gründen, warum ich gut für seine Gesundheit sei. Unter anderem führte er seine Bauchmuskeln auf, die immer definierter wurden, weil er so viel mit mir lachte.

Er machte mir Mut, wenn ich mich mal wieder klein und hässlich fühlte – er mit seiner ausgeprägten Persönlichkeit hatte damit kein Problem, aber er half mir dabei, mehr Selbstvertrauen zu entwickeln und mich zu wehren und nicht ausnutzen zu lassen.

Immer mehr stellte sich heraus, dass er gut für mich war.

Im März 2006 wurde ich 21. Es war genauso eisig kalt wie bei der Feier meines 8. Geburtstags damals im Jahr 1993, als meine kleinen Freundinnen wegen eines Schneesturms von ihren Eltern viel früher als geplant abgeholt wurden. Auch in diesem März 2006 herrschten krasse Minusgrade, doch innerlich fühlte ich mich warm, weil ich wusste, dass Ian an diesem Tag etwas ganz Besonderes für mich geplant hatte. Wir saßen uns an dem kleinen Frühstückstisch im Café 701 gegenüber, einem kleinen Laden an der Ecke Seventh und Philadelphia Street, gegenüber. Zur Straße hin gab es ein kleines Verkaufsfenster, an dem sich die Fußgänger einen Kaffee oder eine der Zimtrollen holen konnten, für die das Café berühmt war. Wir gönnten uns ein gemütliches Geburtstagsfrühstück und beobachteten die Leute, die sich Kaffee und Rollen holten. Manche schienen Stammgäste zu sein, und wir stellten uns vor, was sie wohl so machten und wie ihr Leben verlief.

Am Nachmittag schauten wir eine komplette Staffel meiner Lieblingsserie, die Ian mir geschenkt hatte. Er ließ sich voll darauf ein, obwohl es eher eine „Mädchenserie" war, aber er wollte wissen, was mir gefiel und warum ich die Serie so mochte. Das, was er auf meine Geburtstagskarte geschrieben hatte, ließ mich wieder ein Stück seines Herzens erkennen: Er sei einfach nur dankbar, dass ich auf der Welt war.

Ian war immer sehr fürsorglich und fuhr mich oft nach Hause, wenn wir uns bei ihm getroffen hatten und ich zu müde war, um mich selbst ans Steuer zu setzen. Das bedeutete, dass mein Auto häufig über Nacht in der Einfahrt seiner Eltern stand, was mir ein besonderes Gefühl der Zugehörigkeit gab. Mir gefiel seine Fürsorge, denn genau das hatte ich zu Hause erlebt. Ich bin weder verwöhnt noch zur Unselbstständigkeit erzogen worden, aber mein Papa war immer für mich da. Er kümmerte sich um mich, indem er zum Beispiel den Ölwechsel bei meinem Wagen vornahm und das Profil der Reifen im Blick hatte. Im Laufe unserer Beziehung lernte Ian, dass solche Dinge für mich eine tiefe Bedeutung hatten, und er nahm sich ihrer an. In kleinen Dingen und in großen ließ er mich seine Liebe spüren.

Er weinte auch mit mir.

Er weinte, als ich ihm von den schlechten Entscheidungen erzählte, die ich getroffen hatte, bevor ich ihn kennenlernte, bevor ich mich in ihn verliebte, bevor ich wusste, wie weh die Folgen dieser Entscheidungen uns noch tun würden. Wir saßen in seinem Mazda, der dann wenig später auf dem College-Parkplatz grünen Schaum spuckte und starb. Ich weiß noch genau, wie wir auf dem Rücksitz aus hässlichem braunem Kunstleder saßen, die Knie an den Rückenlehnen von Fahrer- und Beifahrersitz abgestützt, und einfach zusammen weinten, weil es nichts mehr zu sagen gab. Er hielt meine Hand und machte in seinem Herzen Platz, um mir zu vergeben. Meine Schuldgefühle wurden übermächtig, als ich miterlebte, wie meine Fehler auf seine Erwartungen prallten und die Grenzen, die er sich selbst auferlegt hatte, wie Vergeudung scheinen ließen. Doch ich erlebte auch, wie seine Tränen versiegten und er mir von Herzen vergeben konnte.

„Eines liebe ich ganz besonders an dir“, sagte er einmal zu mir. „Ich kann Jesus in dir sehen.“

Wir erahnten, wie unsere Beziehung als junges Paar werden könnte, das gemeinsam mit Jesus unterwegs war. Unsere Herzen verwoben sich genauso selbstverständlich und untrennbar miteinander wie unsere Finger, wenn wir zusammen spazieren gingen. Er machte mich auf Bereiche in meinem Leben aufmerksam, die meiner Aufmerksamkeit bedurften, und ermutigte mich, das auch bei ihm zu tun. Die Worte auf den Seiten seiner zerlesenen Bibel wurden lebendig, nahmen greifbare Form an, und wir beide waren bereit, uns vom großen Töpfer aus leblosem Ton zu nützlichen Gefäßen formen zu lassen. Wir forderten uns gegenseitig heraus mit unseren Sichtweisen und Erwartungen und Erkenntnissen. Immer häufiger kreisten unsere Gespräche um unsere gemeinsame Zukunft, während wir immer mehr zusammenwuchsen.

Voller Vorfreude malten wir uns unseren gemeinsamen Weg aus, so wie wir ihn uns vorstellten, aber wir waren auch ganz schön naiv. Wir waren uns unserer Liebe sicher, aber immer wieder kamen auch Momente der Angst und Unsicherheit. Wir liebten uns, ohne zu wissen, was wir mit dieser Liebe erreichen wollen oder warum sie uns geschenkt worden war oder ob sie so lange andauern würde, wie wir hofften.

Wenn wir gewusst hätten, was das Leben für uns bereithielt … wenn wir bei unserer ersten Verabredung im alten Bahnhofsrestaurant geahnt hätten, dass ein einfaches „Du interessierst mich" schon bald durch einen Shunt und ein Beatmungsgerät auf die Probe gestellt würde … wenn wir gewusst hätten, dass der weiße Kombi, mit dem wir zu Veranstaltungen und Treffen und Dates fuhren, in Kürze unter einem entgegenkommenden Geländewagen zerquetscht werden würde …

Wenn wir das alles gewusst hätten, hätten wir weitergemacht?

„Sie konnte ihn nicht verlassen", erklärte Ians Mutter Mary einige Jahre später einem Reporter. „Sie steckte schon viel zu tief drin."

Wir wollten im Frühling heiraten. Nach unserem Examen im Dezember wollte ich beginnen, eine Hochzeit im Freien zu planen. Anschließend wollten wir uns in Washington D. C. Arbeit suchen. Ian hatte vor, sich außerdem mit einem Freund, den er während seines Praktikums im Sommer kennengelernt hatte, ein zweites Standbein aufzubauen. Wir wollten in der Stadt leben. Und wir wollten unser 22. Lebensjahr als Ehepaar beginnen. Ian wollte mit diversen Nebenjobs Geld verdienen, mir einen Ring kaufen und mich zu seiner Frau machen.

Das war alles, was wir uns wünschten. Und es war zum Greifen nah. Es konnte uns nicht schnell genug gehen.

„Warum wollt ihr denn schon heiraten?", fragten uns meine Eltern an einem Freitagabend im September, als wir ihnen gegenüber auf dem blauen Sofa in ihrem Wohnzimmer saßen. Die Brautparty meiner Schwester Lisa stand an, und deshalb waren wir zu mir nach Hause gefahren.

Wir blickten uns an, meine 21-jährige Hand lag in seiner 21-jährigen Hand, die, wie ich immer behauptete, meine zarten Finger zerquetschte. Unser Blick wanderte zu meinen Eltern, die selbst mit 18 und 20 geheiratet hatten, und ängstlich hofften wir auf ihre Billigung.

„Weil wir uns lieben", erklärte Ian.

Mein Vater wusste es nicht, aber Ian hatte sich vorgenommen, ihn an diesem Wochenende um meine Hand zu bitten, um sie mit einem Ring zu schmücken. Vielleicht würde sich die Gelegenheit am Samstagmorgen ergeben.

Doch als ich an diesem Morgen aufbrach, um den Raum für die Party meiner Schwester mit Tischdecken und Konfetti zu schmücken, bat mein Vater Lisas Verlobten und Ian, ihm in der Scheune zu helfen, einige Heuballen umzusetzen … *willkürlich* und total überflüssig, wie Ian erzählte. Sie räumten die Heuballen sinnlos von einer Seite zur anderen. So schien es zumindest.

Ian half ein paar Minuten mit, doch dann wurde ihm speiübel. Wahrscheinlich eine Kombination aus einem zu üppigen Frühstück, der Anstrengung und der Aufregung wegen seiner geplanten Ansprache. Natürlich wollte er keine Schwäche zeigen, aber es half alles nichts und er erbrach sich hinter die Heuballen. Dies schien doch keine so gute Gelegenheit zu sein, um bei meinem Vater um meine Hand anzuhalten.

Später, nach der Feier, fuhr mein Papa mit Kurt und Ian zur Kirche, um das Geschirr und die Partydeko wieder abzuholen. Ich saß auf einem der spärlich gepolsterten Klappstühle, die als Bänke dienten. Ian setzte sich neben mich und erzählte mir die ganze Geschichte. Nach dem Zwischenfall in der Scheune hatte er den Rest des Tages mit einem feuchten Tuch über dem Gesicht auf der Couch gelegen. Ich konnte nicht anders, ich brach in schallendes Gelächter aus.

Eigentlich war es kein Wunder, dass ihm schlecht geworden war. Dem noch sehr unbekannten Vater des Mädchens, das er liebte, die Frage aller Fragen zu stellen, ist bestimmt unglaublich schwer. Da war dieses mulmige Gefühl in ihm, das ihn daran zweifeln ließ, ob er tatsächlich schon bereit war, ob er nicht vielleicht doch lieber noch ein bisschen warten sollte.

Die nächste Gelegenheit, meinen Vater zu fragen, würde er wohl bei der Hochzeit meiner Schwester im Oktober haben, was ja nicht mehr lange hin war. *Wir müssen nur noch den September rumkriegen*, sagte er sich.

„Guten Morgen, Ehemann", sage ich, als sich der Morgennebel endlich so weit hebt, dass ich Worte formulieren kann.

„Guten Morgen, Frauchen."

„Zum Frühstück mache ich Pfannkuchen."

„Das klingt prima."

„Wenn du mir erlauben würdest, meinen Job zu kündigen, würde ich dir jeden Morgen Pfannkuchen backen."

„Abgemacht."

Ich sehe ihn an und lächle mit dem Gewicht einer hart verdienten Liebe. Dann rufe ich Devon herein, der meinen Mann in einen Duschrollstuhl umsetzt und ins Bad schiebt.

Das ist das sechste Jahr, denke ich bei mir, als die zweite Ladung Pfannkuchen in der gusseisernen Pfanne zischt. Und wir müssen einfach immer weitermachen.

Kapitel 3

Am Freitag, dem 29. September 2006, waren Ians Großeltern von der Ostküste zu Besuch. Wir aßen mit ihnen und Ians Geschwistern zu Abend, und nach dem Essen setzten wir uns gemütlich vor den Kamin und plauderten miteinander.

Ian fragte mich, ob ich ihm am nächsten Tag bei der Arbeit helfen könnte. Er sollte die Innenwände eines Hauses streichen, das die Firma seines Vaters gerade gekauft hatte. Steve arbeitete für eine Firma, die Häuser aus Zwangsversteigerungen erwarb, und Ian und ich erledigten hin und wieder Instandsetzungsarbeiten für sie, um uns etwas Geld zu verdienen. Stundenlang war ich damit beschäftigt, ekelhaft verdreckte Wände und Toiletten zu schrubben. Häufig half mir meine Freundin Jane. Während wir die Wände mit Radierschwämmen und Reinigungslösungen bearbeiteten, vertrieben wir uns die Zeit mit Fantasiegeschichten. Meistens arbeiteten wir im selben Stockwerk, damit sich unsere Stimmen nicht verloren und wir uns in den düsteren Kellern nicht gruselten.

Ian übernahm alle Arten von Arbeiten, von Gartenarbeit bis hin zur „Entsorgung" aller Hinterlassenschaften des letzten Besitzers. Er nahm diese Sache sehr ernst und arbeitete viel, um das Geld für einen Ring für mich zu sparen. Aber natürlich war er immer noch Ian, auch als Lohnarbeiter. Als sein Bruder Ben und er mich einmal abholten, damit ich ihnen bei der Reinigung eines Hauses half, trug er einen grauen Arbeitsoverall, dessen Hosenbeine viel zu kurz waren. Er sah unfassbar dämlich aus, aber das war ihm völlig egal.

„Morgen?“, erwiderte ich. „Nein, das geht wohl leider nicht. Da ist doch die Brautparty.“

„Ach ja. Na, dann nicht. War nur eine Frage.“

Später am Abend verabschiedeten sich seine Großeltern und kehrten in ihr Hotel zurück. Ians Brüder verschwanden in ihren Zimmern, um Videospiele zu spielen. Ian und ich saßen auf der weiß-blauen Couch in dem jetzt stillen Raum. Aus unserer Unterhaltung sind mir nur noch Bruchstücke in Erinnerung. Ich hatte mich über irgendetwas geärgert; es war schon spät, und ich konnte nicht mehr rational denken.

Ich weiß noch, dass Ian sich meine Tirade geduldig anhörte und dann lachend sagte: „Du musst jetzt nach Hause. Wahrscheinlich brauchst du einfach ein bisschen Schlaf.“ Bei allem Ärger freute ich mich doch auch, dass er mich so gut kannte und so fürsorglich war.

Nachdem ich mich verabschiedet hatte, machte Ian sich auf den Weg zu Davids Haus, zehn Minuten Fußmarsch entfernt. Er trug seine grüne Cordjacke. Adam, ein langjähriger Freund von Ian und David, war mit einem anderen Freund in der Stadt zu Besuch. An jenem Abend saßen sie noch bis spät in die Nacht auf der Veranda und unterhielten sich miteinander. David bot schließlich an, Ian nach Hause zu bringen, damit er nicht wieder zu Fuß gehen müsste. Doch Ian schlug sein Angebot aus.

Am folgenden Morgen – am Samstag, dem 30. September –, schickte ich Ian eine SMS, in der einfach nur stand, dass ich ihn liebte. Dann ging ich mit Jane in die Stadt. Wir wollten für die Brautparty einkaufen. Ich war ziemlich beschäftigt, und mir fiel gar nicht auf, dass Ian keine Antwort geschickt hatte. Nach unserem Stadtbummel, der einige Stunden gedauert hatte, setzte mich Jane bei mir zu Hause ab. Ich musste mich jetzt beeilen, um nicht zu spät zur Party zu kommen. Schnell rannte ich die Treppe hoch, um unsere Geschenke einzupacken. Ich schickte Ian eine zweite SMS. Einige Minuten später stand ich abfahrbereit vor meinem Wagen und checkte mein Handy. Er hatte sich immer noch nicht gemeldet. Das war ungewöhnlich. Doch ich machte mir keine großen Gedanken deswegen. Vermutlich war er einfach beschäftigt. Anstreichen. Rasenmähen. Sonstwas. Oder der Akku seines Handys war leer.

Ich war zum ersten Mal bei Carolyn, der Gastgeberin der Brautparty, zu Gast. Das Haus war sehr geräumig und für Partys hervorragend geeignet. Später erfuhr ich alles über die Baumängel, mit denen Carolyn und ihr Mann sich seit Jahren herumplagten. Die Wände unter der Tapete mit dem mutigen viktorianischen Muster und den Hirschgeweihen waren schief, was sich an der Tür und der Wandfuge zeigte. Doch da Carolyn die Fähigkeit besaß, solche Unvollkommenheiten sehr humorvoll zu schildern, musste jeder, der ihre Horrorgeschichten hörte, darüber lachen.

Als ich ankam, fühlte ich mich erst etwas unwohl, weil ich kaum eine der anwesenden Frauen kannte. Schüchtern nahm ich einen Teller mit Essen in Empfang und bemühte mich, höfliche Konversation zu machen. Wäre Ian bei mir gewesen, hätte ich mich sicherer gefühlt. Er besaß die Fähigkeit, jederzeit und mit jedem Menschen ein Gespräch in Gang zu bringen, und wenn er den Anfang gemacht hatte, konnte ich mich auch einbringen. In einer Gruppe von Menschen fühlte ich mich einfach wohler, wenn Ian bei mir war. Er half mir, ohne mich zu bevormunden.

Nachdem alle Gäste eingetroffen waren, begaben wir uns ins Wohnzimmer. Der Kamin in diesem Zimmer war ebenfalls mit einem gravierenden Mangel behaftet: Ein falsch installiertes Belüftungssystem hatte zur Folge, dass beim ersten Mal, als Carolyn Feuer im Kamin gemacht hatte, riesige Flammen herausgeschlagen waren und die Wände verkohlt hatten. Seitdem ließen sie den Kamin lieber aus. Ein Wunder, dass das Haus noch stand!

Jen, die Braut, saß ungeachtet dieser Dinge strahlend auf der Couch, und die Geschenke für ihr neues Leben lagen zu ihren Füßen. Sie und Stephen waren einige Monate nach Ian und mir zusammengekommen. In Pittsburgh hatte er ihr am Flussufer einen romantischen Heiratsantrag gemacht. Auch sie half mir manchmal bei der Instandsetzung von Häusern für die Firma von Ians Vater, und sie wusste, wie sehr ich Ian liebte.

Wir beteten für Jen und für Stephen und für ihre gemeinsame Zukunft. Dann stimmten wir ein Lobpreislied an. Wir sangen es mit geschlossenen Augen. Auf einmal spürte ich eine Hand auf meiner Schulter und hörte eine Stimme an meinem linken Ohr.

„Steve hat gerade angerufen", flüsterte Mary, Ians Mutter. „Ian hatte einen Autounfall. Er liegt in Pittsburgh im Krankenhaus. Wir müssen sofort hinfahren."

Diese paar Worte veränderten mein ganzes Leben. Diese Worte veränderten meine Rolle in Marys Leben, in Ians Leben, im Leben meiner Familie, im Leben aller Menschen. Diese Worte rissen Ian mitten aus dem Leben mit einem gesunden Körper. Danach war alles anders.

Was gäbe ich darum, wenn diese Worte nie ausgesprochen worden wären! Ich würde sie gern zu einem festen Ball zusammenrollen, mit Klebeband zusammenbinden und irgendwo vergraben, um sicherzustellen, dass ich sie nie wieder hören muss.

Doch das geht leider nicht. Die Worte hingen im Raum wie ein riesiger Gong, und die Stimmen der anderen drangen nicht mehr zu mir durch. Mein Kopf war wie in Watte gepackt. Meine Hände begannen zu schwitzen. Eine namenlose Angst erfasste mich, und meine Augen füllten sich mit Tränen. Alles in mir sagte mir, dass der Unfall keine Lappalie war.

Ich flüsterte Jane zu, was passiert war, und verabschiedete mich. Die Nachricht verbreitete sich in Windeseile unter den

Gästen, während wir zur Tür hinauseilten. Die Feier war vergessen.

Etwas war geschehen. Etwas Großes. Das wusste ich. Ich wollte jetzt ganz einfach wissen, was es war.

Meinen Wagen ließ ich vor Carolyns Haus stehen und stieg bei Mary ein. Meine Mutter und meine Schwester Lisa hatten mich an diesem Tag besuchen wollen. Ich rief sie von unterwegs an und sagte ihnen, sie sollten nicht kommen. Ian hätte einen Unfall gehabt. Wie schlimm es sei, könnte ich noch nicht sagen. Ich klang relativ sachlich und hatte gleichzeitig das Gefühl, im falschen Film zu sein.

Fünfzehn Minuten später erreichten wir das Haus der Murphys. Steve stand in einem roten Kapuzenshirt draußen in der Einfahrt und wartete auf uns, das Handy in der Hand. Während er uns zu seinem Firmenwagen dirigierte, wiederholte er das Gespräch mit dem Krankenhausmitarbeiter, der ihn über Ians Unfall informiert hatte. Diesen entsetzlichen Anruf, der eine Familie ungefragt in ihren Grundfesten erschüttert hatte.

Ians jüngere Brüder hatten unten im Fernsehraum gesessen, als das Telefon geläutet hatte. Sein Vater Steve hielt sich im Schlafzimmer auf. Der Anrufer hatte gerade angesetzt, eine Nachricht auf den Anrufbeantworter zu sprechen, doch als Ben die Stimme hörte, hatte er das Gefühl, dass es etwas Wichtiges sein könnte. Er nahm den Hörer ab und rannte dann mit dem Telefon nach oben zu seinem Vater. Es war ein Moment wie aus einem Albtraum – der Anruf, vor dem jeder Mensch die größte Angst hat, aber von dem man irgendwie immer denkt, nur andere Leute bekommen ihn: „Ihr Sohn war in einen Autounfall verwickelt." Nähere Angaben zur Art des Unfalls machte der Mann nicht. Er teilte Steve nur mit, in welchem Krankenhaus in Pittsburgh Ian war und dass er gerade operiert würde.

Die längsten 50 Meilen unseres Lebens lagen vor uns, und ich verbrauchte eine ganze Packung von den Taschentüchern, die neben mir lagen. Wir sprachen nicht viel. Ich brauchte alle Energie für meine Tränen und die schreckliche Einsamkeit, die von mir Besitz ergriff. Diese beiden Menschen im Wagen kannte ich schließlich nur, weil ich Ian kannte … aber er war nicht bei mir. Er war nicht da, um mir beizustehen. Ich saß hinter Mary auf dem Rücksitz und versuchte, meine Gedanken zu ordnen, die aufsteigende Angst in Schach zu halten, was mir einigermaßen gelang. Natürlich hatten wir Angst, aber wir waren nicht panisch. Zumindest Mary und Steve nicht. Sie schafften es, Ruhe zu bewahren, legten ein unerschütterliches Vertrauen an den Tag, selbst in einem Augenblick, in dem die meisten Menschen die Fassung verloren hätten. Sie waren sehr gefasst und schienen in einer Art hoffnungsvollen Abwartehaltung zu sein.

Doch ich saß auf dem Rücksitz und befürchtete auf der ganzen Fahrt, die bald meine tägliche Pendelstrecke werden würde, Ian könnte eine Gehirnverletzung davongetragen haben. „Gott, bitte, lass es nicht sein Kopf sein. Alles, nur keine Hirnverletzung", flehte ich innerlich.

Damals wusste ich es noch nicht, aber Mary betete dasselbe.

Ich erinnere mich, durch das rechte Seitenfenster durch meine Tränen hindurch eine Werbetafel für das Krankenhaus von Pittsburgh wahrgenommen zu haben. Darauf waren Fotos von Chirurgen zu sehen. Diese Ärzte, so lautete die Werbeaufschrift, seien die besten. Sie könnten vermutlich alles heilen, diesen Eindruck machten sie jedenfalls. Auch eine Gehirnverletzung?

Trotzdem, es durfte nicht „das" sein …

„Wie wäre es wohl, wenn sich das ganze Leben von einer Sekunde auf die andere veränderte?", hatte Ian mich im Herbst gefragt, als wir vom Parkplatz aus die Schienen überquerten, um zu meiner Wohnung zu gehen. „Ein Autounfall oder was auch immer kann dein Leben von heute auf morgen umkrempeln."

Ian hatte das bei zwei Freunden erlebt, die bei einem Verkehrsunfall schwere Kopfverletzungen und in der Folge Gehirnschäden davongetragen hatten. Von einem Augenblick zum nächsten hatte sich ihr Leben total verändert. Erst kürzlich hatte er mich einem der beiden vorgestellt. Ian war mit beiden Jungs nach wie vor befreundet und kümmerte sich liebevoll um sie.

Und natürlich konnte er es nicht ahnen.

Endlich hatten wir das Krankenhaus in Pittsburgh erreicht. Mein Herz klopfte zum Zerspringen, als wir das Auto geparkt hatten und zum Eingang eilten. Der Krankenhausmitarbeiter, der angerufen hatte, ein sehr freundlicher und sanfter Mann, erwartete uns in der Notaufnahme. Bestimmt hatte er auch Kinder. Vielleicht hatte er sogar einen Sohn in Ians Alter. Er machte seinen Job so gut, wie man ihn nur machen konnte. Aber wir wollten dieses Gespräch eigentlich gar nicht führen.

Er erklärte uns, dass Ian im Moment noch im OP sei, und händigte uns ein paar von Ians Sachen aus, die die Sanitäter vom Unfallort mitgebracht hatten. Unter anderem seine Brieftasche mit dem Foto seiner süßen kleinen Schwester Lydia. Der Krankenhausmitarbeiter hielt sie für Ians Tochter. Ihr Lächeln strahlte uns aus seiner Brieftasche entgegen, daneben war ein Foto von Ian und mir oben auf dem Parkdeck in der Nähe meiner Wohnung. Im vergangenen Winter hatten wir dort oben gestanden, um uns die Sterne anzusehen, weil man einen solchen atemberaubenden Blick über die Stadt hatte und frei atmen konnte.

Der freundliche Krankenhausmitarbeiter führte uns nach oben zur Intensivstation, den Flur entlang, den wir bald nur zu gut kennen würden.

Und dann sagte er es uns.

In diesem mit Linoleum ausgelegten Flur sagte er es uns.

Ians weißer Kombi war unter einen Geländewagen geraten. Die Feuerwehr hatte mit schwerem Gerät anrücken müssen, und die riesigen Zähne des hydraulischen Rettungsgeräts hatten sich in das weiß lackierte Metall gebohrt. Auf einem Feld in der Nähe der Unfallstelle war der Rettungshubschrauber gelandet, und die Ersthelfer hatten meinen schwer verletzten Freund nach endlos scheinenden Minuten aus dem Autowrack befreit. Er hatte ein schweres Schädel-Hirn-Trauma erlitten. Im Augenblick wurde er operiert, und erst nach der Operation würde sich herausstellen, ob er es schaffen würde. Doch selbst wenn er überlebte, wäre sein Gehirn mit Sicherheit irreversibel geschädigt.

Völlig erschlagen saß ich nach dieser Nachricht mit seinen Eltern in dem düsteren Warteraum, zusammen mit anderen Familien, deren Leben aus den Fugen geraten war.

Ich fragte Mary, ob sie ein Stück Papier hätte, einen Notizblock, irgendetwas. Die Rückseite einer Quittung. Ich musste unbedingt etwas aufschreiben. Sie reichte mir einen kleinen roten Block mit Spiralbindung und auch einen Stift. Die lustigen Kritzeleien der zweijährigen Lydia füllten die ersten Seiten. Ich blätterte um, bis ich eine freie Seite fand, und begann meinen Brief an Ian auf einer leeren Seite.

Seit wir zusammen waren, schrieb ich ihm oft Briefe. Bisher füllten diese Briefe ein halbes Tagebuch, das ich ihm an unserem Hochzeitstag überreichen wollte. Alle Seiten waren dicht beschrieben. Das Buch, dessen Einband aus weichem kastanienbraunem Filz, mit winzigen gelben und rosa Blumen und zarten grünen Stängeln bestand, war wunderschön. Das Papier war ziemlich dünn und saugte die Tinte nicht auf. Außerdem war es nicht liniert, was das ordentliche Schreiben schwierig machte. Aber ich gab mir Mühe; es sollte ein Meisterwerk werden. Das schmale rote Lesezeichen markierte die Stelle, wo ich aufgehört hatte. Durch diese Briefe fühlte ich mich Ian immer nah.

Darum musste ich in diesem Warteraum auf der Intensivstation unbedingt an ihn schreiben. Zum ersten Mal war dies nicht eine von mehreren Möglichkeiten, mit Ian zu kommunizieren, sondern die *einzige*.

Doch nachdem ich ein paar Worte auf die Seite gekritzelt hatte, traf mich die Realität mit voller Wucht. Ich rief meinen Vater an und schluchzte ins Telefon: „Dad, bitte komm her. Ian stirbt!“

Fünf Stunden Fahrtzeit trennten sie von mir, aber meine Eltern setzten sich sofort ins Auto und fuhren los. Sie würden erst mitten in der Nacht eintreffen. Auch meine Schwester sowie Ians Cousinen und Cousins und seine Onkel und Tanten ließen alles stehen und liegen und machten sich von ihren verschiedenen Wohnorten aus auf den Weg nach Pittsburgh.

Ein Imbissautomat mit knochentrockenen Kräckern stand in der Ecke des Wartezimmers, in dem ich mit Steve und Mary saß. Über meinem Kopf lief ein Fernsehgerät, das ich kaum wahrnahm, und Gesichter der anderen Wartenden im Raum blieben für mich verschwommen. Viele von ihnen hatten gerade eine ähnliche Nachricht erhalten wie wir. Da es sich um eine neurologische Intensivstation handelte, war klar, dass wir alle nichts Gutes zu erwarten hatten.

Ich wollte nicht reden, schon gar nicht mit fremden Leuten, keine finsteren Prognosen hören, mich nicht mit dem „Was wäre, wenn …“ beschäftigen. Wir waren hier, um zu warten; um auf etwas zu warten, das wir uns niemals vorgestellt hätten, als wir an diesem Morgen aufgewacht waren.

„Ist er schon wach?“, fragte ich Mary, als ich mich neben ihr auf dem Stuhl im Wartezimmer niederließ. Es war derselbe Warteraum. An einem anderen Samstagmorgen.

Drei Jahre und einen Monat später.

Oh ja, wir waren schon mal hier gewesen. Wir hatten schon häufiger hier gesessen. Aber dieses Mal waren nur wir beide da. Und dieses Mal lag Steve im Aufwachraum.

Alle anderen waren nach einer langen Nacht zu Hause geblieben, um sich auszuruhen; einer langen Nacht, die uns die

Erkenntnis gebracht hatte, dass in Steves Gehirn ein grapefruitgroßer Tumor gewachsen war, der weiterwuchern würde.

„Nein, noch nicht", erwiderte sie.

Wir beide lehnten unsere Köpfe an das Fenster, vor dem wir saßen. Das Glas war kalt, und es fühlte sich viel zu vertraut und viel zu vorhersehbar an.

Während wir in dem stillen Wartezimmer darauf warteten, dass uns endlich jemand Näheres über Ians Zustand sagen konnte, waren seine drei jüngeren Brüder zu Hause und warteten in der Nähe des Telefons auf Nachricht. Die kleine Lydia war bei unserem Pastor, wo sie unbeschwert spielen und glücklich sein konnte, wie es sich für eine Zweijährige gehört.

Die Nachricht von Ians Unfall verbreitete sich schnell. Eine Freundin kam schnell im Warteraum vorbei und brachte uns eine kleine Bibel, die wir monatelang bei uns trugen. Auch Ians Freund David kam ins Krankenhaus. Mit seiner Band *Willis* hatte er gerade ein Konzert gespielt, als er von dem Unglück erfuhr. Auf schnellstem Weg fuhr er nach Pittsburgh, vielleicht sogar über dieselbe Straße wie Ian, vorbei an der Unfallstelle. Wenn er gewusst hätte, was genau geschehen war, wäre ihm sicher die weiße Farbe der Marke Kilz auf dem Asphalt beider Fahrspuren aufgefallen. Die Farbe, die eigentlich an die Wände eines Hauses gehörte, die Ian hatte anstreichen wollen, nicht auf die Route 422 West. Ian hatte den Kofferraum seines Kombis voller Kilz-Eimer gehabt. Diese Farbeimer und den dazugehörigen Schriftzug werde ich wohl nie mehr unvoreingenommen anschauen können.

Noch Monate nach dem Unfall konnte ich den Anblick der Unfallstelle nicht ertragen. Ich ließ mich immer vorwarnen, wenn wir uns ihr näherten, und kniff dann fest die Augen zu. Ich wollte die weiße Farbe nicht sehen, die, wie man uns erzählte, noch Monate nach dem Unfall auf dem Asphalt klebte. Ich weiß immer noch nicht, wo genau sich der Unfall ereignet hatte. Ich will es nicht wissen. Es reicht schon, dass es mich in meinen Träumen verfolgt.

David trug einen blauen Freizeitanzug und Chucks, als er auf der Intensivstation eintraf. Sein Konzert-Outfit.

„Du bist immer passend gekleidet", begrüßte Mary ihn mit einer Art Galgenhumor. Sie war unendlich froh, David zu sehen – Ians bester Freund, der sein ganzes Leben lang an seiner Seite gewesen war und auch jetzt sofort zur Stelle war.

Was wäre wohl gewesen, wenn David am Vorabend schon gewusst hätte, dass er Ian vielleicht zum letzten Mal sah, als der sein Angebot ablehnte, ihn nach Hause zu bringen? Und was, wenn Ian auf dem Heimweg gewusst hätte, dass es das letzte Mal war, dass er ohne Hilfe laufen konnte? Wenn Gott in jener kühlen Nacht vom Himmel herabgekommen wäre und ihm die Zukunft offenbart hätte, was hätte Ian wohl getan? Wäre er zu mir gerannt, hätte mich umarmt und mir gesagt, dass er mich immer lieben würde? Hätte er mich gebeten, die Nacht über an seiner Seite zu wachen, bis der Zeitpunkt gekommen wäre? Hätten wir alle seine Freunde zusammengerufen und krampfhaft versucht, fröhlich zu sein … aber vermutlich eher geweint?

Nun, nichts davon war passiert. Es hatte uns alle unvorbereitet getroffen.

Kurz nach David trafen auch die anderen ein. Wir saßen in dem zweiten Warteraum, unmittelbar neben den automatischen Doppeltüren, hinter denen Ian lag. Noch hatten wir ihn nicht gesehen; die Operation dauerte immer noch an. Uns blieb nichts anderes übrig, als weiter zu warten, und so machten wir es uns auf den Stühlen und auf dem Boden gemütlich, soweit es ging, um wenigstens ein paar Minuten die Augen zu schließen.

Gegen 2:00 Uhr erfuhren wir, dass die Operation beendet sei

und wir jetzt zu ihm könnten. Steve und Mary gingen zuerst in sein Zimmer, und als sie zurückkamen, redeten sie auf mich ein, ich solle mit meinem Besuch doch lieber bis zum nächsten Tag warten.

Aber davon wollte ich nichts wissen. Ich musste zu ihm! Und meine Mutter bestärkte mich in meinem Wunsch. „Geh nur zu ihm."

Ich wollte so gern hoffen, doch ich befürchtete das Schlimmste.

Ich saß auf dem Bootssteg und wartete, dass Ian zu mir herunterkam. Wir waren seit acht Monaten zusammen, und ich hatte die Gelegenheit bekommen, zum ersten Mal mit seiner Familie einen der legendären Urlaube am See zu verbringen. Nun durfte ich also diese berühmt-berüchtigten zwei Wochen in Virginia miterleben, von denen er mir schon so vorgeschwärmt hatte. Eigentlich traf ich erst zum zweiten Mal mit seiner erweiterten Familie zusammen, und einige von ihnen kannte ich noch gar nicht, zum Beispiel seine Verwandten aus New Orleans.

Ich fühlte mich zwar willkommen, aber noch fremd in dieser Familie, und mir schien es unendlich lange zu dauern, bis Ian endlich durch die Terrassentür trat und zu mir an den See kam. Er trug die knappste rote Badehose, die eine industrielle Nähmaschine je zusammengenäht hatte, und trabte über den langen Holzsteg aus unbehandelten Holzbohlen auf mich zu. Ab und zu blieb er stehen, hielt sich den Bauch, warf den Kopf in den Nacken und lachte sich über sich selbst kaputt.

In gespielter Entrüstung beobachtete ich ihn und schüttelte den Kopf darüber, dass er so kühn, so ungehemmt, so selbstbewusst war. Seine weiße Haut, die noch keinerlei Sonne gesehen hatte, zeugte davon, dass er den Sommer auf einem Filmset gearbeitet hatte.

Seine ausgelassene Fröhlichkeit war ansteckend. Mir gefiel es, dass er sich nach wie vor bei aller Selbstsicherheit nicht wirklich ernstnahm. In diesem Sommer am Set hatten ihm verschiedene Mädchen gesagt, dass er doch bestimmt als Model arbeitete. Er war in Topform, dieser Doppelgänger von Tom Cruise, und er war genau der Richtige für mich.

Damals wusste ich es noch nicht, aber das war der schönste Urlaub, den wir je miteinander verbringen würden. Während dieser zwei Wochen geschah etwas Besonderes. Die Gespräche, die wir in dieser Zeit führten, würden sich unauslöschlich in die Herzen von uns beiden und auch von Ians Cousinen und Cousins einbrennen.

„Dieser Urlaub war der Schönste von allen", sagte seine Cousine Rebekah Jahre später.

Vielleicht empfanden alle, die dabei gewesen waren, es genauso.

Damals waren noch alle gesund.

Und noch war kein Herz gebrochen.

An einem Abend feierten wir ein Luau, ein traditionelles hawaiianisches Fest mit Essen und Musik. Es gab große Teller

mit Ananas und Schinken und exotischen Speisen. Ian in seinem unmöglichen, schreiend bunten Hawaiihemd stand hinter der Tiki-Bar und schenkte Drinks aus.
Wir aßen und lachten, bis die Sonne unterging, und wir posierten für lustige Fotos. Eines davon von Ian und mir fand später seinen Platz in einem Decoupage-Rahmen, den meine Cousine mir gebastelt hatte. Als die Sonne den See berührte, färbten ihre Strahlen den Himmel orange. Das Luau dauerte bis tief in die Nacht, bis wir uns vor den Tausenden kleiner Stechmücken in Sicherheit bringen mussten, die in der Dunkelheit zum Leben erwachten.

Mit diesem Abend ging ein Kapitel zu Ende, und ein neues begann – eines, das wir freiwillig niemals geschrieben hätten.

Ich drückte den Knopf, mit dem sich die Doppeltüren zur Intensivstation öffnen ließen. In meinem Kopf gab es noch keine Karte für diesen neuen Ort, die mich zu Ian führte. Ich sah nichts Vertrautes und besaß keinen Kompass. Mein Blick wanderte haltlos umher, und in meinem Kopf versuchte ich, alle neuen Informationen zu verarbeiten und zu speichern. Vor mir sah ich die Tür zum Verbandsmittelraum, die die Vorgänge dahinter verbarg.

Man führte uns an einigen Kabinen vorbei, in denen andere Patienten lagen. Vor Ians Abteil blieben wir stehen. Vorsichtig schob ich den dünnen, blauen Vorhang zur Seite und trat ein. Ich hatte unsägliche Angst vor dem, was ich jetzt zu sehen bekommen würde, Angst vor dem Eingeständnis, dass unser Leben aus den Fugen geraten war, Angst vor der Erkenntnis, dass der Unfall tatsächlich geschehen war und ich dieses Bild nicht mehr aus dem Kopf bekommen würde.

Er lag in einem normalen Krankenbett, wie man sie aus dem Fernsehen kannte. Ich sah mir Krankenhausserien nur ungern an, weil ich lieber gar nicht wissen wollte, dass Menschen auch im realen Leben solche schrecklichen Dinge zustoßen. Das

Beatmungsgerät brummte und pumpte Luft in seine Lungen. Gefühlt überall waren Displays mit roten Zahlen, Bildschirme und Schläuche, die von Ian zu irgendwelchen Maschinen führten.

Und dann fiel mein Blick auf sein Gesicht.

Sein Gesicht …

Es hatte sich nicht verändert. Er war noch mein Ian. Sein restlicher Körper war nicht zu sehen. Beide Arme waren gebrochen, und nur seine Finger ragten aus dem Gips hervor. Sein Kopf war verbunden, der Verband blutdurchtränkt, vor allem auf der rechten Seite. Das rechte Knie war zertrümmert, um den Hals hatte er eine Stützmanschette.

Aber sein Gesicht, das Gesicht, das mir so vertraut war, war unversehrt. Kein einziger Kratzer war zu sehen. Kein Bluterguss. Keine Schürfwunde. Es war makellos, und es war Ian. Das war es, was mich aufrecht hielt.

Meine Mutter blieb am Fußende stehen, ich eilte neben Ian und hielt seine Hand. Der rotfleckige Verband um seinen Kopf brachte mich aus der Fassung, und die Tränen begannen zu fließen. Dieser Mann, in den ich mich haltlos verliebt hatte, den ich in wenigen Monaten heiraten wollte und der irgendwie mehr Persönlichkeit besaß, als ein einzelner Mensch brauchte … dass er so reglos dalag, passte absolut nicht zu ihm und zu dem Bild, das ich von ihm in meinem Herzen trug. Er lag im Koma und war den Ärzten und Krankenschwestern hilflos ausgeliefert. Sie bewegten seinen Körper, wenn es nötig war, überwachten seine künstliche Ernährung und verabreichten ihm seine Medikamente. Stärker hätte der Kontrast zu seinem erfüllten, beschäftigten, selbstbestimmten Ich von noch vor wenigen Stunden nicht sein können.

So gut ich konnte, betete ich für ihn und bat ihn, zu mir zurückzukommen. Ich drückte ihm einen vorsichtigen Kuss auf die Wange und riss mich schließlich von seinem Bett los, als die

Schwestern hereinkamen, um ihn zu versorgen. Mir war klar, dass ich diese Situation nicht lange aushalten würde, und ich betete still, dass das nicht von mir verlangt werden würde.

Dann verließen wir sein Zimmer, gingen langsam und wie in Trance durch den Gang zwischen den Kabinen der anderen Patienten hindurch, von denen viele ebenfalls im Koma lagen und nicht einmal wussten, dass sie im Krankenhaus waren oder dass ihre Angehörigen an ihrem Bett standen. Verzweifelt, hoffend, ängstlich. Genau wie wir. Und genau wie mein Ian.

Vor jenem Abend konnte ich mit dem Begriff Koma kaum etwas anfangen. Sicher, ich hatte das Wort schon gehört oder auch mal im Fernsehen etwas darüber gesehen. In Filmen hatte ich gesehen, wie jemand nach einem Unfall im Koma lag. Doch in Filmen wachte der Held immer wieder auf. Vielleicht mit Erinnerungslücken, aber wenigstens war er wieder bei Bewusstsein und nahm am Leben teil. Und meist wurde alles wieder gut. Doch das hier war definitiv kein Film.

Niemand wusste, ob Ian jemals wieder der Alte sein würde. Oder ob er überhaupt wieder aufwachen würde.

Der nächste Morgen, der 1. Oktober, war der erste Tag von vielen, an denen mir gleich beim Aufwachen bewusst wurde, dass das Leben nun weitaus trauriger war als meine schlimmsten Albträume.

Es war ein Sonntag, und während wir alle noch im Warteraum der Klinik kauerten, wurde es in unserer Gemeinde an der Wayne Avenue lebendig. Auch Ians Brüder Ben, Caleb und Devon gingen hin. Im Morgengottesdienst berichtete unser Pastor Mark den anderen Gemeindemitgliedern von Ians Unfall und alle beteten gemeinsam für ihn. Ian gehörte seit seiner Kindheit zu dieser Kirche, und erst vor wenigen Tagen hatte er die Wände dieses Kirchengebäudes im Zuge der Renovierung frisch gestrichen.

Von Mark hörten Ians Brüder zum ersten Mal Einzelheiten über seine Verletzungen; ihre Eltern hatten ihnen nur ganz kurz am Telefon erzählt, was passiert war. Caleb konnte das nicht aushalten. Er verzog sich auf die Toilette und ließ den Tränen freien Lauf.

Im Anschluss an den Gottesdienst machten sich alle drei Jungs auf den Weg zum Krankenhaus, um Ian zu besuchen. Er lag noch in demselben Bett, in dem ich ihn am Abend zuvor gesehen hatte, in derselben Position, weil es zu gefährlich war, ihn zu bewegen. Das Beatmungsgerät, die Infusionsschläuche und der Fixateur externe an seinem Knie durften nicht verschoben werden. Außerdem war sein Zustand einfach noch zu labil.

An diesem Sonntag passierte nicht mehr viel. Erst am Montag erhielten wir den ersten wirklich ausführlichen Bericht von einem der Neurochirurgen, die Ian operiert hatten, Dr. Okonkwo.

Ich war diesem Mann noch nie begegnet, kannte seinen Lebenslauf nicht, hatte weder seine Zulassung überprüft noch mich erkundigt, was er für einen Charakter hatte und an was oder wen er glaubte. Noch am Freitag hatte ich von Dr. Okonkwos Existenz nichts gewusst, doch plötzlich war er meine einzige Hoffnung. Er hatte in Ians Gehirn geschaut und sich ausführlich damit beschäftigt. Er konnte am ehesten einschätzen, wie schlimm sein Zustand war und wie es weitergehen würde.

Irgendwie ordnete ich ihn in die Kategorie ein, die in meiner Vorstellung bisher Gott vorbehalten war. Dieser Mann, der vor mir stand, hatte sich auf das menschliche Gehirn spezialisiert, und er wusste genau, um was es da ging. Zudem redete er nicht Fachchinesisch, sondern mit Worten, die auch ein normaler Mensch verstehen konnte. Er würde sicher Klarheit in alles bringen.

Wir drängten uns in dem kleinen Raum – meine und Ians Eltern, seine Großeltern, Tanten, Onkels, Cousins und Cousinen. Dr. Okonkwo setzte sich rechts neben mich auf den Stuhl an der Wand … und zerschmetterte mit seinem nächsten Satz alle meine Hoffnungen:

„Bei vier von fünf Tests hat Ians Gehirn keinerlei Reaktion gezeigt."

Mein kleines Herz, das sich abmühte, in dieser Umgebung und in dieser neuen Rolle als ängstlich wartende Angehörige weiterzuschlagen, gab in diesem Moment einfach auf. Nachdem es 21 Jahre lang treu seinen Dienst getan hatte, brach es nun unter der Last der Worte zusammen, die eigentlich niemand hören wollte. Steve kniete sich vor mich hin und umarmte mich, und ich barg schluchzend den Kopf an seinem roten Kapuzenshirt. Das konnte nicht wahr sein! Ich durfte Ian nicht verlieren, nicht so plötzlich, nicht in einem Bett auf der Intensivstation!

Aber alles sah ganz danach aus, als ob sein Körper sterben würde. Sein Gehirn reagierte nicht auf die Tests, das hieß doch, dass er hirntot war, oder? Was auch immer am Samstagmorgen in jenem weißen Kombi geschehen war, was auch immer ihn so sehr abgelenkt hatte, dass er auf die Gegenfahrbahn geriet; was immer das gewesen war – er würde es mit dem Leben bezahlen.

„Es braucht schon mehr als Medikamente, um Ian zu heilen", schloss Dr. Okonkwo seine schreckliche Bestandsaufnahme.

Dann verließ er den Raum. Mit ihm schwand meine Hoffnung. Während die anderen um mich herum sofort anfingen zu beten und glaubten, dass eine Heilung möglich sei, war mein Glaube zu klein und mein Geist zu schwach für solche großen Gebete. In mir war nichts als Verwirrung und Traurigkeit. Es gab nicht einmal Platz für ein Stoßgebet oder gar die Hoffnung auf ein Lazarus-Erlebnis.

Tatsächlich wusste ich nur eines: Wir alle, ich, Ians Eltern und alle anderen, mussten uns darauf vorbereiten, dass Ian sterben würde. Wenn es dazu kommen sollte, müsste jemand die Beerdigung planen. Dann müssten wir unser Leben um einen Todesfall herum arrangieren.

Kurz nach dem Gespräch mit dem Arzt begaben wir uns alle in den Raum der Stille, der für die Angehörigen gedacht ist, die einen Rückzugsort brauchen. Der Raum ist so ausgestattet, dass man sich darin wohlfühlen kann; trotzdem ist es der Tod, den man darin erwartet, nicht das Leben. Die schweren Stühle, die mit einem Kreuz bemalte Wand, die große Bibel – all das starrte mich an, verspottete mich. Steve und Mary hatten bereits mit einer Seelsorgerin gesprochen, einer sehr netten Frau, die ihnen vorsichtig erklärt hatte, was zu tun war, falls Ian starb. Und da Ian keine Patientenverfügung hatte, stand noch eine schreckliche Entscheidung an: Es war die Frage zu klären, ob man ihn künstlich am Leben erhalten oder die Maschinen abschalten sollte.

Wollten wir, dass Maschinen ihn am Leben hielten? (Und was für ein Leben würde das sein?)

Oder wollten wir ihn natürlich gehen lassen?

Kathie, die Gemeindesekretärin und enge Freundin der Familie, hatte sich bereits mit Beerdigungsunternehmen in Verbindung gesetzt. Einer der Männer, mit denen sie sprach, hatte schon von dem Unfall gehört. So klein ist unsere Stadt. Kathie erklärte dem Mann am Telefon, natürlich könnten wir den Zeitpunkt nicht nennen, aber es gebe wenig Hoffnung, dass Ian am Leben blieb. Wie wir unter den gegebenen Umständen weiter vorgehen sollten?

Steve und Mary äußerten den Wunsch, Ians Beerdigung solle heiter sein, wir sollten die Filme anschauen, die Ian mit David gedreht hatte. Ihr neustes Projekt, „Drowning Melville“, würde uns alle zum Lachen bringen, meinten sie. Das würde passen, da waren wir uns einig. Weil das der Ian war, den wir kannten. Und weil Lachen manchmal die beste Art ist, traurig zu sein.

Doch in dieses ganze Gerede über Trauerfeiern und den Tod drang die Stimme seines Bruders Caleb und äußerte eine Meinung, die wir anderen Erwachsenen aus dem Blick verloren hatten.

„Aber *noch* ist er nicht tot!"

Mit seinen 16 Jahren war Caleb der festen Überzeugung, dass sein Bruder überleben würde, und er war voller Zorn über dieses seiner Meinung nach vorzeitige Todesurteil.

„Bisher habe ich in meinem Leben nichts Schlimmes erlebt", hatte Ian erst ein paar Wochen zuvor zu mir gesagt, nachdem wir eine große Runde gejoggt waren. „Sogar meine Großeltern leben alle noch."

Als ich in jenem Raum saß, dessen Wände in der Vergangenheit schon so viele schlimme, mit Schuldgefühlen beladene, traurige, verzweifelte und hoffnungsvolle Geschichten miterlebt hatten, war mein Glaube winzig klein, wie ein kleines Schnappen nach Luft, ein schwaches Flehen um einen weiteren Atemzug und eine weitere Sekunde Kraft, um weiterzumachen. Ich konnte nicht anders, ich musste mich innerlich auf Ians Tod einstellen.

Jede Stunde brachte neue Informationen von Ärzten und Fragen von Gästen und von meinem Herzen, dem größten Fragezeichen überhaupt. Zwischendurch fühlte ich mich einfach nur betäubt, und ich genoss diese kleinen Ruhepausen beinahe, bevor ich mich wieder damit befassen musste zu planen, was im Fall von Ians Tod geschehen sollte, und was das alles für mich bedeuten würde.

Doch die Entscheidung stand noch aus – eine Entscheidung, die allein Gott treffen konnte, nicht wir. Wie um alles in der Welt sollten wir in ein paar Minuten im Raum der Stille eine Antwort auf diese größte aller Fragen finden? Die Frage, was wäre, wenn, würde uns fortan keine Ruhe mehr lassen: Wäre er vielleicht doch am Leben geblieben? Wie hätte sein Leben ausgesehen? Hätte er auch so glücklich werden können? Wir wussten es nicht.

Ein großer Trost war, dass wir alle wussten, dass Ian bereit war, in den Himmel zu gehen, schon lange bevor er durch den Unfall in diesem Bett auf der Intensivstation gelandet war. Aber wir wollten nicht diejenigen sein, die diese Entscheidung für ihn trafen.

Da wir an die Souveränität Gottes glaubten, und da wir sehr bald erkannten, dass es uns unmöglich war, den Tod für Ian zu wählen, entschieden wir uns für das Leben. Die Maschinen würden vorerst in Betrieb bleiben und die Zeit geben, sich zu erholen oder in Frieden einzuschlafen.

„Lass mich nicht als ältesten Bruder zurück, Ian", sagte Ben flehentlich zu ihm. „Dafür bin ich nicht gemacht!" Ihm war bewusst, dass er seinen Bruder vielleicht zum letzten Mal sah.

Verabredungen sehen bei uns auch einige Jahre nach dem 30. September 2006 noch so aus, dass wir in unserem Van einen Ausflug machen. Unterwegs können wir uns kaum unterhalten, weil Ian so weit hinter mir sitzt. In seinem Rollstuhl wird er über die hintere Rampe in den Wagen geschoben und dann angeschnallt. Durch die Umbaumaßnahmen, die erforderlich waren, und die schwere Metallrampe am hinteren Teil des Vans ist der Wagen beim Fahren beinahe so laut wie ein Hubschrauber. Unterwegs intensive Gespräche zu führen ist nicht drin.

Das führt dazu, dass wir meistens nur kurze Ausflüge machen, um einfach einmal aus dem Haus zu kommen, und wenn ich den Wagen an einer schönen Stelle geparkt habe, krieche ich nach hinten und setze mich neben Ians Rollstuhl. Das ist nicht sonderlich bequem, die Abdeckung des Ersatzreifens bohrt sich in meinen Rücken, und meine Oberschenkel fangen bald an zu brennen. Zwischen Dach und Boden ist kaum genügend Platz, um bequem sitzen zu können, aber wenn ich mich auf Ians Schoß quetsche und den Kopf einziehe, geht es.

Eines Abends schob ich ihn in einem Park bei uns in der Nähe aus dem Wagen, über das Gras zu einem Picknicktisch. Einen Liegestuhl mitzubringen hatte ich vergessen, aber selbst ein Liegestuhl wäre nicht hoch genug gewesen, um mich bequem auf einer Höhe mit ihm zu unterhalten, darum setzte ich mich auf den Tisch. Ich glaube, wir haben wie so oft über den Unfall und seine Gehirnverletzung geredet, weil es zu jener Zeit für mich keine andere Realität gab. Alle meine Gedanken drehten sich um dieses Thema. Und meine Erinnerungen wanderten zurück zum Krankenhaus ... und zu etwas, das ich ihm, soweit ich wusste, noch nie erzählt hatte.

„Ian, ist dir eigentlich klar, dass wir in den ersten Tagen nach dem Unfall entscheiden sollten, ob die Geräte abgestellt werden sollten oder nicht?"

Nach einer Pause sagte er: „Nein."

„Doch, so war es. Aber wir brachten es nicht über uns, die Maschinen abzuschalten. Diese Entscheidung konnten wir einfach nicht für dich treffen."

Nach einer weiteren langen Pause blickte er mich mit seinen blaugrünen Augen an. Das rechte fokussiert mit ein paar Sekunden Verzögerung, eine Folge des Unfalls. Obwohl es etwas langsamer war, war es immer noch mein Lieblingsauge, weil es einen kleinen orangen Fleck unterhalb der Pupille aufweist. Dann ergriff er das Wort. Sehr leise.

„Danke."

Als die anderen an jenem Tag den Raum der Stille verließen, blieb ich zurück. Gerade hatten wir entschieden, Ian nicht von den Maschinen zu nehmen.

Meine Eltern boten an, mir in diesem Raum mit der abgestandenen Luft Gesellschaft zu leisten, aber ich wollte lieber allein sein. Selbst im Angesicht des Todes und der Einsamkeit, die mich erwartete, konnte ich in diesem Augenblick keine Menschen um mich haben. Aber mir war es auch nicht recht, Ian lange allein zu lassen, denn er war dem Geschehen hilflos ausgeliefert und ich hatte das Gefühl, ihn beschützen zu müssen. Er konnte nicht entscheiden, wer ihn besuchte oder was der Besucher zu sehen bekam. Er war nicht in der Lage, sein Krankenhaushemd herunterzuziehen, wenn es hochgerutscht war. Er konnte sich das

Gerede des Pflegepersonals nicht verbitten oder äußern, wenn er Schmerzen hatte. Objektiv gesehen konnte ich ihm bei alledem auch nur wenig helfen, aber ich hatte das Bedürfnis, zumindest da zu sein.

Kurz darauf verabschiedete sich Ians Familie aus Philadelphia. Sie mussten nach Hause zurückkehren, rechneten aber damit, am Samstag zu Ians Beerdigung wiederzukommen. Sein Gehirn zeigte weiterhin keine Aktivität, und somit waren wir gedanklich immer noch mit seiner Beerdigung beschäftigt, auch wenn wir alle nach wie vor beteten und hofften, dass sich sein Zustand noch positiv verändern würde.

Ich zog mich wieder einmal mit David und ein paar anderen in die Krankenhauskapelle zurück. David hatte seine Gitarre mitgebracht. Die Kapelle war leer, die Tür fiel sehr laut hinter uns ins Schloss, und wir fuhren zusammen. Wir waren erschöpft und rangen mal mehr, mal weniger erfolgreich darum, die Hoffnung nicht aufzugeben. David strich mit den Fingern über die Saiten, sanfte Musik erklang, und wir hoben die Blicke und die Hände nach oben, brachten Gott unsere Ängste dar und flehten um seine Hilfe.

Wenn Gott diese Gebete nicht hörte und erhörte, würden wir Ian verlieren, daran zweifelten wir nicht. Dieser Gedanke war kaum zu ertragen.

An jenem Tag schrieb ich in mein Tagebuch:

Lieber Ian,

dein Vater hat recht, wenn er sagt, dass diese ganze Situation absolut surreal ist. Ich finde es so seltsam, dass ich hier bin, hier meine Tage zubringe, bete, rede und meistens auf meinem Stuhl hocke, und du bist nicht bei mir. Es ist so seltsam, dass mein bester Freund, mit dem ich sonst alles teile, nicht neben mir sitzt. Das Leben geht weiter, aber ohne dich macht es definitiv nicht so viel Spaß. Ich will mir ein Leben ohne dich gar nicht vorstellen. Ich will einfach nur deine Stimme hören, wie du sagst: „Ich liebe dich, Zwerg."

Ich habe uns nie hier gesehen. Aber da sind wir nun. Ich sitze allein auf diesem Plastikstuhl, und du liegst in diesem schrecklichen MRT. Ich liebe dich. Und ich hoffe, dass du dies eines Tages liest. Ich vermisse dich.

Später am Abend saß ich in dem sterilen Krankenhausflur, den Rücken an die Wand gepresst, die Knie an die Brust gezogen. Ich drückte mir mein Handy ans Ohr, sehr fest, denn je fester ich es an mein Ohr drückte, desto mehr hatte ich das Gefühl, dass Ian bei mir war. Es war eine alte Mailbox-Nachricht von ihm, die ich abhörte, ein paar Tage alt, und er sang in einer lächerlichen Falsettstimme für mich: *„Ich kann mir nicht vorstellen, eine andere zu lieben als dich, mein ganzes Leben lang. Wenn du bei mir bist, Schatz, ist der Himmel blau, mein ganzes Leben lang."* Er hatte das komplette Lied von Anfang bis Ende auf meine Mailbox gesungen, gesummt und gelacht an den Stellen, an denen ihm der Text nicht eingefallen war. Es war grauenhaft und endlos lange und wunderbar.

Jen, meine Freundin, die in wenigen Wochen heiraten würde, entdeckte mich zusammengesunken im Flur, eine Stimme umarmend, die nicht mehr mit mir reden konnte. Aus irgendeinem Grund hatte ich die meisten seiner lustigen Nachrichten nie gelöscht. Und jetzt, wo er nicht bei mir sein konnte, leisteten sie mir Gesellschaft und brachten ihn mir ganz nah.

In den kalten, leeren Krankenhausfluren hörte ich mir die Nachrichten wieder und wieder an. Ebenso wenn ich im Auto unterwegs war oder im Dunkeln allein im Bett lag und mir heiße Tränen über die Wange rannen und auf die Kissen tropften.

Ian. Ich vermisse dich, Ian.

Kapitel 4

„Ich verstehe ja, dass das Sterben ein Gewinn ist, aber ich weiß nicht, was es bedeutet, dass Christus das Leben ist", sagte Mary.

Wir saßen auf Gigis Veranda, und eine warme Sommerbrise wärmte uns. Drei Jahre waren seit Ians Unfall vergangen, und noch immer rangen wir darum, uns mit den daraus folgenden Verlusten und Veränderungen abzufinden.

„Wenn es hier nur um Ian ginge, wäre das nochmal etwas anderes. Aber es geht um etwas, das viel größer ist als wir."

Gigi und ihr Mann waren in den 1970er-Jahren Marys College-Eltern gewesen. Die Aufgabe von College-Eltern war es, die Studierenden in ihre Familie aufzunehmen, sie zum Essen einzuladen, die Freizeit mit ihnen zu verbringen und ganz allgemein für sie da zu sein. Sie hatten sich in der presbyterianischen Kirche kennengelernt. Mary erzählte den beiden, ihr Freund würde in Schottland leben – was ihr niemand so recht abkaufte. Alle glaubten, sie wolle sich mit diesem angeblichen Freund in Übersee nur wichtig machen. Doch der Freund in Schottland war in der Tat sehr real.

Das Haus wurde für Mary schnell ein zweites Zuhause und Gigi eine liebe Freundin. Ich hatte sie eines Tages bei Mary kennengelernt, als ich zwischen zwei Seminaren kurz vorbeikam, um Ian zu besuchen. Gigi saß lachend in dem roten Ledersessel und schien ein sehr fröhlicher Mensch zu sein. Vor dem Unfall war ich ihr selten begegnet, doch als sie am Sonntag nach dem Unglück mit jeder Menge Taschen voller Getränke und Snacks ins Krankenhaus gekeucht kam, ging mir auf, dass sie etwas ganz Besonderes war.

„Das ist das Gesicht, das ich sehen wollte!“, seufzte Mary.

Im Laufe der folgenden Wochen erfuhr ich, warum ihr dieses Gesicht, das mich selbst häufig zum Lächeln gebracht hatte, so lieb und teuer war. Gigi und ihr Mann hatten, genau wie wir, über Monate hinweg praktisch im Krankenhaus gelebt und um ihre Enkelin Livi gebangt, die am Ende dann doch verstorben war. Sie wussten, wie es war, sich die Zähne in der Krankenhaustoilette zu putzen und immer bangen Herzens auf die Informationen der Ärzte zu warten. Sie wussten, wie es war, wenn der eigene Glaube auf die härteste Probe gestellt wurde. Ihre Anwesenheit war die reine Wohltat.

Nach einigen Tagen ging es Ian kein bisschen besser. Jimmy und Maelys kamen aus Virginia, wo beide als Lehrer tätig waren. Sie wollten sich von Ian verabschieden, falls die Ärzte recht behielten und er sterben würde.

Die vier Musketiere waren wieder zusammen. Aber das hier war kein Abenteuer, wie wir es in jenem unvergesslichen Sommer erlebt hatten. Vielmehr hockten wir in dem Warteraum, in dem dieser schreckliche Snack-Automat mit den trockenen Erdnussbutterkräckern stand, und warteten. Immer wieder hatte meine Mutter mich im Lauf der letzten Tage gezwungen, einige von den widerlichen Kräckern hinunterzuwürgen. Ich wollte nicht essen, weil Ian nicht essen konnte. Aber ich musste etwas zu mir nehmen. Darum holte meine Mutter, die eben eine Mutter ist, von Zeit zu Zeit Sandwiches aus der Cafeteria, eine Dose Cola oder einen Salat. So etwas tun Mütter eben. Sie kümmern sich um das leibliche Wohl ihres kleinen Mädchens.

Maelys, Jimmy und Gigis Sohn Aaron saßen oft an Ians Bett, redeten und beteten mit ihm. Einmal konnte sich Maelys, als sie aus seinem Zimmer kam, nicht mehr beherrschen. Tränen liefen ihr über die Wangen und tropften auf ihre Hände, die so wenig ausrichten konnten. Es lag nicht in ihrer Macht, ihn zu heilen. Und auch nicht in der von einem von uns anderen.

Am Dienstag zweifelten wir nicht mehr daran, dass Ian sterben würde. Darum wollten wir seinen Freunden, die er schon sein ganzes Leben lang kannte, die Gelegenheit geben, sich von ihm zu verabschieden. Josh zum Beispiel, Ians heimlichem Doppelgänger. Er spielte immer in Ians und Davids Videos mit, sogar in ihrem letzten Filmprojekt vor dem Unfall. In diesem „Mokumentary" trägt Josh Ians Kleidung, und selbst ich dachte, Ian zweimal vor mir zu sehen. Das war richtig unheimlich. Als meine Mutter einmal in unserer Kirche zu Besuch war, hatte sie Josh für Ian gehalten. Sogar ihre eigenen Mütter verwechselten sie manchmal von Weitem.

Marky und Dave kamen auch vorbei. Die Brüder waren zusammen mit den Murphy-Kids aufgewachsen, bevor sie dann im späten Teenageralter nach Virginia zogen. Die beiden Brüder und David betraten gemeinsam Ians Krankenzimmer, beteten für ihn und baten Gott darum, sich seiner anzunehmen. Und sie dankten ihm, weil sie wussten, wo Ian hinging, falls er tatsächlich starb. Dennoch bat Dave Gott inständig, er möge Ian noch eine Weile hier bei uns lassen. Eine kühne Bitte, doch Dave hatte den Eindruck, dass der Fokus viel zu lange auf dem Himmel und Ians Tod gelegen hatte.

Mein Tagebuch wollte ich eigentlich mit Liebesbriefen an einen Mann füllen, den ich in wenigen Monaten heiraten würde, doch stattdessen notierte ich auf den Seiten die Namen von Besuchern im Krankenhaus, Bibelstellen, die mir zugesprochen wurden, und kleine Botschaften an Ian in der Hoffnung, dass er eines Tages in der Lage sein würde, die mit Bleistift gekritzelten Worte zu lesen.

Die Namen sind mittlerweile verblasst, die Seiten etwas abgerieben, nachdem sie jahrelang in dem Bucheinband aufeinander gelegen hatten:

2. Oktober 2006

Hallo, mein Schatz.

Wo bist du im Augenblick? Ich hoffe, du kannst irgendwie unsere Anwesenheit spüren. Ich werde für dich aufschreiben, wer dich im Krankenhaus besucht hat: deine Familie, beide Großelternpaare, die Halls, Andrea, Dan, die Altrogges, meine Eltern, Josh, Andrew, Molly, Ned, Dan, Bethany, Hannah, Maureen, Sarah und Kathie, Mark und Dave, Joni, Mr Logan, Joe …

153 Namen folgten. An wie vielen Tagen sie gekommen waren, kann ich nicht mehr mit Bestimmtheit sagen. Doch ich weiß noch, dass sich die Besucher im Flur drängten. Nacheinander betraten sie das Krankenzimmer, denn sie sollten die Möglichkeit haben, sich noch von ihm zu verabschieden, solange er noch am Leben war, nicht erst im Aufbahrungssaal des Beerdigungsinstituts. Alle kamen; Ians Freunde aus Teenagerzeiten, aus der Kindheit, aus unserer Kirchenfamilie in Pittsburgh, Ians Kollegen von IUP, wo er sein Praktikum absolviert hatte, und auch die Kollegen, mit denen er bei dem Praktikum im vergangenen Sommer zusammengearbeitet hatte.

Wir alle wünschten uns von Herzen eigentlich nur, dass er am Leben blieb.

Ich saß mit Jimmy und Maelys, David und Steve im Warteraum. Auf einmal kam ein Arzt auf uns zu, mit dem wir es bisher noch nicht zu tun gehabt hatten. Er suche Ians Familie, sagte er. Wir stellten uns vor … und erhielten eine ganz unerwartete Nachricht:

„Es sieht so aus, als wäre Ian über den Berg“, erklärte er.

„Über welchen Berg?“, fragte Steve.

Wir hatten gar nicht gewusst, dass es einen Berg zu überwinden gab. Am Vortag hatte man uns die schlimme Nachricht beigebracht, dass sein Gehirn bei fast allen Tests keine Aktivität gezeigt hätte. Und jetzt sagte man uns, da sei ein Berg gewesen? Und Ian hätte ihn überwunden?

Doch so war es. In der Nacht hatte sein Gehirn begonnen, auf Reize zu reagieren. Innerhalb von nur wenigen Stunden waren Zukunft und Hoffnung wieder in greifbare Nähe gerückt. Ians Gehirn zeigte Aktivität!

„Wer sind Sie überhaupt? Der Hausmeister?“, fragte David reichlich unpassend.

Wir waren schrecklich durcheinander – ein Arzt, den wir noch gar nicht kannten, teilte uns so etwas mit … durften wir ihm glauben? Fakt war, dass Ian die Nacht überstanden hatte, eine Nacht, die jetzt vielleicht den ersten Tag seines neuen Lebens markierte. Eine Nacht, von der wir nicht geglaubt hatten, dass wir sie erleben würden. Vielleicht würde es doch keine Beerdigung geben!

Ich erinnere mich nicht mehr, was anschließend geschah oder was Steve sagte, als er erfuhr, dass sein Sohn möglicherweise doch überleben würde. Ich glaube nicht, dass ich sofort so etwas wie Erleichterung empfand. Vermutlich, weil ich bei aller Bemühung, mich damit auseinanderzusetzen, doch nicht an mich herangelassen hatte, wie ernst die Situation war. Für mich war trotz allem klar gewesen: Ian musste leben. Sterben war einfach keine Option.

Wir werden wohl nie erfahren, was Ian selbst in jenen Tagen erlebte. Vielleicht höchstens dann, wenn wir einmal sterben … vielleicht sehen wir dann, dass Gott in dem Kombi bei Ian gewesen war, dass er im Rettungshubschrauber neben ihm gesessen hatte und während seines Komas mit ihm kommunizierte. Am

Fuß des „Berges“, bevor es wieder Hoffnung auf Leben gab, war Ian irgendwo gewesen, vielleicht schon auf halbem Weg zum Himmel, gewärmt von dem Licht, von dem Leute mit Nahtoderfahrungen so oft berichten.

Und jetzt – wo war Ian jetzt?

Was erwartete uns?

Seine Cousinen und Cousins, Tanten und Onkel, die sich auf eine Beerdigung am Samstag eingestellt hatten, hatten sich geirrt – und sicher war noch nie jemand so froh darüber, falsch gelegen zu haben! Ian hatte Zeit geschenkt bekommen, zumindest ein paar Tage. Und auch wenn noch nicht sicher war, wie alles ausgehen würde, durften wir doch erst einmal aufatmen.

7. Oktober 2006

Manchmal, eigentlich meistens, ist mein Glaube so winzig wie ein Senfkorn. Aber ich will glauben, dass in meinem beschämend kleinen Samenkorn des Glaubens eine unglaubliche Macht steckt. Ich werde heute Abend beten, wie ich auch gestern Abend gebetet habe, dass Gott dich aufwachen lässt, während wir schlafen. Und ich werde weiter beten und glauben, dass es Gott gefällt, uns zu überraschen.

Das Damoklesschwert des Todes war fürs Erste abgewendet und hing nicht mehr ganz so drohend über unseren Köpfen.

Trotzdem waren Entscheidungen zu treffen. Operationen standen an. Wir beteten um Schutz vor Komplikationen und Infektionen. Und bis jetzt hatten Steve, Mary und ich das Krankenhaus noch nicht verlassen. Es war an der Zeit, unser Leben irgendwie um die neue Realität herum zu organisieren.

Okay, um ehrlich zu sein, eigentlich war es so, dass wir aus dem Warteraum geworfen wurden. In unserer Benommenheit hatten wir uns so verhalten, als gehöre er uns. Wir hatten uns mit unseren Schlafsäcken, Lebensmitteln und Zahnbürsten dort ausgebreitet. Sehr freundlich, aber bestimmt wurden wir daran erinnert, dass der Raum allen Angehörigen von Patienten zur Verfügung stehen sollte und nicht nur für uns reserviert sei. Anscheinend hatte es Klagen gegeben.

Ein großzügiger Freund mietete übergangsweise eine Ferienwohnung für uns, nur einen Block vom Krankenhaus entfernt. Ich erinnere mich nicht mehr, wo ich geschlafen habe, aber ich weiß noch, dass die ganze Murphy-Familie dort war. David hatte gerade einen italienischen Kochkurs mitgemacht und machte uns Pasta zum Abendessen. Mary bat eine Bekannte, uns Kissen und Bettzeug zu bringen. Viele aus der Kirche bedachten uns mit vorgekochten Mahlzeiten.

Obwohl es meinem Körper spürbar gut tat, wieder einmal in einem richtigen Bett zu schlafen, fiel es mir unendlich schwer, die Intensivstation zu verlassen. Ich hatte Sorge, in meiner Abwesenheit könnte etwas Wichtiges passieren oder ich könnte etwas verpassen oder Ian könnte es nicht gut gehen oder ein Arzt könnte eine neue Information für uns haben oder Ian könnte für ein paar Sekunden die Augen öffnen, und niemand wäre da, um es zu bemerken. Immer schlummerte in mir die vorsichtige Hoffnung, dass Ian aufwachen würde, aber auch die Angst, ich wäre in diesem wichtigen Augenblick nicht bei ihm. Denn nichts wollte ich mehr als das.

Eine Woche, in der wir gefühlt ausschließlich gebetet, geweint und nur selten Schlaf gefunden hatten, lag hinter uns. Mein einziger Wunsch war, bei ihm zu sein. Einfach nur bei ihm zu sein.

Am folgenden Samstag kam mein älterer Bruder Brandon mit seiner Freundin Ashley zu Besuch. Mittlerweile sind sie verheiratet und haben drei niedliche Kinder. Es tat so gut, ihn zu sehen. Brandon hatte immer aus der Ferne ein Auge auf mich gehabt. Er hatte sich zwar nicht eingemischt, wenn es darum ging, mit wem ich ausging oder befreundet war, aber auf seine ruhige Art hatte er immer alles wissen wollen und mich oft gutmütig auf die Schippe genommen. Er machte mit mir Quad-Touren. Wir spielten zusammen Basketball in unserer Einfahrt. Ich sah mir Brandons Wettkämpfe in der Highschool an, später die Collegespiele.

Nachdem wir einige Zeit an Ians Bett gesessen hatten, brachen Brandon, Ashley, meine Eltern und ich auf, um zum Abendessen in ein Restaurant zu gehen. Meine Eltern hatten ihre ganze Überredungskunst aufgewendet, damit ich das Krankenhaus einmal für eine Stunde verließ.

Brandon hatte meine Mutter gefragt, was ich brauchte, wie er helfen könnte, was er für seine kleine Schwester tun könnte. Sie erklärte ihm, dass es zwar unromantisch sei, ich aber vermutlich Geld brauchen würde. Als wir beim Essen saßen, drückte er mir alle Geldscheine in die Hand, die er in seiner Brieftasche hatte. Unfassbarerweise erinnerte ich mich erst wieder an diesen Augenblick, als meine Mutter mir Jahre später davon erzählte.

Diese Tage sind in meiner Erinnerung wie in einem dichten Nebel. Doch als meine Mutter mir an jenem kühlen Frühlingsmorgen auf ihrer Veranda davon erzählte, verlor ich die Fassung, weil ich das Gefühl hatte, dass Gott mich durch die Liebe meines Bruders berührt hatte. Brandon hatte mir alles geschenkt, was er besaß. Und doch war dieser Akt der Freundlichkeit aus meiner Erinnerung gelöscht. Die Traurigkeit war so übermächtig gewesen, dass ich kaum noch etwas anderes wahrnehmen konnte.

Erst nachdem meine Mutter mich daran erinnert hatte, bedankte ich mich bei meinem Bruder für sein Geschenk, das meine leeren Hände gefüllt hatte.

Eine Woche war seit dem Unfall vergangen, in der wir versucht hatten, die Tage irgendwie zu überstehen. Ich wurde allmählich mutiger und wagte mich häufiger aus Ians Zimmer heraus.

Manchmal ging ich einfach nur hinunter in die Lobby des Montefiore, dem benachbarten Krankenhaus. Es war durch einen kleinen verglasten Pfad mit unserem verbunden. In der Montefiore-Lobby herrschte immer eine angenehme Stille. Ich erinnere mich, die Autos auf den Parkplätzen betrachtet zu haben, während ich durch den Glastunnel ging, der die beiden Gebäude verband, und ich fragte mich, ob ihre Besitzer wohl in den Krankenhäusern arbeiteten oder vielleicht jemanden besuchten, der hier lag.

Am Sonntag brachte ich tatsächlich den Mut auf, das Krankenhaus zu verlassen und in ein nahe gelegenes Einkaufszentrum zu fahren. Dort konnte ich beobachten, dass das Leben außerhalb der Intensivstation 4G einfach weiterging. Ich beobachtete die Fahrradfahrer auf dem Weg am Flussufer entlang. Für sie war es ein ganz normaler Sonntagnachmittag. Mein Freund lag seit einer Woche mit schwersten Verletzungen auf der Intensivstation, aber diese Menschen suchten Entspannung und genossen ihr Wochenende. Für mich war dieses Gefühl seit dem vergangenen Samstag nur noch eine ferne Erinnerung. So nah und doch so endlos weit entfernt.

Und trotzdem drängte es mich ins Krankenhaus zurück. Denn dort, auf unserer Station, waren alle traurig. Unser Leben, das Leben aller, die sich dort aufhielten, war zum Stillstand gekommen. Und das war besser zu ertragen als der krasse Kontrast zu den unbeschwerten Leuten hier draußen.

8. Oktober 2006

Es ist tatsächlich real. Die Situation hat sich nicht einfach in Luft aufgelöst, wie ich manchmal hoffte, sondern ist real. Ich glaube, erst heute Abend ist mir klar geworden, dass es dein Körper ist, der in diesem Bett liegt, deine Brust, die von Prellungen entstellt ist, deine Arme, die gebrochen sind. Ich vermisse dich! Ich habe dich die ganze Woche angeschaut, dir die Füße massiert, deine Wange berührt. Aber erst heute Abend ist mir wirklich aufgegangen, dass es dein Fuß ist, den ich anfasse, und dein Gesicht, das ich anschaue.

Ich möchte nichts lieber tun als mit dir zu reden und dich zu umarmen. Ich vermisse dich und dein Fleeceshirt, das du so häufig trägst.

Es fällt mir schwer zu vertrauen …

In den folgenden Tagen, die zwar immer noch langsam und schwer, schrecklich und schwierig waren, gab es dennoch auch einige vorsichtige Fortschritte zu verzeichnen.

Um den 8. Oktober herum wurde uns mitgeteilt, dass Ians rechtes Auge auf Licht reagiere, wenn auch verzögert, und dass er einen Hustenreflex zeige. Für mich sah es eher so aus, als würde sein Körper stumm zucken oder sich aufbäumen, doch die Ärzte deuteten dies als positives Zeichen. Er reagierte auch auf Schmerz und laute Geräusche. Wenn der Arzt, den wir für den „Hausmeister" gehalten hatten, zum Beispiel seinen Namen schrie oder dicht an seinem Ohr in die Hände klatschte, gab Ian ein schnaubendes Geräusch von sich.

„Ihm Nettigkeiten ins Ohr zu flüstern hat keinen Sinn", erklärte mir der Arzt, als ich ihn fragte, ob Ian mich seiner Meinung nach hören könnte. Er sagte mir, ich müsse ihm schon ins Ohr schreien.

„Stellen Sie sich direkt neben ihn", erklärte er, „schreien Sie ihn an, klatschen Sie in die Hände, brüllen Sie, was Sie zu sagen haben."

Das konnte ich einfach nicht. Es war mir peinlich, und das, was ich ihm mitteilen wollte, war auch so gar nicht zum Schreien geeignet. Was sollten die Krankenschwestern denn denken, wenn ich „Ich vermisse dich so!!!" brüllte? Aber vor allem wollte ich nicht, dass er durch etwas Verstörendes geweckt wurde. Seine Erinnerungen an unser gemeinsames Leben und die Zukunft, die wir geplant hatten, sollten ihn zurückholen. Deshalb flüsterte ich ihm nur ins Ohr, was ich ihm sagen wollte.

Der Arzt hatte mir außerdem noch einmal ganz deutlich gesagt, dass Ian, wenn er aufwachte (beziehungsweise falls er aufwachte), nicht mehr derselbe Mensch sein würde, der er vorher gewesen war. Mit Sicherheit würden sehr starke „neurologische Defizite" zurückbleiben, sagte er. Was auch immer das im Einzelnen bedeuten würde. Bei diesem Gespräch fiel auch zum ersten Mal der Begriff „Wachkoma" für Ians Zustand.

An diesem Punkt war mir nicht so ganz klar, wie ich damit umgehen sollte, dass Ian vielleicht als veränderter Mensch aufwachte. Ich konnte ja auch nicht einschätzen, was genau anders sein würde und wie stark die Veränderung war.

Was, wenn er mich nicht mehr liebte?

Was, wenn er zwar am Leben blieb, aber nichts mehr empfinden oder denken könnte?

Was, wenn er nicht mehr wusste, wer Gott war?

Und was, wenn der Arzt recht mit der Vermutung hatte, dass Ian sich vielleicht gar nicht mehr an mich erinnerte?

Der Arzt hatte in seinen Erklärungen von Ians Zustand sein Gehirn vor dem Unfall mit einem gut organisierten Büro verglichen, in dem alle Unterlagen gekennzeichnet und in Schubladen einsortiert waren. Als sein Kopf verletzt wurde, waren sämtliche Aktenschränke aufgesprungen und die Ordner wild durcheinander gepurzelt. Er steckte nun allein in einem Bottich voll Kleber fest und musste versuchen, wieder irgendein System in das Durcheinander zu bringen. Wenn er wach wurde, musste er Schritt für Schritt herausfinden, welches Blatt in welchen Ordner und in welchen Aktenschrank gehörte. An einige Dinge würde er sich vielleicht erinnern und an andere nicht. Und ich würde vermutlich nicht zu den ersten Erinnerungen gehören, da ich erst spät in sein Leben getreten war.

Die Worte des Arztes taten mir weh, und ich wollte ihm

unbedingt beweisen, dass ich immer noch wichtig war für Ian. Ich wollte ihm beweisen, dass Liebe stärker war als Neuronen und durchtrennte Nervenbahnen. Er hielt mich für eine untergeordnete Erinnerung in Ians Gehirn, die irgendwo im Chaos verschüttet war? Als er das sagte, kam mein Eigensinn zum Vorschein, und ich begann meinen Kampf gegen die Ärzte. Natürlich wussten sie mehr als ich, aber sie waren nicht Gott. Ich glaubte ihnen zwar grundsätzlich, aber das bedeutete nicht, dass alles genau so eintreffen würde, wie sie es sagten.

Zeig's ihnen, Ian. Zeig ihnen, dass ich dir mehr bedeute, als sie für möglich halten!

Am 10. Oktober, 11 Tage nach dem Unfall, musste ich schließlich in meine Wohnung und das zurückkehren, was von meinem Leben noch übrig war. Meine Professoren waren sehr nachsichtig mit mir und befreiten mich sogar für den Rest des Semesters von einem wöchentlichen Seminar, damit ich so oft wie möglich bei Ian im Krankenhaus sein konnte, eine gute Stunde Fahrtzeit entfernt. Doch wie Steve gesagt hatte, das Krankenhaus war nicht unser ganzes Leben. Steve und Mary hatten noch vier andere Kinder zu versorgen, und das Jüngste war schon zu lange in der Obhut anderer Leute. Ich musste mein Studium weiterführen. Prüfungen standen an, und ich musste überlegen, wie ich meine nähere Zukunft gestalten wollte, und das alles ohne meinen besten Freund. In diesem neuen Leben musste ich die Fäden selbst in der Hand halten.

10. Oktober 2006 (Blogeintrag)

Wir alle, die wir Ian nahe stehen, empfinden jeden Tag unterschiedliche Leerstellen. Bei mir ist es die Tatsache, dass ich meinem besten Freund nicht mehr alles erzählen kann, und ich vermisse sein Lächeln und sein „Ich liebe dich". Bei David sind es das Lachen und die Gespräche mit seinem besten Freund. Die Murphys vermissen das Gepolter, wenn er die Treppe heruntergerannt kommt, und seine blöden Witze, die alle zum Lachen bringen.

Aber wir dürfen nicht vergessen, dass wir, Gott sei Dank, Gott sei Dank, zu Gott gehören, dass Ian zu Gott gehört, und dass unsere Freude nicht abhängig ist von dem, was in unserem Leben geschieht. Wir gehören zu Gott. Ian gehört zu Gott. Unsere letzte Freude, diese tiefe, unerschöpfliche Freude ist, dass wir schon gerettet sind und Ian auch. Ich hoffe, dass ihr Mitstreiter im Gebet euch daran freuen könnt, wie gut Gott in der Vergangenheit zu uns und zu Ian gewesen ist, und nicht vergesst, dass das auch heute noch so ist. Denkt immer an dieses Versprechen für die Zukunft.

Elf Tage und 20 Leben später betrat ich zum ersten Mal seit dem Unfall das Haus der Murphys. Steves Eltern begrüßten mich wie beim letzten Mal, am Tag vor dem Unfall, als ich dort mit ihnen zu Abend gegessen hatte. Die kleine Lydia spielte auf dem blauen Teppich im Wohnzimmer, und ihr Lächeln hieß mich willkommen und tröstete mich.

Ich umarmte Ians Eltern zur Begrüßung. Wir wussten alle nicht so genau, was wir sagen sollten. Ich ging in den Fernsehraum. Die sonst so beliebten Videospiele lagen ungenutzt neben dem Computer. Es war still im Haus. Alle anderen waren entweder im Krankenhaus oder in der Schule. Aber nicht nur deshalb war es so still. Ohne Ian war es *überall* still.

Es war richtig, hier zu sein. Das Leben musste weitergehen, auch wenn ich es am liebsten angehalten hätte. Damals ahnte ich noch nicht, dass ich während der nächsten Monate die Türen im Haus nicht aus den Augen lassen würde, dass ich sie ständig anstarren und mir vorstellen würde, Ian würde durch eine davon hereinkommen. Ich wusste nicht, dass ich am Freitagvormittag allein zu privaten Garagenverkäufen gehen würde, weil ich Ablenkung brauchte. Ich wusste nicht, dass ich gegen meine eigene Selbstsucht würde ankämpfen müssen, weil ich erkannte, dass ich im Selbstmitleid versank und dass es mir in erster Linie um mich selbst ging und weniger um Ian. Ich wusste nicht, dass mir selbst die kleinen Dinge, durch die Ian mir zeigen konnte, dass er noch bei mir war, mir schon bald nicht mehr ausreichen würden, weil ich ihn ganz zurückhaben wollte. Ich wusste nicht, dass in mir die Furcht wachsen würde, ich könnte seine Heilung zu einem Götzen machen, ich könnte mich mehr nach Ian sehnen als nach Gott.

Und ich wusste nicht, wie das ging, „alles als Freude zu erachten", wie es in der Bibel heißt (Jakobus 1,2). Schließlich war mir alles genommen worden. Wie fühlte sich das an, trotzdem Freude zu empfinden? Wie konnte ein Mensch das so erleben?

Der Ventilator drehte sich über meinem Kopf im Wohnzimmer, als ich neben Lydia saß und die Klötzchen zählte, die sie aufeinanderstellte, ganz vorsichtig, eins auf das andere.

Am 12. Oktober wurde Ian erneut operiert. Die gebrochenen Unterarme mussten mit Platten gerichtet werden. Sein rechtes Knie war total zertrümmert, buchstäblich. Diese Verletzungen hätten ihm unerträgliche Schmerzen verursacht, wenn er nicht im Koma gelegen hätte.

Steve war aufgefallen, dass Ians Herzfrequenz und sein Blutdruck höher waren als normal. Er fragte die Schwester, ob Ian Schmerzmedikamente bekommen hätte, als sie ins Zimmer kam. Sie erwiderte, er würde natürlich sofort welche bekommen, wenn er sie bräuchte, doch bisher sei das nicht nötig gewesen.

Sein Knie war zerschmettert, die Arme gebrochen, und aus seinem Gehirn ragte ein Drainageschlauch. Aber Schmerzmittel brauchte er keine.

Es war das erste Mal, dass mir das Koma beinahe wie ein Geschenk erschien.

12. Oktober 2006 (Steve)

Tief bewegt danke ich Gott erneut, dass Ian im Koma liegt, denn in diesem Zustand registriert sein Gehirn keine Schmerzen. Bis Gott ihn nach Hause holt oder bis er ein Wunder an ihm tut oder bis der natürliche, von Gott verordnete (und von fähigen Ärzten unterstützte) Prozess der Heilung voranschreitet, wird er keinen Schmerz empfinden. Gott ist gut.

Darum schlaf, Ian. Wir werden warten.

An einem Tag sank ich in Ians Elternhaus erschöpft auf die alte Ausziehcouch. Ich hatte einen Augenblick erwischt, in dem der Fernsehraum leer war, was selten vorkam. Dieser Raum war Devons „natürlicher Lebensraum", während seiner Teenagerjahre war er fast immer dort zu finden. Entweder war er mit Videospielen beschäftigt oder er schaute Wiederholungen von irgendwelchen Serien oder Talkshows.

Ich legte meinen Kopf an die Lehne, und immer wieder fielen mir die Augen zu. Wenn es mir gelang, sie offen zu halten, klebte mein Blick an den eingebauten Bücherregalen vor mir. Die Wand links von mir war durchbrochen von mehreren mit Rollos versehenen Fenstern. Kleine Streifen Sonnenlicht fanden durch die Lamellen hindurch den Weg auf mein Gesicht.

Der Schlaf, dem ich mich schließlich überließ, war tief und eher einer Bewusstlosigkeit ähnlich. Endlich konnte mein müder Körper sich ausruhen, endlich saß ich einmal nicht im Auto, unterwegs zum oder vom Krankenhaus.

Später – sehr viel später – gelang es mir kaum, wieder zu mir zu kommen. Meine Augen wollten sich öffnen. Mein Geist schaltete sich flackernd an und aus wie eine nicht richtig festgeschraubte Glühbirne. Ich wollte mich aufrichten, wollte diesen Sumpf des Schlafs verlassen, und es war, als würde ich einen Stapel Steine durch den Bauch eines gefüllten Zementlasters schieben. Es dauerte eine Ewigkeit, bis ich es endlich schaffte, meine Augen zu öffnen und von der Couch aufzustehen. Ich solle mich anstrengen.

Und als mein Körper mir endlich wieder halbwegs gehorchte, dachte ich zum ersten Mal darüber nach, dass Ian nicht mit Absicht immer weiterschlief. Das, was ich gerade erlebt und durchkämpft hatte, war vermutlich ein bisschen mit dem zu vergleichen, was Ian die ganze Zeit empfand, wenn eine Aktivität von ihm gefordert wurde.

Ich hatte mich so oft gefragt, wie es dort wohl war, wo Ian sich gerade aufhielt. Fühlte er sich einsam, verloren, ohne die Möglichkeit, sich zu artikulieren? Gott war bei ihm, daran zweifelte ich nicht. Aber spürte er das auch? Begriff er es? Wie war das wohl? Würde er mitten in der Nacht aufwachen, zur Decke hochschauen und sich fragen, wo er wohl war? Hatte er Angst, war er verwirrt und konnte es uns nur nicht mitteilen? Wirbelten seine Gedanken durcheinander, und suchte er nach Worten? Und bekam er dann auf seinem Weg an die Oberfläche Hindernisse in den Weg gelegt?

Ich wusste es nicht. Aber in diesem Augenblick hatte ich das Gefühl, dass Gott mir einen Einblick verschafft hatte, wie sich ein Koma anfühlt, um mir zu zeigen, dass Ians Schlaf und seine Abwesenheit nicht seine Entscheidung war.

Nein. Er kämpfte.

Mary und ich waren gerade im Krankenhaus angekommen. Mit großer Begeisterung eröffneten uns die Krankenschwestern, dass Ian in einem Stuhl säße. Seit dem Unfall hatte er nicht mehr aufrecht gesessen, darum war ich natürlich hoch erfreut, als ich davon erfuhr – aber nur, bis ich sein Zimmer betrat.

Da saß er tatsächlich in einem Stuhl, aber er sah so … so behindert aus. Ein eigentlich 1,80 Meter großer und 80 Kilo schwerer junger Mann hing zusammengesunken in einem überdimensionalen, gepolsterten Hocker, der an einen Zahnarztstuhl erinnerte. Ein weicher Helm hatte seinen verletzten Kopf geschützt, während die Schwestern ihn mithilfe eines monströsen Hoyer-Lifts in den Stuhl hievten.

Er war nach wie vor bewusstlos, und Speichel tropfte aus seinem geöffneten Mund. Ich erinnere mich, dass ich den Speichelfaden anstarrte und schrecklich wütend war auf diesen dummen Speichel. Und ich konnte nicht fassen, dass ich wirklich Ian vor mir hatte. Mein ganzes Leben und meine Zukunft saßen in diesem scheußlichen Stuhl, zusammengesunken, sabbernd und hilflos, weil sein Gehirn nicht richtig funktionierte, und ich war genauso hilflos und konnte nichts tun.

Sein muskulöser Körper, der mir so gefiel, mit den starken Armen und dem kleinen Bauchansatz, den er trotz allem Sport immer gehabt hatte, hing schlaff in diesem Stuhl. Der Mann, der bei jeder passenden und unpassenden Gelegenheit akrobatische Übungen im Garten seiner Eltern vollführt hatte, wusste nicht einmal mehr, was für ein Tag heute war. Er konnte nicht mehr mit dem ihm eigenen, unverwechselbaren, lässigen Gang, den er sich entschlossen antrainiert hatte, durch die Flure laufen. Als Teenager hatte er sich angewöhnt, die Füße betont gerade aufzusetzen, denn es gefiel ihm nicht, wenn seine Zehen bei jedem Schritt ein wenig nach außen wanderten. Früher habe ich ihn oft beobachtet, wenn er den Hügel herunter zu meiner Wohnung auf dem Campus kam. Ich saß an meinem Computer am Fenster und hielt Ausschau nach ihm, und wenn ich ihn entdeckte, folgte ihm mein Blick, wie er an der Mensa und dem Musikgebäude vorbei auf mich zukam. Er hob sich von den anderen ab, wie er mit der Strickmütze auf dem Kopf den Hügel herunterkam, ein schiefes Lächeln auf dem Gesicht und mit diesem ganz speziellen Gang. Es sah aus, als wären seine Beine seinem Körper immer ein Stück voraus und als würde er halb gegen seinen Willen den Hügel hinuntergetrieben.

Doch jetzt konnten diese Beine ihn nicht mehr tragen, das rechte Knie war eine einzige zerstörte Masse. Seine langen, leicht gelockten braunen Haare, die mir immer so gut gefallen haben, waren verfilzt und klebten an seinem Kopf. Die Büschel, die nicht mit getrocknetem Blut verklebt waren, standen wie Sprossen aus dem Helm, während von seinen leblosen Lippen immer noch der Speichel tropfte.

Der Anblick war zehnmal schlimmer, als wenn er im Bett lag. Fast war es wie ein grausamer Scherz, dass die Schwestern sich so darüber gefreut hatten, dass er im Stuhl „saß". Er saß ja gar nicht. Bei dem Gedanken krampfte sich mein Magen zusammen. Er lag immer noch im Koma. Er wachte auch nicht auf, wenn sein Körper bewegt wurde.

Immer wieder stellte ich mir vor, wie es wäre, wenn Ian wieder zu sich käme. Ich malte mir aus, dass wir uns erst mal haarklein alles erzählen würden, was in der Zwischenzeit geschehen war. Wir würden die ganze Nacht aufbleiben und reden. In meinen Träumen war Ian nicht nur in der Lage zu reden, sondern konnte auch in seinem ganzen Ausmaß begreifen, was geschehen war und was es für mich bedeutet hatte. Er konnte sich an sein Koma erinnern und daran, wo er gewesen war, und mir davon erzählen. Er würde mir versichern, dass allein der Gedanke an mich ihn am Leben erhalten hätte und dass ich ihm immer noch alles bedeutete. Und eigentlich war das alles, was ich wissen wollte.

Wir vom „Wartekomitee" begannen sogar Witze darüber zu machen, dass Ian, wenn er aufwachte, vielleicht mit einem ausländischen Akzent sprechen würde. Man hatte uns erklärt, dass so etwas durchaus schon vorgekommen sei. Anscheinend gab es schon Menschen, die nach einem Koma plötzlich Russisch beherrschten oder mit einem französischen Akzent sprachen. Das wäre wirklich etwas für Ian gewesen!

Im Laufe der folgenden Tage und Wochen lernte ich, dass es überlebenswichtig ist, die Hoffnung nicht aufzugeben. Aber mit der Hoffnung ist das so eine Sache. Auf der einen Seite glaubte ich daran, dass Gott Ian heilen *konnte*, aber ich wusste ebenfalls, dass ich nicht einfach davon ausgehen durfte, dass er es auch tun würde. Das war ein schwieriger Spagat für mich. Gottes Verheißungen waren unumstößlich, und ich zweifelte nicht daran, dass er treu war, aber natürlich wusste ich nicht, wie sich seine Treue nun genau zeigen würde. Dieser Lernprozess musste im Eiltempo vorangehen, denn die Angst verfolgte mich und nagte unablässig an meinen Fersen.

Ein Reporter, der uns besuchte, nachdem Ian wieder zu Hause war, fragte uns, warum wir immer noch an der Hoffnung festhielten, dass Ian geheilt werden kann. Die Antwort erschien mir offensichtlich: Wenn ich nicht mehr glaubte, dass Gott Ian heilen könnte, dann würde ich einen Aspekt des Wesens Gottes aus dem Blick verlieren, der sehr eindeutig in der Bibel beschrieben ist. So einfach war das. Mein kleines Herz schwankte immer noch – aber es schwankte zwischen der Realität dessen, was ich erlebte, und der Hoffnung darauf, was bei Gott möglich ist, und ich versuchte, in der Mitte dieser beiden Pole Ruhe zu finden.

Einmal sagte jemand, Ian sei von einem Dämon der Krankheit besessen und der müsse ausgetrieben werden. Wenn unser Glaube nur groß genug wäre, behauptete diese Person, könnte Ian geheilt werden. Hmm. Ich suchte in der Bibel einen Vers, in dem ein solches Gebet beschrieben ist. Wo stand, dass ein Dämon von meinem Freund Besitz ergriffen hatte? Wo stand, dass er geheilt würde, wenn ich intensiver beten, stärker glauben, noch mehr nachdenken würde? Könnten mein Handeln, mein Glaube, meine Entschlossenheit tatsächlich bewirken, dass Ian gesund wurde? Das schien mir falsch. Soweit ich wusste, war Gott es, der heilte, und nichts, was ich tun oder lassen konnte, würde daran etwas ändern. Ja, bereits ein Senfkorn an Glauben reichte aus, doch Menschen, die uns gar nicht richtig kannten, behaupteten, wenn unser Glaube nur groß genug wäre, würde

Ian geheilt. Was ja im Umkehrschluss bedeutete, dass Ian nicht geheilt wurde, weil unser Glaube zu klein war. Das tat weh.

Manches passte einfach nicht zu dem, was ich Tag für Tag erlebte.

19. Oktober 2006

Ian, wo bist du? Ich blicke in deine Augen, aber warum kannst du mich nicht ansehen? Warum kannst du mir nichts vorsingen und mich nach Hause schicken, wenn ich nicht mehr klar denken kann, weil ich so müde bin? Wo sind deine Zärtlichkeiten, die ich so brauche?

Ich wüsste im Augenblick so gern, wie sehr du mich liebst. Ich würde das jetzt gern fühlen. Gott liebt mich unendlich mehr, als wir uns je lieben könnten, aber Ian, ich möchte deine Liebe spüren. Ich möchte sie verstehen. Ich wünsche mir, dass du mir zeigst, wie sehr du mich liebst. Dein Anblick in diesem Stuhl, mit diesem Helm auf dem Kopf, ist mir unerträglich. Ich will mir gar nicht vorstellen, dass du für den Rest deines Lebens so aussiehst. Ich glaube nicht, dass daran etwas Gutes sein kann, Ian. Und ich merke, wie die Angst Macht über mich gewinnt.

Ian, warum kannst du meine Hand nicht halten, wenn ich sie in deine lege? Warum liegst du einfach reglos da und bewegst dich nicht? Wenn ich dich nur irgendwie aufwecken und zurückholen könnte … Ich hoffe, du weißt, wie sehr ich dich liebe. Ich hoffe, du kannst in diesem Augenblick spüren, wie groß meine Liebe zu dir ist.

Im Laufe der Zeit begann ich zu erkennen, dass es in Ordnung war, traurig zu sein. Traurigkeit war eigentlich die absolut angemessene Reaktion auf die Verluste, die ich gerade erlebte. In den ersten Tagen hatte ich den Druck gespürt, mich zuversichtlich und gelassen zu geben und fromme Schlagworte parat zu haben.

Aber Sätze wie „Gott ist gut" oder „Gott ist allmächtig", entsprechen zwar der Wahrheit, doch sie klingen hohl, wenn sie uns als Trostpflaster für einen so lebensverändernden Kummer an den Kopf geworfen werden.

Eines Abends saß ich zusammen mit Steve am Kamin und verfasste einen Beitrag für unseren Blog. Ich war schrecklich durcheinander und wusste nicht, wie ich Glauben und Leid, Trauer und Hoffnung miteinander in Einklang bringen sollte. Dazu war ich einfach noch zu unerfahren. Doch auf seine sanfte Art erklärte Steve mir, dass es in Ordnung ist zu weinen und dass Gefühle ein Geschenk sind. Ohne Gefühle wäre das Leben schal und langweilig und wir würden einfach nur funktionieren wie Roboter. Ich brauche mich nicht immer beherrscht zu zeigen, ich brauche nicht immer die richtige Antwort auf eine Frage zu haben oder genau zu wissen, wie ich auf eine Herausforderung reagieren soll. Es ist in Ordnung, wenn ich verletzlich und schwach bin.

Und so begann ich mich im Laufe der kommenden Tage und Wochen meiner Unvollkommenheit und Schwäche zu stellen. Ich rief mir ins Bewusstsein, dass Gott es aushalten kann, wenn ich ihm meine Zweifel und meinen Schmerz zumute, dass er sich sogar wünscht, dass ich mit alledem ehrlich und echt zu ihm komme. Und dass er nicht von mir erwartet, dass ich immer perfekt funktioniere und stark im Glauben bin, egal wie die Umstände aussehen. Das ist ein lebenslanger Lernprozess, und wir alle sind auf dem Weg.

In meiner Hilflosigkeit durfte ich mich zu ihm flüchten und ihn bitten, mir seine Kraft zu schenken, wo meine nicht mehr reichte. Ich brauchte nicht immer eine leicht verdauliche Antwort parat zu haben, wenn ich gefragt wurde, wie es mir ging – gerade bei den Leuten, bei denen ich wusste, dass sie mehr hören wollten als ein beruhigendes „Ganz gut!" oder andere Floskeln. Ich brauchte nicht so zu tun, als ob alles in Ordnung wäre. Doch auch wenn in meinem Herzen und in meinem Kopf ein großes Durcheinander herrschte, wusste ich doch gleichzeitig auch immer noch, dass Jesus unbedingt *für* mich war, weil er für mich gestorben war. Unter all dem Chaos lag immer noch als festes Fundament die Beständigkeit seiner Liebe und Hingabe an mich.

Wie gut, dass es tief in meinem Innern verborgen war, ganz tief unten, wo es garantiert geschützt war. Denn ohne dieses Geschenk wäre ich garantiert verzweifelt – ganz besonders, als der letzte Tag des Monats Oktober anbrach, der Monatstag von Ians Unfall … und damit die erste von drei Hochzeiten, die wir gemeinsam hatten besuchen wollen.

Es war die Hochzeit meiner Schwester.

Meine Freundin Jen begleitete mich hin, zwei Wochen vor ihrer eigenen Hochzeit. Denn dass ich diese Reise niemals allein schaffen würde, daran bestand für mich kein Zweifel. Natürlich war auch meine Familie da, doch sie würden alle Hände voll zu tun haben. Ich brauchte jemanden, der allein für mich da war und mein zerbrechliches Herz zusammenhielt. Selbst mit der Unterstützung meiner lieben Freundin wusste ich nicht, wie ich das Fest überstehen sollte.

Meine Schwester Lisa und ich hatten die langen roten Brautjungfernkleider bereits vor ein paar Monaten ausgesucht. Nachdem ich manikürt und frisiert worden war, schlüpfte ich in das Kleid. Ich stand da, blickte in den Spiegel und fragte mich, ob das Make-up wohl auch die Leere in meinen Augen übertünchen konnte. Meine Tante hatte mich geschminkt, und sie konnte das weitaus besser als ich. Ich hoffte, dass sie nicht merkte, dass ich nur eine hübsch bemalte Fassade war.

Dann half ich Lisa in ihr weißes Kleid, das wir zusammen mit meiner Mutter gekauft hatten. Es stand ihr sehr gut, weil es ihre zarte Figur hervorhob. Sie sah wunderschön und sehr glücklich aus.

Doch als wir uns für die Fotos aufstellten, war ich total abwesend und agierte wie ein Zombie. Alle, mit denen ich vor der Trauung sprach, merkten es natürlich. Sie wussten ja über meinen Verlust Bescheid und selbst einem Säugling wäre aufgefallen, dass ich mich nur mit Mühe aufrecht hielt.

Während der Trauzeremonie stand ich in der Nähe des Pastors und lächelte krampfhaft, weil ich meine Schwester liebte und ihr ihren Freudentag nicht verdunkeln wollte. Doch alle meine Gedanken waren bei Ian.

Steve hatte morgens angerufen und mir erzählt, dass die Ärzte Ian vom Beatmungsgerät genommen hätten – ein großer Schritt. Aber für mich war der Schritt bei Weitem nicht groß genug. Ian hätte in der Kirche neben mir stehen sollen.

In meiner Fantasie tat er das auch. Während mein Blick über die Gäste hinweg zur Tür wanderte, die sich in der Realität nicht öffnete, sah ich ihn in Gedanken hereinkommen. Er trat in den Saal, begleitet von seiner Mutter, und er sah so aus wie vor diesem elenden Unfall. Er trug kein Krankenhaushemd und man sah auch keine Zugänge und Kanülen. Stattdessen trug er einen lässigen Anzug und hatte seine Kamera mitgebracht, weil er die Trauung im Bild festhalten sollte. Und er strahlte über das ganze Gesicht.

Dass ich diese Szene so plastisch vor mir sah, erschreckte mich und gab mir auch Hoffnung. Bedeutete das, dass dies Gottes Absicht mit Ian sein könnte? Denn schließlich war bei Gott alles möglich, nicht?

Darum hielt ich meinen kühnen Traum während der ganzen Zeremonie lebendig. Ich wartete tatsächlich darauf, dass Ian jeden Moment auftauchen würde, und ließ die Tür nicht aus den Augen. Wenn Gott Lazarus heilen und Jesus von den Toten auferwecken konnte, dann konnte er auch bewerkstelligen, dass Ian gleich durch diese Kirchentür trat.

Das war die Art von Gebeten, die ich seit drei Wochen hörte. Das waren die Bibelstellen, die in den zugigen Krankenhausfluren und in der Kapelle zitiert wurden. Das waren die Wahrheiten, auf die ich manchmal meine ganze Hoffnung gründete – denn ohne sie wäre ich verloren gewesen. Und manchmal war der Himmel viel zu weit entfernt, um mir Hoffnung zu schenken. Es war nicht sicher, dass Ian durch diese Tür trat. Aber es könnte geschehen. Vielleicht.

Er kam natürlich nicht zur Trauung.

In meinem kleinen silbernen Ford Focus legten Jen und ich die 45-minütige Fahrt zum Hochzeitsempfang zurück. Dort angekommen rief mich der Moderator nach vorn, vorbei an den Gästen, die bereits Platz genommen hatten. Er las vor, was Lisa, die zu jeder ihrer Brautjungfern einen kleinen Text verfasst hatte, über mich geschrieben hatte. Ich weiß nicht mehr alles, was gesagt wurde, aber auch Ian wurde erwähnt, und mir liefen die Tränen die Wangen hinunter.

Der Empfang war ein großer Kraftakt für mich. Zu keiner anderen Hochzeit wäre ich in dieser Zeit gegangen, aber schließlich war Lisa meine Schwester. Es ging einfach nicht, dass sie ohne mich den Bund fürs Leben einging. Ich liebte sie sehr und empfand auch wirklich keinen Neid auf sie. Und ich wusste, sie hätte dasselbe getan, wenn sie in meiner Situation gewesen wäre. Später, als ihr zweiter Sohn zur Welt kam, bat sie mich, ihr im Kreißsaal zur Seite zu stehen. Da ich vielleicht nie eigene Kinder haben werde, sollte ich diese unvergleichliche Freude einmal miterleben.

Doch trotz aller guten Vorsätze zerbrach mein Herz in tausend Scherben, wenn wieder einmal ein wohlmeinender Gast zu mir kam und mich fragte, wie es Ian ging. Dies war Lisas glücklichster Tag im Leben, und ich, die ich neben ihr am Kopfende der Hochzeitstafel saß, kämpfte fast die ganze Zeit mit den Tränen.

Ich wagte mich später am Abend sogar auf die Tanzfläche, zwang meine Beine und Arme, sich zu den Melodien zu bewegen, aber es fühlte sich schrecklich falsch an, als sei ich eine ferngesteuerte Puppe. Mein Vater, dem das natürlich auffiel, kam schließlich zu mir auf die Tanzfläche. Ich fiel ihm in die Arme und sagte, ich könne das alles nicht. Ian sollte hier sein, und wir sollten zusammen tanzen. Doch stattdessen war er in seinem Bett gefangen, in seinem traumatisierten Gehirn, in einem Wartesaal des Lebens, aus dem er vielleicht nie mehr herausfinden würde.

Als Louis Armstrong sein Lied „What a Wonderful World" schrieb, kannte er bestimmt niemanden, der auf der Intensivstation lag. Es ist ein einfaches Lied, das mir immer sehr gefallen hat. Doch jetzt fühlte es sich an wie ein Reibeisen auf meiner Haut. Ich sagte zu meinem Vater, ich könne dieses Lied nicht ertragen. Ich könne meine Beine nicht dazu bringen, sich zum Rhythmus der Musik zu bewegen. Ich könne nicht so etwas Schönes tun, während Ian um sein Leben kämpfte. Früher einmal war die Welt für mich tatsächlich wunderschön gewesen, doch alles hatte sich verändert und das Leben schien mir plötzlich sehr dunkel.

Dort auf der Tanzfläche hielt mich mein Vater fest umschlungen. Während ich sein Hemd mit meinen Tränen durchnässte, versprach er mir, dass alles gut werden würde. Doch ich konnte nichts mehr davon wahrnehmen oder glauben. Ich wollte nicht tanzen, wollte nichts mehr wissen von Shunts und Frakturen, wollte dem Tod nicht ins Auge sehen. Und ich wollte nicht, dass der Fotograf mein verzerrtes und vom Schmerz gezeichnetes Gesicht einfing, während wir uns zur Musik bewegten.

„Mama, bitte nimm das heraus", flehte ich, als ich das Foto Jahre später in dem kleinen weißen Hochzeitsalbum entdeckte, das auf dem Couchtisch lag. Ich konnte es nicht verkraften, dass eine Erinnerung, die mir noch so präsent war, von anderen gesehen wurde und dass sie die Frage stellten, was denn los gewesen sei. Doch trotz allem gelang es meinem Vater an diesem Abend, mir ein bisschen von Gottes tröstender Liebe zu vermitteln, indem er mich in meiner Schwachheit in seinen Armen hielt, mich stützte und mir seine Kraft lieh.

In den nächsten Wochen auf der Intensivstation machte Ian nur langsam Fortschritte. Aber es ging wenigstens überhaupt voran. An einem Tag Anfang November bewegte er seine Arme und Zehen ein wenig. Seine Augen waren nach wie vor geschlossen, und er lag immer noch im Koma, aber dennoch war es ein Hoffnungszeichen.

Obwohl der Mann im weißen Kittel mich darauf hingewiesen hatte, dass Ian sich vermutlich nicht mehr an mich erinnern würde, war Ian bereits dabei, Wege zu finden, um ihm zu beweisen, dass er sich irrte.

Ian war an einen Herzmonitor angeschlossen, der seinen Herzschlag auf dem Display zeigte. Und wir bemerkten, dass die Anzeige als Reaktion auf Stimmen und Aktivität im Zimmer nach oben und nach unten wanderte. Sein Herzfrequenzrekord lag bei 126. Aber das geschah nur, wenn ich bei ihm war. Die Schwestern behaupteten auch, dass sich seine Atmung beschleunige, wenn ich da sei.

Darüber freute ich mich, aber trotzdem vermisste ich ihn ganz schrecklich.

26. Oktober 2006

Wenn mich die Angst packt, wie es heute der Fall war, bin ich ganz sicher, dass du dich nicht mehr an mich erinnern wirst, wenn du aufwachst. Der Gedanke ist für mich beinahe unerträglich. Jemand hat deinem Vater erklärt, dass Gedächtnislücken normal seien, wenn ein Patient aus dem Koma erwacht. Manchmal seien diese Lücken vorübergehend, manchmal auch von Dauer. Ian, was ist, wenn du dich nicht mehr an mich erinnerst? Was ist, wenn du nicht mehr weißt, wer ich bin und dass du mich geliebt hast? Ich habe Angst, dass alles, was wir miteinander erlebt haben, durch den Unfall ausgelöscht worden sein könnte.

Dein Vater meint, es ist gut, wenn Personen mit dir reden, die du schon dein ganzes Leben lang kennst, deine Familie zum Beispiel und David. Ich gehöre nicht dazu …

Aber bis du aufwachst, werde ich dich weiter besuchen. Ich werde weiter mit dir reden und dir sagen, dass ich dich liebe. Ich werde weiter beten, dass du aufwachst und wieder ganz gesund wirst. Und ich werde beten, dass wir eines Tages heiraten. Ich werde daran glauben, dass wir eine Familie haben werden, dass wir Weihnachten zusammen feiern können, am Kamin sitzen und heiße Schokolade trinken und kitschige Weihnachtslieder singen werden. Ich möchte, dass du hier bei mir bist, Liebster, und du sollst mir sagen, dass du mich liebst.

Komm bald nach Hause, Ian.

Es seien noch einige Operationen notwendig, bevor Ian von der Intensivstation auf eine normale Station verlegt werden könnte, erklärten uns die Ärzte. Ein Halswirbel war angebrochen, und ein sehr schwieriger Eingriff sei nötig, bei dem die Gefahr einer Lähmung bestand. Doch irgendwie heilte Gott diesen Wirbel, bevor die Operation vorgenommen wurde. Auch in Ians zertrümmertem Knie sollte ein erster rekonstruktiver Versuch unternommen werden, zumindest zwei der Knochen wieder zusammenzufügen – ebenfalls ein komplizierter Eingriff. Doch beim Kontrollröntgen vor der Operation stellten die Ärzte fest, dass genau diese Knochen schon von selbst wieder begonnen hatten zusammenzuwachsen.

Unglaubliche Geschenke. Große Ermutigung.

Anfang November wurde ein Shunt ins Gehirn gelegt, damit die Flüssigkeit ablaufen konnte. Als Steve mich anrief, um mir von dem Eingriff zu erzählen, befand ich mich gerade auf dem

Weg zum Unterricht. Ich erinnere mich noch, dass er mir wiedergab, was der Arzt ihm erklärt hatte: Ein normales Gehirn sonderte pro Tag etwa eine Coladose voll Flüssigkeit ab, die vom Körper resorbiert werde. Doch durch Ians Schädel-Hirn-Trauma funktionierte das nicht mehr richtig, darum brauchte er den Shunt. Während des fünfstündigen Eingriffs wurde außerdem eine Knochenplatte in seinen teilweise zerstörten Schädel eingesetzt, da es laienhaft ausgedrückt wohl so ist, dass das Gehirn „merkt", wenn es nicht von festen Strukturen geschützt wird, und dann sicherheitshalber manche Funktionen zurückhält.

Nach diesem Eingriff fiel uns bald auf, dass Ians Augen häufiger geöffnet waren. Seine Eltern und Geschwister hatten eine Menge Sprachnachrichten für ihn aufgezeichnet, die wir ihm immer wieder vorspielten. Wenn er die Aufnahmen hörte, öffnete er die Augen, was uns Hoffnung machte, dass er die Stimmen zuordnen konnte.

Viel Gutes geschah. Viele kleine Schritte der Heilung.

Doch auch wenn ich Gott für all das dankbar war – immer wieder wanderten meine Gedanken zurück zu der Zeit vor dem Unfall. Ich klammerte mich daran, wie Ian früher gewesen war, eine Angewohnheit, die meine Dankbarkeit dämpfte. Es stimmte natürlich: Die kleinen Wunder, die mühsamen Fortschritte, die überflüssig gewordenen Eingriffe wären gar nicht nötig, wenn dieser Unfall gar nicht erst geschehen wäre. Wir bräuchten uns nicht über das zu freuen, was Gott für diesen *neuen* Ian tat, wenn ich meinen *alten* Ian noch hätte.

Irgendwann merkte ich, dass ich den alten Ian loslassen musste. Ja, ich wollte ihn in meiner Erinnerung am Leben halten, aber immer deutlicher spürte ich, dass ich mich dadurch selbst daran hinderte, die neue Realität zu akzeptieren und damit umzugehen. Wann immer ich an den Ian vor dem 30. September dachte, konnte ich nicht mehr dankbar sein.

Damit beraubte ich mich selbst der Freude an dem Guten, das

wir erlebten. (Das geht mir auch heute noch oft so.) Ich konnte mich dem Geschehen nicht hingeben wie einer starken Strömung in einem Fluss, sondern kämpfte die ganze Zeit mit aller Kraft dagegen an. Wie schön wäre es gewesen, wenn ich mich einfach hätte treiben lassen können, das Gefühl des kühlen Wassers auf meiner Haut genießen, die Bäume sehen, die sich über mir sanft im Wind wiegten, während das Wasser mich reinigte und heilte. Doch stattdessen drehte ich mich um und blickte zum Ufer zurück, von wo aus ich aufgebrochen war, und Panik erfasste mich, weil ich unbedingt dorthin zurück wollte. Dieses Ufer war für mich sicher. An diesem Ufer saß Ian in seinen Shorts und lachte. Wenn ich mich von dem Fluss mitreißen ließ, würde ich den Ian zurücklassen, der dort an jenem Ufer wartete. Und ich wollte ihn nicht verlieren.

„Es ist, als gäbe es zwei Ians", sage ich, als ich neben ihm liege und in seine erschöpften Augen blicke.

In meinem Herzen sehe ich ihn immer noch vor mir, wie er früher ausgesehen hat, wie er geklungen und was er zu mir gesagt hat. Es ist, als hielte ich diese beiden Ians in mir fest, doch im Laufe der Zeit verblasst der alte Ian langsam aus meiner Erinnerung. Und doch ist er noch da, wenn ich den Mut aufbringe, mit meinem ganzen Sein in die Realität einzutauchen, dieses schwierige Leben mit einer Gehirnverletzung. Er ist da, wenn mein Herz mit genügend Erbarmen gefüllt ist, um die beiden Ians zusammenzubringen, sodass ich ihn – meinen Ehemann – wirklich und ganzheitlich *sehen* kann, wenn ich ihn ansehe. Er ist da, direkt vor meiner Nase, wenn mein Herz es begreifen kann.

„Kannst du mir den alten Ian zeigen? Kannst du mir irgendwie zeigen, dass dein altes Ich noch da drin ist?"

„Achtung, Newsticker!", erwiderte er. „Es gibt nur einen Ian."

Ich brach in Gelächter aus und küsste ihn, diesen Ian, den Einzigen, den ich habe.

Kapitel 5

Vor dem Unfall hatten Ian und David eine Filmproduktionsfirma gegründet, die *Vinegar Hill* hieß, eine Anspielung auf Jimmy Stewarts Geburtsort hier in unserer Stadt. David wollte einfach loslegen und kreativ sein; Ian fand, dass es ohne den Rahmen einer Firmengründung nicht ging. Und so entstand *Vinegar Hill,* LLC.

Doch dann kam der 30. September, und der Weg, den David und Ian gemeinsam eingeschlagen hatten, war abrupt zu Ende.

Mit dem Unfall verlor David auch die Kreativität seines besten Freundes, der ein begnadeter Produzent zu werden versprach und sich um alle organisatorischen Dinge kümmerte, für die David keine Antenne hatte. David konzentrierte sich auf Darsteller und Plots und darauf, zu überlegen, wie eine Geschichte dem Zuschauer auf bestmögliche Weise vermittelt werden konnte. Er hatte keinen Sinn für Finanzen und Organisatorisches. Ian dagegen schon – zumindest früher.

Nach dem Unfall musste David eine Entscheidung treffen: Entweder könnte er allein weitermachen … oder es aufgeben und sich eine andere Beschäftigung suchen, vielleicht an einem Ort, wo seine Ideen mehr Aussicht auf Erfolg hatten. Ohne seinen Geschäftspartner war es beinahe unmöglich, in unserer kleinen Stadt – aus der ja sogar Jimmy Stewart fortgegangen war! – Geld zu verdienen.

Aber David entschied sich für Ian.

Immer wieder entschied er sich für Ian, Tag für Tag, jedes Mal, wenn er seine Mittagspause an Ians Bett verbrachte. Jahr für Jahr entschied er sich für ihn, wenn er sich immer größere und bessere Chancen entgehen ließ. Er entschied sich, für Ian da zu sein, selbst wenn jede Leerstelle in der Firma, die Ian hätte ausfüllen können, ihm neue Gründe gab, den Sinn des 30. Septembers zu hinterfragen.

Aber jeder Besuch und jedes Gespräch endete mit der gleichen Aussage: „Ian, du bist und bleibst mein bester Freund. Ich liebe dich.“ Davids Liebe blieb beständig.

Die Liebe hört nicht auf.

Nach vielen Wochen konnte Ian von der Intensivstation in Pittsburgh auf die Zwischenintensivstation (IMC) eines anderen Krankenhauses verlegt werden. Unsere Hoffnung wuchs. Alles war besser als die Intensivstation.

Doch auch wenn der Umzug bedeutete, dass wir nun endlich den Ort verlassen konnten, wo der Tod so greifbar hinter jeder Ecke gelauert hatte, und dass wir in den Besuchszeiten nicht mehr so eingeschränkt waren, machte uns diese Verlegung auch Angst. Die Station 4G war für Ian zu einem sicheren Kokon geworden. Wir vertrauten den Ärzten und dem Pflegepersonal, die uns ihre Fähigkeiten und Fürsorge immer wieder bewiesen hatten. Sie taten wirklich alles nur Menschenmögliche für Ian, und zu den meisten von ihnen hatten wir ein freundschaftliches Verhältnis entwickelt.

Wir wussten zum Beispiel, dass Tony auf dem Mount Washington wohnte. Er war derjenige, der Ian zum ersten Mal rasierte, weil er wollte, dass er gut aussah. Er sagte, er kümmere sich so um Ian, wie er auch seinen Bruder pflegen würde. Terri und ihr Mann waren aktiv an einer Gemeindegründung in Pittsburgh beteiligt und engagierten sich weit über ihren Job hinaus für Ian. Sie alle beteten auch für seine Genesung.

Trotzdem, die Verlegung auf diese andere Station bedeutete, dass er vielleicht in absehbarer Zeit nach Hause kommen konnte.

Am 5. November 2006 verließ Ian zum ersten Mal seit dem Unfall das Krankenhaus. Mit äußerster Vorsicht wurde er in den Krankenwagen geschoben. Ich machte mir Sorgen, dass die Fahrer vielleicht mit zu hoher Geschwindigkeit durch die Schlaglöcher in der alten Steel City brausen und die Erschütterungen zu einer Verschlechterung führen könnten. Dass er diese ruckartigen Bewegungen nicht vertrug. Alles könnte geschehen, oder etwa nicht?

Steve und ich trafen vor dem Krankenwagen in Ians neuem Zuhause ein und warteten gemeinsam auf ihn. Die Wände der Lobby waren mit Bastelpapier geschmückt, auf das viele kleine Vorschulkinder ihre in Farbe getauchten Hände gedrückt hatten. Endlich traf der Krankenwagen ein. Wir gingen Ian entgegen, als er durch die automatischen Eingangstüren geschoben wurde.

Er sah schlimm aus.

In den letzten Wochen hatte ich ihn nur in seinem großen Bett auf der Intensivstation gesehen. Doch jetzt lag sein abgemagerter Körper auf einer Bahre und war mit breiten Stoffgurten festgeschnallt, mit Gurten, wie ich sie zuvor nur auf der Ladefläche eines Lasters gesehen hatte. Ein schrecklicher Anblick. Seine Augen waren geöffnet, und ich redete im Aufzug mit ihm und hielt seine Hand, um ihm Sicherheit zu geben. Aber meine Stimme klang kläglich, vermutlich, weil ich selbst von dieser ganzen Aktion nicht überzeugt war. Er schien durchaus gemerkt zu haben, dass seine Umgebung sich verändert hatte. Seine Augen waren weiter geöffnet als sonst. Doch er reagierte nicht auf das, was ich sagte, sondern lag wie erstarrt auf der Bahre.

Sein neues Zimmer war kleiner und nach meinem Eindruck auch nicht so sauber wie das auf der Intensivstation. Die fremde Umgebung und das neue Pflegepersonal ließen ein neues Gefühl der Einsamkeit und Entwurzelung in mir entstehen. Mir gefiel diese Station nicht. Ich hatte irgendwie ein ungutes Gefühl.

Dieser Eindruck verstärkte sich, als der Atemtherapeut hereinkam, denn er schien nicht wirklich interessiert an Ian und strahlte keine positive Energie oder Zuversicht aus. Außerdem kam er mir nicht wirklich kompetent vor. Er murmelte etwas vor sich hin, dass er dies und das probieren wollte, aber einen richtigen Plan schien er nicht zu haben.

Dieses Krankenhaus war kein Zuhause. Ich hatte eher den Eindruck, dass es ein Ort war, an den die Menschen zum Sterben kamen.

An diesem Abend wäre ich am liebsten bei Ian geblieben, aber das ging leider nicht. Wie ferngesteuert setzte ich einen Fuß vor den anderen, den Flur entlang, und es kam mir vor, als würde ich Ian im Stich lassen, als ich in den Aufzug stieg und pflichtbewusst den Knopf drückte.

Auf dem Parkplatz drehte ich mich noch einmal zu dem

Gebäude um und versuchte, Ians Zimmer auszumachen, zählte die Stockwerke und die Fenster, bis ich eines entdeckte, von dem ich glaubte, dass es seins war. Das kleine Rechteck aus Glas unterschied sich durch nichts von den anderen, und doch war es anders, weil er dahinter lag. Unter dem tiefschwarzen Himmel schloss ich die Augen und stellte mir vor, wir wären zusammen, wir wären anderswo, er müsste nicht in einem neuen, ihm unbekannten Zimmer einschlafen …

Mein Mann sitzt an der Staffelei. Die Farbe an seinem linken Zeigefinger beginnt zu trocknen und hart zu werden. Unsere Nachbarin Carola spricht mit ihrem deutschen Akzent leise auf ihn ein.

„Erinnerst du dich noch, wie sich heute Morgen die Sonne auf deinem Gesicht angefühlt hat?"

Das tut er.

„Kannst du das für mich malen?", fragt sie, während sie ihm die Palette hinhält mit den Farben, die er sich ausgesucht hat – Grün, Dunkelrot und Gelb. Im Hintergrund spielt leise Musik. Unsere zarten, weißen Vorhänge flattern leicht im Wind, und die ungewöhnlich warme Märzluft weht durch das Fenster ins Zimmer.

Ich sitze da, trinke Tee und sehe zu, wie er die gelbe Farbe von Ecke zu Ecke auf das Blatt aufträgt.

„Ich … ich will …" Es fällt ihm schwer, die Worte zu formulieren. Er strengt sich an und ich höre zu. Ich höre gern zu und warte. „Ich will bisschen Orange, um …" Seine Gedanken schweifen ab. Die Farben sollen ihm helfen zu fühlen und zu atmen und sich zu artikulieren. Und das tun sie auch. Er nimmt Grün für das Gras, streicht mit den Fingern über das Papier, beschwört seine Erinnerung herauf und haucht ihr Leben ein.

Nachdem sein Bild getrocknet ist und seine Hände wieder sauber sind, werden seine Farben die Wände in unserer Wohnung schmücken, befestigt an einem Faden, den ich noch nicht aufgehängt habe. Auf alle anderen werden sie wirken wie zufällige, ungeplante Schmierereien mit kontrastierenden Farben und Linien auf einem Blatt Papier. Aber für mich sind sie die hellen Hoffnungslichter, die die Geister des Komas vertreiben, in dem er lange Zeit gelebt hat.

Eines Abends besuchte ich Ian in dem neuen Krankenhaus, das mir noch immer suspekt war. Eine Schwester kam ins Zimmer und setzte sich an sein Bett, um ihm durch die Sonde in seinem Bauch seine Medikamente zu verabreichen. Der Katheter für die Infusion war durch eine sogenannte PEG-Sonde für die künstliche Ernährung ersetzt worden, sodass auf seinem Bauch nun zwei Narben prangten, die an zusätzliche Bauchnäbel erinnern. Die Krankenschwester verschüttete einen Teil der Flüssigkeit über sein Krankenhaushemd. Eine beträchtliche Menge. Und sie beließ es einfach dabei. Nachdem sie ihre Arbeit erledigt hatte, verließ sie das Zimmer, und er blieb mit feuchtem Hemd auf dem feuchten Laken liegen.

Schon bald fielen uns noch mehr Dinge auf, die entweder gar nicht oder unsachgemäß ausgeführt wurden. Als wäre es nicht schlimm genug, Ian in diesem hilflosen Zustand erleben zu müssen … aber dass er nun auch noch von inkompetenten und alles andere als liebevollen Händen mehr schlecht als recht versorgt wurde, war einfach zu viel.

Als wir nach etwa zwei Wochen erfuhren, dass in einem Rehabilitationszentrum für Kinder und Jugendliche bis 21 Jahre ein Platz frei wurde, war das für uns eine willkommene Gelegenheit zu gehen. Dort würde er jeden Tag verschiedene Therapien bekommen. Dort könnte er seine eigene Kleidung tragen. Wenn sein Zustand es zuließ, könnte er sogar schwimmen.

Also organisierten wir einen weiteren Umzug, dieses Mal voller Freude. Mary und ich packten die Koffer für ihn, und voller

Begeisterung legten wir Ians Sachen hinein – keine Krankenhaushemden mehr!

Und gleich bei der Ankunft hatten wir ein gutes Gefühl. Hier würde er bestens aufgehoben sein. Es roch sogar gut!

Doch gut eine Stunde später betrat seine neue Ärztin das Zimmer und dämpfte unsere Freude. Nachdem sie Ian gründlich untersucht hatte, teilte sie uns mit, ihrer Meinung nach könnten seine medizinischen Bedürfnisse hier nicht erfüllt werden. Sie erklärte uns, dass in seinem Körper einiges vor sich ging, wovon wir nichts gewusst hatten. Offenbar war die medizinische Versorgung auf dieser Zwischenintensivstation so mangelhaft gewesen, dass es Ian statt besser nun noch weitaus schlechter ging als vorher.

Ian lag im Sterben.

Und das bedeutete, dass er erneut in den Krankenwagen geschoben und zurück in das erste Krankenhaus gebracht wurde. Zurück ins Krankenhaushemd und auf die Intensivstation.

Erst nach Thanksgiving, mehrere Wochen später, konnte Ian wieder in das Rehazentrum für Kinder und Jugendliche zurückkehren. Sobald er wieder in diesem Haus war, das so sauber roch und von dem wir sofort den Eindruck gehabt hatten, dass Ian hier in guten Händen war, erwachte neue Hoffnung in uns.

Der lange, dürre Mann, der mehrmals am Tag mit der Reinigungsmaschine die Flure putzte, schlenderte lächelnd vorbei und sagte: „Er sieht gut aus heute!" Dieser Mann sorgte dafür, dass es in diesem Haus nicht so roch wie in einem Krankenhaus. Und was er sagte, stimmte: Ian sah tatsächlich von Tag zu Tag besser aus.

Am 29. November, neun Wochen nach seinem Unfall, wurde er geduscht und zum ersten Mal trug er auch wieder seine eigene Kleidung.

Am nächsten Tag, dem 30. November und dem Jahrestag

unserer ersten Verabredung, begann ein neues Leben für Ian. Drei Stunden Therapie täglich, mit einem neuen Arzt und vertrauenswürdigem Pflegepersonal, für das die Arbeit nicht nur ein Job war. Den Pflegern und Therapeuten schien es ein wirkliches Anliegen zu sein, Ian immer weiter zu stärken und voranzubringen.

Sie setzten ihn sogar in einen Rollstuhl, mit dem wir ihn aus dem Zimmer holen konnten. Mary hatte sich so sehr gewünscht, mit ihm nach draußen an die frische Luft zu gehen, damit er auch mal wieder Luft einatmete, die nicht durch die Klimaanlage des Krankenhauses gelaufen war. Das war jetzt möglich. Sie packte ihn warm ein, setzte ihm seine graue Strickmütze mit den gelben Streifen auf und schob ihn durch die automatische Eingangstür, die die Patienten vom normalen Leben draußen trennte. Einundzwanzig Jahre zuvor hatte sie ihn als Neugeborenes durch eine Tür wie diese getragen und in ihren kleinen VW aus den 1970er-Jahren gelegt. Und jetzt stand sie neben dem Rollstuhl ihres Erstgeborenen, wickelte ihn zum Schutz vor der Kälte in eine Decke und sah, wie seine Augen blicklos zum Mond hochstarrten, der durch die kahlen Äste über dem Gehweg lugte. Und sie hoffte, dass die kalte Luft oder das Mondlicht oder irgendetwas sonst den Nebel seines Komas durchdringen würde.

Ich erinnere mich noch, wie mich der Anblick dieser grünen Fleecedecke auf Ians Bett begeisterte, als ich Ians Zimmer betrat. Sie war hellgrün und mit einem glatten Stoff unterfüttert – und vor allem war sie ein Stück von Zuhause. In dieser Einrichtung standen uns eine Waschmaschine und ein Trockner zur Verfügung, sodass wir alle etwaigen Krankenhausgerüche mit einer guten Dosis Weichspüler vertreiben konnten. Das tat ich mit Begeisterung. Wäschewaschen war eine so herrlich alltägliche Arbeit und vermittelte mir einen Hauch von Normalität, ungeachtet der Tatsache, dass die Waschmaschine zu einem Rehazentrum gehörte.

Ich wusch die weichen, bequemen Kleidungsstücke für ihn, die er bei der Therapie und auch im Bett trug. Mehr brauchte er nicht. Jeans waren unpraktisch, weil sie zu steif und unbequem waren und seine Beine sich darin schlecht bewegen ließen. Außerdem ging er ja ohnehin nicht aus dem Haus. Und ich wusch Decken, Shirts und Shorts, die häufig von unschönen Dingen besudelt waren: Urin, Kot, Medizin, Erbrochenes und Essen. Und ich hoffte, der vertraute Murphy-Weichspüler-Geruch würde Ian irgendwie an eine Zeit und einen Ort erinnern, zu denen er zurückkehren wollte.

Am 2. Dezember postete ich einen Beitrag für unseren Blog mit der Überschrift „Er ist noch da drin!“ Bisher hatten wir nicht viele Anzeichen dafür wahrgenommen, doch an diesem Tag hatte ich neuen Mut gefasst, denn er folgte mit seinen Augen den Fotos, die ich ihm hinhielt, und versuchte sogar, eines mit der Hand zu berühren. Seit dem Unfall hatte sich sein rechtes Auge nicht mehr richtig geschlossen. Auf dieser Seite war der schlimmste Teil der Verletzung, und alle seine Bewegungen, selbst die kleinsten, konzentrierten sich bisher auf seine linke Seite. Aber unser eigentliches Fenster in sein Inneres war sein geöffnetes rechtes Auge. Und als es sich ein wenig bewegte, wagten wir wieder zu träumen.

Während Ian im Bett lag, mit einem Auge, das sich nicht schließen, und einem Gehirn, das sich nicht öffnen wollte, machte ich meinen Abschluss am College. Die letzte Woche meines allerletzten Semesters war angebrochen, und die Graduierungszeremonie rückte näher. Aber die Vorstellung, am Abend vorher auf die Abschlussparty zu gehen und dann auf der Bühne mein Abschlusszeugnis entgegenzunehmen und anschließend mit meinen Eltern essen zu gehen, erschien mir unfair und selbstsüchtig. Ich wollte nicht feiern. Es war undenkbar, dass ich ohne Ian an meiner Seite mein Abschlusszeugnis in Empfang nahm.

Am 6. Dezember teilte uns der Dekan der Universität mit,

dass Ian aufgrund seiner langen Praktikumszeit unmittelbar vor dem Unfall ebenfalls sein Diplom bekommen würde. Sein Name würde also bei der Zeugnisübergabe auch genannt werden und David sollte die Rede halten. Plätze für Ians Familie würden reserviert werden, und David würde das Zeugnis für seinen besten Freund in Empfang nehmen. Eine schöne Sache.

Doch in diesem Dezember war uns allen nur eines wirklich wichtig: dass es Ian besser ging. Und ich versuchte mir vorzustellen, wie ich dieses Weihnachtsfest überstehen sollte, bei dem so schmerzhaft viel fehlen würde.

Ians kleine Schwester Lydia war in jenem Dezember noch keine drei Jahre alt, und sie wollte unbedingt ihren Bruder besuchen.

„Wird er meine Hand drücken?", fragte sie. Wir hofften es, als wir am Weihnachtsmorgen an seinem Bett saßen. Alle waren da: Ians Eltern, seine vier Brüder, die kleine Schwester … und ich. Lydia zeigte sich besonders fürsorglich, streichelte Ians Arm und stellte Fragen wie: „Denkst du, dass er es bequem hat?", Fragen, die mir zeigten, wie sehr die Kleine an ihrem großen Bruder hing.

Wir waren alle zusammen, genauso, wie es sein sollte. Eine ganz besondere Gelegenheit. Trotzdem wanderten meine Gedanken zurück zum Weihnachtsfest im Jahr zuvor. Und ich erinnerte mich daran, dass ich unmittelbar nach dem Unfall einmal zu Gott gesagt hatte, ich würde das alles unmöglich bis Weihnachten durchhalten.

Im Jahr zuvor hatten wir in der Vorweihnachtszeit noch ganz am Anfang unserer Beziehung gestanden. Wir hatten uns einmal verabredet, um gemeinsam die Weihnachtsbeleuchtung im Park zu bewundern. An jenem Abend wollte er mich küssen, so erzählte er mir später, hielt sich jedoch zurück, weil er mich nicht überrumpeln wollte. Gemeinsam hatten wir auch eine Adventsparty mit dem Motto „Hässliche Pullover" ausgerichtet, bei der es den super leckeren Spinat-Artischocken-Dip meiner Mitbewohnerin und viel Gelächter gab. Ich liebte Weihnachten, und ich liebte es, verliebt zu sein – und beides begann sich in diesem Jahr in meiner Wahrnehmung untrennbar miteinander zu vermischen. Während des ganzen herrlichen Monats musste sich der arme Ian immer wieder Mariah Carey anhören, denn es stimmte, was sie sang: „Alles, was ich mir zu Weihnachten wünschte … bist du!“ Ich brauchte nur Ian zu meinem Glück.

Wir bastelten uns gegenseitig Adventskalender mit kleinen Briefchen, für jeden Tag einen. Manchmal war es eine kleine Liebeserklärung, manchmal Regeln wie „Kein Fernsehen bis Neujahr“ oder auch mal ein selbst gemachtes Comic.

Ian zeichnete uns auf großformatigem Computerpapier einen Kamin inklusive Feuer und klebte ihn hinter unserem Fernseher an die Wand. Daneben hängten wir unsere Nikolaus-Strümpfe, auf denen mit Textilfarbe unsere Namen standen. Ian hatte natürlich einen Strumpf gekauft, der vier Mal so groß war wie ein normaler, weil er einfach nicht daran vorbeigehen konnte, als er ihn in dem Billigladen entdeckte.

Kurz vor Weihnachten fuhr ich nach Hause zu meinen Eltern. Ian besuchte seine Familie in Philadelphia, und ich freute mich, weil er mir die Handynummer seines Vaters gegeben hatte, damit ich ihn erreichen konnte. Es fiel uns sehr schwer, so lange voneinander getrennt zu sein, darum kehrte ich noch vor Ferienende in meine Wohnung zurück, damit wir uns sehen konnten.

Unser erstes Silvester feierten wir nicht zusammen mit vielen Menschen, auch mieden wir die Menschenmassen auf den überfüllten Straßen. Ian wollte mich zu einem romantischen Abendessen in ein kleines italienisches Restaurant ausführen. In einem hellrosa Hemd holte er mich ab. Ich erinnere mich, dass wir beim Essen zuerst über Belanglosigkeiten plauderten, doch dann kamen wir auf Gott zu sprechen. Es war schön und aufregend, neu und doch zunehmend auch vertraut.

Nach unserer Lasagne bei Alfredo kehrten wir in meine Wohnung zurück, und ich wurde in eine alte Murphy-Tradition eingeführt, indem wir den Film *Ist das Leben nicht schön?* anschauten. Wir saßen auf meiner zerschlissenen hellbraunen Couch mit dem hässlichen geometrischen Muster, tranken Eierpunsch und machten uns keine Gedanken um Salmonellen.

Unser Silvesterabend verlief einfach und unspektakulär, war aber wundervoll. Unsere Beziehung war noch frisch – wir gingen erst einen Monat miteinander –, aber alles schien sehr verheißungsvoll. Das Jahr 2006 brach an und wir waren voller Hoffnung und Vorfreude.

Das Weihnachtsfest 2006 jedoch verlief zwangsläufig ganz anders. Ian würde mir nicht die neue Bibel schenken, die er mir versprochen hatte. Er würde mir keine Botschaften auf die Adventskalenderkärtchen schreiben. Und er würde die Feiertage nicht mit mir zu Hause bei meinen Eltern verbringen, wie wir es uns vorgenommen hatten.

Am Weihnachtstag brachten Ben und ich, nachdem wir im

Krankenhaus mit und für Ian die Weihnachtsgeschenke ausgepackt hatten, den Angehörigen der Patienten auf der Intensivstation selbst gebackene Kekse. „Unser“ alter Warteraum war leer, doch überall lagen Sachen herum, was bedeutete, dass bald jemand traurig aus einem Krankenzimmer zurückkommen und dann hoffentlich ein besonderes Geschenk vorfinden würde … von jemandem, der seine Traurigkeit nur zu gut kannte.

Und am Silvestertag, während die anderen jungen Leute unseres Alters sich vermutlich auf Partys amüsierten, saß ich an Ians Bett und sah ihm beim Schlafen zu. Ich hatte eine Sondergenehmigung bekommen und durfte über Nacht bleiben. Die Vorstellung, ihn in dieser besonderen Nacht im Reha-Zentrum allein zu lassen, war undenkbar, und genauso wenig war es mir möglich, diese Nacht irgendwo ohne ihn zu verbringen, womöglich auf einer Party.

Und so hatte ich es mir auf einem Stuhl vor dem Fenster bequem gemacht und versuchte, ein paar Stunden zu schlafen. Immer wieder wurde ich aus dem Schlaf gerissen, weil die Schwestern stündlich ins Zimmer kamen, um nach ihm zu sehen. Um Mitternacht wanderte mein Blick zu dem friedlich schlafenden Ian, und ich wünschte mir, er würde jetzt einfach seine Augen öffnen. Ich wünschte mir, das Jahr 2006 wäre nicht so zu Ende gegangen.

Und ich wünschte mir, das Jahr 2007 würde eine Veränderung bringen.

Einmal sagte unsere Freundin Sarah zu mir, sie sei total schockiert gewesen zu sehen, wie liebevoll Ian mit mir umging. Sie hatte ihn auf Partys immer nur als sarkastischen Typen erlebt. Er hatte sich gern mit allen unterhalten, aber auch mit jedem seine Späße getrieben, was manchmal nicht so gut angekommen war. Doch wenn er mit mir zusammen sei, meinte Sarah, würde man spüren, wie viel ich ihm bedeute. Dieser Freund, den sie von klein auf kannte und mit dem sie zusammen zur Schule gegangen war, konnte nun auch öffentlich seine Liebe zeigen.

Das ist der Ian, in den ich mich verliebt habe, der junge Mann, der mir so viel Zuneigung entgegenbrachte. Er hielt ganz zart meine Hand … na ja, jedenfalls so zart, wie es ihm möglich war mit seinen dicken Fingern. Er hat wirklich die fettesten Finger der Welt. Manchmal fühlte sich sein Griff an wie ein Schraubstock, aber ich fand es trotzdem schön.

Und dann war in dieser Hand einige Jahre lang kein Leben mehr. Diese Hand konnte nicht mehr nach meiner greifen oder sie drücken, wenn sie es wollte.

Das ist jetzt anders.

Derselbe Ian, der Sarah vor sieben Jahren durch sein verändertes Verhalten so verblüfft hatte, zeichnet sich immer noch durch sanfte Zuneigung aus.

Solche Dinge werden leicht übersehen oder vergessen. Dabei sind einige der größten Vorzüge der Ehe eigentlich die kleinsten. Nach Ians Unfall hatte ich lange auf Gesten der Zuneigung verzichten müssen, und ich hatte sie furchtbar vermisst. Doch dann war ich erstaunt festzustellen, wie schnell ich zärtliche Berührungen von ihm wieder als selbstverständlich hinnahm und sogar anfing, sie zu übersehen.

Eines Abends beim Einschlafen, den Kopf an seine Schulter gebettet, spürte ich, wie sich seine Hand um meine legte und er seine Finger mit meinen verschränkte. Sie blieben ineinander verschlungen, als wir in den Schlaf sanken.

Beim Einschlafen hielt ich die Hand meines Mannes. Eines zärtlichen Mannes, der es liebt, wenn wir beim Einschlafen Händchen halten. Ich möchte das niemals wieder als Selbstverständlichkeit hinnehmen.

Ich bin sehr dankbar, mit einem liebevollen Mann verheiratet zu sein.

Während der nächsten vier Monate, von Januar bis April, wohnten wir praktisch im Reha-Zentrum. Ians Tagesablauf wurde von seinen Therapien bestimmt. Er arbeitete daran, sich auf der Übungsmatte aufzusetzen und sich den Mund mit einem Waschlappen abzuwischen, der immer griffbereit neben ihm lag. Und er arbeitete mit einer Sprachtherapeutin. Sie hieß Val und war die erste von vielen Sprachtherapeuten, mit denen er zu tun bekommen sollte. Val forderte Ian und gab seinem Eigensinn niemals nach. Ich erlebte viele ihrer Sitzungen mit, in denen Ian seine Augen nicht öffnen konnte oder wollte. Val ballte dann ihre zierliche Hand zur Faust, legte sie ihm auf die Brust und rubbelte über seinen Brustkorb, um ihn so weit zu stimulieren, dass sich eine Therapiesitzung lohnte.

Am 17. Januar gab er endlich zum ersten Mal Laute von sich, die wie Wörter klangen, ein „Hm-hm", das nach dem Husten aus ihm herauspurzelte, als eine Schwester fragte, ob er es bequem habe.

Seine Haare, die wegen der Operationen abrasiert worden waren, begannen nachzuwachsen. Nur eine kahle Stelle blieb zurück, und ich behauptete, es würde toll aussehen, wenn diese Stelle haarlos blieb. Zum Glück hatte Ian vor dem Unfall dichtes, glänzendes Haar gehabt, und nachdem er wieder normal essen konnte, begannen auch seine Nägel und Haare wie verrückt zu wachsen.

Doch eines Tages Ende Januar vertraute ich meinem Tagebuch an, dass ich zum ersten Mal das Gefühl gehabt hätte, dass Ian nicht mehr wirklich bei mir sei. Ich sah den Ian, der im Bett lag, aber mehr nicht. Der gesunde Ian war mir nicht mehr präsent. Dies war ein neuer Erinnerungsverlust für mich, ein neues Gefühl. Ich befürchtete, damit könnte ich ein Stück Hoffnung verloren haben, und ich wusste, dass ich das auf keinen Fall zulassen durfte. Ich lehnte sogar ein Stellenangebot von einer Werbeagentur in Pittsburgh ab, das ich wenige Tage später erhielt. Denn wenn Ian nach Hause durfte, wäre ich viel zu weit entfernt von ihm, und das konnte ich mir nicht vorstellen.

Meine sozialen Kontakte beschränkten sich zu jener Zeit auf die Leute, die im Haus der Murphys lebten, und meinen Freund in der Reha. Ich wollte mich für die Menschen freuen, deren Leben weiterging, aber jeder Versuch, Freude zu empfinden oder mich richtig auf sie zu konzentrieren, scheiterte und wurde von meinem Scherz aufgesaugt. Da ich nicht wirklich zwischen Kummer und Selbstmitleid unterscheiden konnte, behielt ich meine Gedanken lieber für mich und vertraute sie nur meinem Tagebuch an. Ich konnte das, was ich erlebte und fühlte, nicht richtig einordnen. An guten Tagen las ich in der Bibel, an schlechten Tagen nahm ich Spurgeon zur Hand. Denn an den schlechten Tagen war mir ein Gott, für den Shunts und Magensonden anscheinend ganz in Ordnung waren, einfach zu unbegreiflich. Darum las ich Texte von Menschen, die ihn besser zu durchschauen schienen als ich.

Freundschaften konnte ich kaum pflegen, weil ich mich nur selten in meiner Wohnung aufhielt. Und wenn ich einmal zu Hause war, drehte sich mein ganzes Denken darum, dass ich lieber bei Ian wäre. Ich gab mir Mühe, aber ich merkte, dass ich meine Freunde vernachlässigte oder sogar wegstieß. Ich konnte es nicht ändern. Ich wollte nicht die arme, bedürftige Freundin sein, die immer abwesend wirkte und bei der niemand so recht wusste, wie er mit ihr umgehen sollte. Ich war davon überzeugt, dass der Mann im Rollstuhl in Pittsburgh mich am dringendsten brauchte, und ich hatte einfach nicht die Kraft, auch noch meine Freundschaften zu pflegen. Doch zum Glück nahmen meine Freunde mir das nicht übel, sondern hielten den Kontakt zu mir aufrecht, ohne mich zu bedrängen.

Meiner Familie fiel es wohl besonders schwer zu erkennen, welche Art der Fürsorge ich brauchte und warum ich nicht wirklich anwesend war, wenn ich mal zu Hause war. Der Unfall hatte mich verändert. Und da meine Eltern und Geschwister keine Erfahrung mit dem Leben auf der Intensivstation oder etwas Vergleichbarem hatte, wussten sie nicht, was mir guttun würde.

Ich war innerlich leer, und diese Leere merkte man mir an. Wenn ich zu Hause war, wäre ich viel lieber bei Ian gewesen und jeder merkte, dass sich mein ganzes Denken nur darum drehte, wie sehr ich ihn vermisste. Ich malte mir aus, dass er ausgerechnet in dem Augenblick aufwachen könnte, wenn ich zweihundert Meilen von ihm entfernt wäre. Das war ein schrecklicher Gedanke.

Abends, wenn ich in dem Zimmer lag, das ich als kleines Mädchen bewohnt hatte, starrte ich zur Decke hoch, die ich früher mit Postern aus Zeitschriften beklebt hatte, und ich stellte mir vor, was während meiner Abwesenheit in Ians Zimmer vor sich ging. Schuldgefühle quälten mich, wenn ich daran dachte, dass Ian ganz allein da lag. Er konnte mir noch nicht sagen, ob es in Ordnung war, wenn ich nach Hause fuhr, um mich auszuruhen. Das ist heute ganz anders. Wenn ich ihn anrufe und frage, ob ich noch ein bisschen länger bei meinen Eltern bleiben kann, sagt er am Telefon: „Klar, gerne. Genieß die Zeit. Ich freue mich für dich."

Doch damals konnte er das noch nicht. Und deshalb wurde ich beherrscht von Unsicherheit und Schuldgefühlen, und ich wurde immer stiller und zurückgezogener. Ich merkte das damals selbst, wusste allerdings nicht, dass es so offensichtlich war. Erst als mein Bruder am Telefon einmal sagte: „Ich wünsche mir die alte Larissa zurück", bekam ich eine Ahnung davon.

„Ich auch", erwiderte ich, obwohl ich wusste, dass viel zu viel geschehen war, um jemals wieder zur alten Larissa zurückzukönnen.

Ich begann zu befürchten, dass meine Familie mein Verhalten persönlich nehmen könnte. Dabei versuchte ich nur, mein Leben irgendwie zusammenzuhalten. Es kostete mich meine ganze

Kraft, mich durch den Nebel zu tasten, der sich über meine Gedanken gelegt hatte, und so viel Energie aufzubringen, dass ich weiterhin an eine mögliche Heilung für Ian glaubte. Damals begriff ich noch nicht, wie sehr sich mein Schmerz auf meine Familie auswirkte. Und ganz ehrlich, selbst wenn ich es gewusst hätte, ich hätte vermutlich nichts daran ändern können. Ich lief herum wie ferngesteuert und gab mir Mühe, irgendwie zu funktionieren und einigermaßen sozialverträglich zu agieren, aber eigentlich wusste ich nicht so genau, was ich tat.

Ich war am Ende meiner Kraft.

„In der Bibel heißt es an einer Stelle, dass Gott uns nicht mehr auferlegt, als wir ertragen können. Das stimmt doch, oder?", fragte ich unseren Pastor Joe bei unserer ersten Paarberatung nach der Hochzeit.

Lachend erwiderte er: „Nein, ganz so steht das nicht in der Bibel. Aber Gott verspricht uns in seinem Wort, dass er uns Gnade schenken will für alles, was uns aufgetragen ist."

Immer wieder mussten meine Eltern hinnehmen, dass ich lieber bei den Murphys sein wollte als bei ihnen, zum Beispiel an jenem ersten Weihnachtsfest nach dem Unfall. Ich fuhr nur für einen Tag zu meinen Eltern, und in meinem Schmerz war ich nicht in der Lage zu erkennen, was für eine Botschaft das meinen Angehörigen sandte. Ich hatte keine Antenne für ihre Gefühle, als ich am nächsten Morgen in aller Eile aufbrach. Sie mussten ja den Eindruck haben, dass ich die Murphys ihnen vorzog. Dabei liebten sie mich doch so sehr. Und Weihnachten wurde bei meinen Eltern noch genauso gefeiert wie vor 21 Jahren. Morgens wurde der Baum enthüllt, abends lauschten wir dem Glockengeläut, und noch immer warteten wir in unseren Zimmern auf das Weihnachtslied, das uns zum Geschenkeauspacken nach unten rief.

Das auf der Hand liegende Thema mieden wir – mein Freund würde niemals wieder so werden wie vor dem Unfall. Stattdessen unterhielten wir uns über alte Oliver-Traktoren, die mein Vater kaufen und für seine Sammlung restaurieren wollte. Im Gegensatz zu heute war der Besuch bei meinen Eltern für mich kein Urlaub, sondern erforderte Mut – den Mut zu glauben, dass Gott auch in den Bergen, so weit entfernt von Ian, bei mir war.

Ich hätte meinen Eltern vielleicht erklären sollen, dass die Murphys irgendwie Ian für mich lebendig hielten, dass in ihrem Haus und in ihrer Gegenwart 21 Jahre Erinnerungen an ihn lebten. Ians Name war ständig auf ihren Lippen, und sie teilten meinen Schmerz auf eine Weise, wie es meiner Familie einfach nicht möglich war. Wenn ich bei Steve und Mary war, lebten die Erinnerungen an ihren Sohn auf, der lauthals durch das ganze Haus grölte, leidenschaftlich gern Golf spielte und seiner Mutter so ähnlich war. („Früher haben wir Witze darüber gemacht, dass Ian sämtliche schlechten Eigenschaften von uns beiden geerbt hat", erzählte mir Steve eines Tages.) Bei den Murphys zu sein bedeutete, meinen Schmerz mitteilen zu können. Auch sie erlebten es, dass sie manchmal nicht wussten, was sie sagen sollten. Sie verstanden, warum mir im Augenblick vieles einfach nicht möglich war. Als Mary mir ihr Haus öffnete, bot sie meinem Kummer eine Heimat, bot mir die Möglichkeit, ihn mit Menschen zu teilen, denen es genauso ging wie mir. Während ihr Erstgeborener im Koma lag, nahmen sie eine junge Frau in ihr Leben auf, die sie gerade erst kennengelernt hatten.

Vor dem Unfall hatte Mary mich eingeladen, die Wochenenden bei ihnen zu verbringen, wenn ich von meinem Praktikum nach Hause kam, während Ian im 300 Meilen entfernten Lancaster sein Praktikum absolvierte. Bei jedem Besuch fand ich Seifen und kleine Geschenke auf meinem Kopfkissen. Dadurch gab sie mir das Gefühl, willkommen zu sein in diesem Haus, in das ich einige Monate später dann auf Dauer einzog.

Steve und Mary gehörten zu den wenigen Menschen, die meine Entscheidung, auch nach seinem Unfall bei Ian zu bleiben, wirklich verstanden und von ganzem Herzen unterstützten. Diese Entscheidung schienen einige meiner Bekannten nicht nachvollziehen zu können. Jemand zum Beispiel riet mir, ich müsse mit meinem Leben weitermachen. Ich könnte doch nicht ewig auf Ian warten. Ein anderer sagte mir, ich würde nur meine Zeit verschwenden, indem ich an Ians Bett saß. Ich hätte doch etwas Besseres verdient!

Nach solchen Aussagen war ich nur noch fester entschlossen.

Was immer es war, das ich „verdiente" oder das ich verpasste, wenn ich an Ians Bett saß – es interessierte mich nicht. Ich *konnte* ihn einfach nicht verlassen. Ich *wollte* ihn nicht verlassen, weil er mein bester Freund war.

Und beste Freunde hauen nicht einfach ab.

Ich könnte meine Eltern für meine Entscheidung verantwortlich machen, denn sie haben mir beigebracht, dass Liebe niemals aufgibt. In der Zeit, als meine Haare mir noch bis zur Taille reichten und meine Schwester ihr Ballettröckchen auch nachts nicht auszog, tanzten wir über den Dielenboden unseres Wohnzimmers zur Musik der Kinderschallplatte des *The Bill Gaither-Trios*: „Liebe gibt niemals auf, Liebe enttäuscht nie, Liebe versucht es weiter, in Freude und Leid, Liebe stirbt nie, auch wenn es schwierig wird. Wahre Liebe gibt niemals auf!"

Als meine Mutter zusah, wie ihre beiden kleinen Mädchen auf dem braunen Teppich herumtänzelten, den ich einmal zum Rhythmus der Musik mit einer Schere bearbeitet hatte, hätte sie bestimmt nie gedacht, dass ihre Erziehung mich einmal dazu bringen würde, an der Seite eines Mannes zu bleiben, der im Koma lag. Doch während unsere Mutter unserem Vater beständig liebte, auch wenn es unwillkommene Schwierigkeiten und Tragödien in ihrem Leben gab, zeigte sie uns durch ihr Vorbild, dass Liebe nicht aufgibt oder kneift. Sie zeigte uns, dass Krankenbesuche und Arzttermine kein Grund zum Aufgeben sind.

Meine Geschwister und ich wuchsen in einem Elternhaus auf,

in dem die Ehe einen hohen Stellenwert besaß. Jeden Tag aßen wir gemeinsam zu Abend. Unser Vater sagte uns immer wieder, dass nichts uns trennen dürfe, auch wenn wir einmal von zu Hause fortgingen, heirateten und wegzogen. Wenn wir uns voneinander entfremden oder uns sogar überwerfen würden, würde ihn das umbringen, behauptete er. Meine Eltern erzogen uns zu Menschen, die bindungsfähig waren und sich durch schwierige Sachen durchbissen. Und diese Charaktereigenschaften und diese Entschlossenheit sollte ich noch sehr brauchen.

Für mich war es lebenswichtig, dass meine Familie zu mir hielt, auch wenn ich selbst ihnen meine Liebe nicht zeigen konnte.

„Zieht an den Knöpfen, dafür sind sie doch da", ermahnte uns die Stimme meines Vaters in dem Video aus dem Jahr 1990. Es war mein fünfter Geburtstag. Papa hatte mir einen kleinen Geschirrschrank für unsere Spielküche im Keller gebaut, und meine Schwester und ich mühten uns ab, die lange, schmale Schublade zu öffnen, die so breit war wie die Arbeitsplatte. Ich ließ mich von meiner neuen weißen Barbie ablenken, die ich bekommen hatte, weil ich so neidisch auf Lisas rote Barbie war, und wir hielten inne in unserem unbeholfenen Versuch, die Schublade zu öffnen, und drehten uns zur Stimme unseres Vaters um.

Kurz bevor er uns diesen Rat erteilte, hatte er die Kamera auf meine Mutter geschwenkt. Sie stand vor dem großen Fenster in unserem Haus, durch das man unseren kleinen Vorgarten sehen konnte. Die drei Bäume schirmten das Haus gegen die Straße ab. Dieser Garten war mein Spielplatz. Die beiden Ahornbäume hatten Äste in genau der richtigen Höhe zum Klettern. Wir rannten herum, und mein Bruder trainierte seine Dribbel-Fähigkeiten beim Fußball. Nicht selten kamen wir anschließend mit grünen Fußsohlen und Knien nach Hause.

Wenn es nach meinem Vater gegangen wäre, wären zwei dieser Füße nicht durch das Gras gelaufen. Nach der Geburt meines Bruders und meiner Schwester wollte mein Vater eigentlich keine weiteren Kinder mehr. Eins von jeder Sorte, hatte er gesagt, damit sei die Familie komplett.

„Nein, es fehlt noch jemand."

Der Mutterinstinkt meiner Mama erwies sich als richtig. Und neun Monate und ein paar Wochen später kam ich genau am 30. Geburtstag meines Vaters zur Welt. Ich brachte einige Unruhe in die Familie, nachdem drei Jahre lang Ruhe geherrscht hatte.

Als mein Vater bei meiner Geburtstagsfeier die Kamera auf meine Mutter schwenkte, stand sie mit verschränkten Armen am Fenster und sah zu, wie ihre beiden Mädchen sich mit den Knöpfen der Spielküche abmühten. An ihrer schrecklichen Dauerwelle konnte man gut erkennen, dass die 1980er gerade erst vorbei waren. Über einem schwarzen Rollkragenpulli trug sie eine dunkle Strickweste.

„Hey, Schöne", sagte die Stimme hinter dem Objektiv.

Ein schüchternes Lächeln. „Hallo."

Alle meine Videos von früher haben solche zauberhaften Augenblicke eingefangen. Sie sind auch fest in meiner Erinnerung verankert. Wenn ich abends aus meinem Zimmer noch mal in die Küche ging, traf ich meine Eltern nach einem langen Arbeitstag häufig in einer innigen Umarmung an, nachdem meine Mutter das Essen gekocht und uns alle versorgt hatte. Sie küssten sich, und ich rannte dann jedes Mal schreiend davon, weil ich fand, dass meine Eltern das nicht tun sollten. Für mich war es peinlich zu sehen, wie sie Zärtlichkeiten austauschten, weil das bedeutete, dass sie am Ende auch noch unaussprechlichere Dinge taten. So sehr ich mich auch anstellte, dieses Bild prägte sich mir ein. Mein starker, gesunder Vater nahm meine erschöpfte Mutter in die Arme, drückte sie an sich, tröstete sie und erfreute sich an seiner Frau. Er wollte für sie sorgen, und sie ließ sich gern von ihm umsorgen.

In vieler Hinsicht genau das, was ich mir wünschte.

Im Krankenhaus wurde überlegt, ob es nicht besser sei, Ian nach Hause zu schicken. Die Ärzte erklärten, er leide an einer so genannten „Intensivstations-Psychose“, ein häufig vorkommendes Phänomen bei Langzeitpatienten im Krankenhaus. Die Ursache dafür können mehrere Faktoren sein: der lange Aufenthalt in einem kahlen, sterilen Krankenzimmer, das künstliche Licht oder die immer wieder gestörte Nachtruhe dank der medizinischen Überwachung. Wenn man so etwas nicht selbst erlebt hat, ist schwer nachvollziehbar, wie sehr es an einem zehren kann. Aber es war ganz eindeutig: Ian machte dicht. Sein Zustand verschlechterte sich, er schien weniger bei Bewusstsein zu sein, seine schwachen Reaktionen auf Außenreize wurden noch schwächer. Er beteiligte sich nicht im Geringsten an seinen Therapien.

Und nur wegen der Therapien war er noch im Krankenhaus. Da er nicht mehr richtig mitmachte, fanden alle, dass er zu Hause sicher besser aufgehoben war. Aus ärztlicher Sicht sprach nichts dagegen. Wir würden eine Pflegekraft engagieren, die uns bei seiner Pflege unterstützte.

Er würde wieder in seiner vertrauten Umgebung sein. Was natürlich auch für uns eine große Erleichterung bedeutete. Die täglichen Besuche würden wegfallen. Steve und Mary hätten wieder mehr Zeit für die anderen Kinder. Keine Krankenhausmonitore und eingeschränkte Besuchszeiten mehr.

Es bedeutete Hoffnung. Denn auch wenn Ian sich mental zurückzog, war er körperlich doch inzwischen soweit stabil und in der Lage, in die Warren Road zurückzukehren. Gott war noch nicht fertig mit ihm.

Ich machte mich also daran, sein Zimmer zu Hause umzuräumen und es für seine ungeduldig erwartete Ankunft vorzubereiten, nur für den Fall, dass sich diese Hoffnung tatsächlich erfüllen sollte. Ich wollte möglichst wenig in seinem Zimmer verändern, auch wenn einiges in Kartons gepackt und anderswo gelagert werden musste. Denn schließlich hatte er sich bei der Anordnung seiner Sachen etwas gedacht. Er hatte den Kleinkram in dem Bücherregal aus Glas angeordnet, und in dem Aktenschrank lagerten seine Unterrichtsmaterialien. Die Gitarrenplättchen, die er sammelte, bewahrte er in einer leeren Kaugummidose auf. Er selbst hatte die Stelle ausgesucht, an der das Schwarzweißfoto von seinem Großvater beim Football und die antiken Boxhandschuhe vom Flohmarkt hängen sollten.

Das alles war so sehr Ian.

Und während wir im Haus seiner Eltern Platz für ihn schafften, stellte ich mich langsam dem Problem, das ich lange zu bekämpfen und zu ignorieren versucht hatte: Ich hatte Angst, dass dieser Ian für immer fort war. Ich hatte Angst, dass ich seine Stimme nie wieder hören würde. Angst, dass er vielleicht gar nicht mehr in diesem zerschlagenen Körper war.

Und ich wünschte mir nichts sehnlicher, als dass er endlich wieder nach Hause kam.

Besonders stark war dieser Wunsch, wenn ich an seinem Bett saß oder abends in Lydias Zimmer einschlief. Es gab gute Tage und schlechte Tage. Daran hat sich bis heute nichts geändert. Anfang März zum Beispiel war Ian einige Tage lang ziemlich abwesend. Wenn ich ihn besuchte, war er zwar wach, aber nicht richtig „an". Ich schaute ihm tief in die Augen, versuchte, in sie hineinzublicken und den alten Ian zu sehen, der irgendwo unter Knochensplittern und Narbengewebe verschüttet sein musste. Die Augen sind der Spiegel der Seele, heißt es doch. Früher bin ich immer ganz schwindelig geworden, wenn ich ihm tief in die Augen sah, damals, vor dem Unfall, als seine Augen noch gleichzeitig arbeiteten und er sie in die Richtung bewegen konnte, die sein Gehirn vorgab. Seit dem Unfall versuchte ich immer wieder, diese Verbindung zu seiner Seele herzustellen. In der Zeit, als sein rechtes Auge offen stand, gerötet und ohne Pupillenreaktionen, gab ich ihm jeden Abend Tropfen hinein und hoffte, dass die Hornhaut nicht geschädigt war, dass es noch funktionierte, dass er eines Tages zurück in diese Augen kommen und mich in sein Herz sehen lassen würde.

Aber neben meiner Angst, Ian würde sich vielleicht nicht mehr an mich erinnern, lebte die sehr reale Hoffnung, dass Gottes Macht groß war, dass er unsere Gebete hörte und dass er Ian immer noch heilen konnte. Selbst an den schlimmsten Tagen half er mir, nicht in tiefste Verzweiflung zu versinken. Und so atmete ich mit jedem Atemzug Angst aus und Gott ein. Er war da, er schuf immer neue Liebe in mir und badete mich darin.

Eine Liebe, die nicht aufgibt.

Ians diesjähriges Geburtstagsgeschenk von seiner Mutter war ein Gutschein für ein Picknick. Die Zutaten und den Tag für dieses Picknick durfte er sich aussuchen. Heute nun ist es so weit. Wir holen bei Mary unseren Korb ab, der gefüllt ist mit Hühnchensalat, Sandwiches, Brownies, Milch und Zitronenwasser. Das alles hatte sich Ian gewünscht.

Der Himmel neckt uns mit dunklen Wolken, die aber immer wieder vorbeiziehen. Wir entscheiden uns für den Park, denn dort steht ein Pavillon, nur für den Fall. Wir essen direkt aus dem Korb, falls uns doch noch ein Regenschauer überrascht und wir schnell wieder zusammenpacken müssen. Nachdem wir eine Stunde lang die Wolken beobachtet, gegessen und geredet haben, beschließen wir, das Risiko einzugehen und unsere Decke unter einem großen Baum mit ausladenden Ästen auszubreiten.

Ich will den Augenblick festhalten, schiebe mich an Ian vorbei, der auf der Decke liegt, und entferne mich rückwärts von dem Baum, die Handykamera schussbereit.

„Du siehst toll aus in dem Rock“, sagt er.

Nach einem leisen Dankeschön schieße ich lächelnd das Foto. Immer noch lächelnd kehre ich zur Decke zurück und lege mich neben ihn.

„Ich kann kaum glauben, dass ich mit einer so schönen Frau beschenkt bin." Als er merkt, dass ich fröstele, zieht er die Decke über meine Schulter. Eine liebevolle Geste.

Ich drehe mich auf den Rücken und schaue hinauf in den mächtigen Baum, und das Lächeln ist immer noch auf meinem Gesicht. Gott wusste genau, was mein Herz an jenem Abend brauchte. Er schenkte uns einen wunderschönen Augenblick, in dem wir die Freude darüber ganz tief empfinden konnten, dass wir geliebt werden – Ian von mir, ich von Ian und wir beide von unserem Vater im Himmel.

Nach einer anstrengenden Woche, in der meine Gedanken viel zu häufig um das Wort „Gehirnverletzung" gekreist waren, bin ich erschöpft. Dies ist der Augenblick des Friedens. Ein Augenblick der Ruhe.

Und so ruhen wir uns in seiner Liebe aus.

Ian nach Hause zu holen bedeutete, dass ein Anbau an das Haus der Murphys nötig wurde. Innerhalb kürzester Zeit wimmelte es im Garten von Baggern und Bauarbeitern und Klempnern und Elektrikern – alles freiwillige Helfer aus unserer Kirche, die handwerklich begabt waren. Während der Bauphase passte ich drinnen auf Lydia auf, beobachtete mit ihr durch die Verandatüren die Bauarbeiter oder spielte mit ihrem Puppenhaus, sie mit ihren Faschings-Schmetterlingsflügeln auf den Schultern.

Frank, der später Ians erste Pflegekraft zu Hause wurde, kümmerte sich um das Essen für die Helfer, und sehr oft schickte die Pizzeria im Ort eine Runde Pizza für alle gratis vorbei. Die Arbeitsstiefel der Männer hinterließen ihre Spuren auf den Fußböden, und der Staub der Trockenbauwände wurde von den Ventilatoren durch das ganze Haus gewirbelt.

Die Gemeinde fungierte als Hände und Füße Gottes.

So sehr ich mich auch auf Ians Heimkehr freute, wünschte ich doch, diese ganzen Aktivitäten wären endlich abgeschlossen. Diese vielen Entscheidungen, die praktischen Vorbereitungen, die Störungen und Veränderungen in den Räumen. Ich wünschte mir nichts weiter, als dass Ian ganz still wieder in mein Leben und meinen Alltag zurückkehrte. Mir war natürlich bewusst, dass die Arbeiten bedeuteten, dass Ian das Krankenhaus bald verlassen würde. Auf seine Heimkehr freute ich mich sehr, aber mir war nur allzu bewusst, dass Ian auf einer Bahre in einem Krankenwagen nach Hause kommen würde. Er würde nicht selbst in seinem Auto fahren. Er würde nicht wie früher durch die Haustür stürmen und drei Stufen auf einmal nehmend die Treppe hinaufpoltern.

Ich wollte aufwachen und erleichtert aufatmen, weil dies alles ein langer, schrecklicher Albtraum gewesen war. Ich wollte aufwachen und merken, dass nicht ich es war, die im Hochbett über Lydias Spielsachen schlief. Ich wollte gesagt bekommen, dass sich dieser Unfall nie ereignet hatte, dass Ian nie aus meinem Leben verschwunden war, dass wir wieder zusammen waren wie früher, so kurz vor dem Beginn unseres gemeinsamen Lebens, das ich mir so gewünscht hatte.

Gehirnverletzungen haben es so an sich, dass die Herzen der Beteiligten zwischen Hoffnung und dem Eingeständnis der Realität hin und her springen.

Auf dem Heimweg vom Krankenhaus machte ich einmal einen Abstecher in ein Einkaufszentrum. Ich wollte mich ablenken und mich mit Sachen umgeben, die ich eigentlich nicht brauchte. Wie fast jedes Mädchen hatte ich immer mit Begeisterung in Hochzeitszeitschriften geblättert und mir die herrlichen weißen und cremefarbenen Brautkleider angesehen, und schon früh hatte ich eine genaue Vorstellung von meinem Brautkleid gehabt, schon lange bevor ich Ian kennengelernt hatte. Interessanterweise fand ich in diesem Einkaufszentrum, nur wenige Meilen von dem Krankenhaus und Ozeane weit von jeder Aussicht auf eine Hochzeit entfernt, exakt „mein“ Kleid, und es kostete nur unglaubliche zwanzig Dollar. Ich suchte es in meiner Größe heraus und ging zögernd in die Umkleidekabine – zögernd deshalb, weil ich um meinen labilen Gemütszustand wusste. Wenn ich dieses Kleid anprobierte und mich im Spiegel ansah, würde sich meine innere Leere nur noch vertiefen.

Es passte. Wie angegossen. Und ich legte es in meinen Einkaufswagen. Kurz darauf stand ich an der Kasse. Ich wollte es tatsächlich kaufen. Doch noch während ich wartete, bis ich an der Reihe war und bezahlen konnte, wanderten meine Gedanken zum Krankenhaus zurück. Ian lag noch immer dort und war noch immer sehr schwer verletzt. In meinem Einkaufswagen lag ein Brautkleid, das vermutlich eher in 20 Jahren von Lydia getragen werden würde als in einem Jahr von mir. Der Widersinn dieser Situation überlief mich wie Eiswasser. Die Realität und eine Gehirnverletzung zwangen mich dazu, umzudrehen und das Kleid wieder an den Ständer zu hängen.

In jenem März feierte ich meinen ersten Geburtstag ohne Ian. Meine Mutter kam mich besuchen und übernachtete mit mir im Gästehaus des Reha-Zentrums. In meinen Tagebucheinträgen formulierte ich meinen Wunsch, Ian möge mich überraschen, Gott möge mich überraschen, indem er Ian an diesem Tag zu neuem Leben erweckte, weil es ein Tag war, den ich nicht ohne ihn verbringen wollte.

14. März 2007

Hallo, Schatz.

Da stehen Blumen auf der Kommode vor dem Spiegel, aber sie sind nicht von dir. Ich fand eine Geburtstagskarte von dir, aber sie ist vom vergangenen Jahr. Ich hoffe, du würdest heute noch dasselbe schreiben.

Heute Abend muss ich weinen, ich kann nicht anders. Ich verstehe nicht, warum du immer noch fort bist oder warum ich in deinem Elternhaus schlafe und nicht du. Ich habe es satt, dass sich andere Menschen um dich kümmern und dich zu Bett bringen und aus dem Bett holen. Ich habe es satt, von dem Tag zu träumen, an dem du aufwachst. Ich habe es satt, ständig daran erinnert zu werden, dass das alles tatsächlich geschieht.

Heute Abend bin ich mit deiner Familie zum Essen ausgegangen, aber du warst nicht dabei. Wir haben meinen Geburtstag gefeiert, aber du warst nicht dabei. Und mein einziger Gedanke ist, wie schrecklich traurig das ist. Ich habe nur noch deine Briefe, deine Worte. Ich kann nicht betrauern, dass du fort bist, weil ich glauben möchte, dass du immer noch da bist. Aber ich kann darüber trauern, dass du in meinem Leben fehlst und ich in deinem Leben fehle.

Mir wäre es lieber, Gott würde dich nach Hause holen, als dich in diesem Zustand zu lassen.

Wann immer ich Ian besuchte, schob ich ihn in seinem neuen Rollstuhl, der fast so schwer war wie ich selbst, durch die Flure des Krankenhauses. Manchmal waren seine Augen bei diesen Spaziergängen geöffnet, manchmal auch geschlossen. Immer wieder kamen wir an denselben Krankenzimmern vorbei, in denen kranke Kinder lagen, an deren Betten Angehörige saßen, die lieber nicht dort gewesen wären. Wir begegneten denselben Schwestern auf der Station, denselben Kindern im Aufenthaltsraum mit demselben riesigen Aquarium an der Wand und den Computern, die nur elend langsam eine Verbindung zum Internet aufbauten. Mit jeder Runde, die wir drehten, spürte ich den Verlust stärker. Für jede Runde mit dem Rollstuhl brauchten wir drei Minuten; drei Minuten, die ganz anders waren als die drei Minuten, die unsere Freunde gerade in ihren Collegekursen oder zu Hause mit ihren Partnern erlebten.

Doch andererseits wollte ich meine Zeit nicht anders als mit ihm verbringen; ich wollte nicht woanders sein und auf ihn warten. Aber ich wünschte mir ein Zeichen, um vorbereitet zu sein auf das, was kommen würde. Sechs Monate lang hatte ich gefühlt einfach nur dagesessen und ihm beim Schlafen zugesehen, hatte darauf gehofft, dass er aufwachte, und keine Ahnung gehabt, ob er überhaupt merkte, dass ich bei ihm war, oder ob er es je merken würde.

„Wenn es Ian besser geht, dann kann er wieder mit uns ein Picknick machen", sagte die kleine Lydia eines Tages, als ich mit ihr draußen im Garten spielte. Aber Ians Bewusstsein schwebte noch irgendwo zwischen der Welt, in der wir leben, und der Welt, in der die Menschen sind, die im Koma liegen. Was es mit dieser Welt auf sich hatte, wusste ich nicht. Ich hatte keine Ahnung, ob es dort friedlich war oder furchterregend, angenehm oder einsam, grau oder voller Farben, wie ich sie vielleicht noch nie gesehen hatte. Ich wünschte mir so sehr die Gewissheit, dass es ihm gut ging, dass Gott bei ihm war, wo immer er sich gerade aufhielt.

Und am 24. März scheinen Gott und Ian gespürt zu haben, wie dringend ich von ihnen hören musste. Sie müssen gewusst haben, dass ich nicht länger die Luft anhalten konnte.

Wie so oft saß ich bei Ian an seinem Luxuskrankenhausbett unter den hellen Leuchtstoffröhren. Und ganz plötzlich …

„Ian, ich werde für ein paar Tage wegfahren", hatte ich gerade zu ihm gesagt.

Er griff nach meiner Hand.

Ich fuhr zusammen und begann zu zittern.

Ist das wirklich geschehen? Weiß er, dass ich da bin?

Ich erklärte ihm, ich müsse mich verabschieden.

Er griff erneut nach meiner Hand.

Ian, bist du das? Bist du das wirklich?

Ich bat ihn, zweimal zu blinzeln, wenn er wollte, dass ich noch blieb.

Er tat es.

Noch nie hatte ich erlebt, dass er so deutlich blinzelte.

Und dann bat ich ihn kühn, zweimal zu blinzeln, wenn er … wenn er mich liebte.

[Warten mit angehaltenem Atem]

Zwinker.

Zwinker.

Er hatte es tatsächlich getan!

Ich hatte keine Ahnung, wie er sich soweit aus seinem Koma hatte hocharbeiten können, dass er mir dieses Zeichen geben konnte, oder warum er es zu diesem Zeitpunkt getan hatte und nicht schon früher. Er hatte sich durch den zähen Nebel gekämpft und die Anstrengung auf sich genommen, seine Augen zu bewegen. Was mochte das für unsere Zukunft bedeuten? Ich konnte nur ahnen, was nötig war, um sein lädiertes Gehirn dazu zu bringen, dass er seine Hand bewegen und in mir neue Hoffnung darauf wecken konnte, dass er zurückkommen würde.

Das werde ich wohl nie richtig begreifen.

Ich weiß nur … dass es wundervoll war.

Wenn ich mich jetzt in unserer kleinen Wohnung im Haus der Murphys umsehe, in dem Anbau, der ursprünglich für Ians Rückkehr aus dem Krankenhaus errichtet wurde, sehe ich, wie sehr unsere Welt geschrumpft ist, damit wir hineinpassen.

Die ersten beiden Jahre nach unserer Hochzeit wohnten wir in einem kleinen Ranchhaus aus den 1950er-Jahren, das so robust war wie die Menschen, die darin gelebt hatten. Dieses Haus nannten wir unser erstes gemeinsames Zuhause. Die Einrichtung unseres ersten Heims hat mir viel Freude gemacht, denn dies war ein Teil unseres Lebens, auf den ich Einfluss nehmen konnte. Die Deko, die Farben, die Atmosphäre, die ich dadurch erzeugen wollte. Gott gibt uns die Freiheit, uns hier auf der Erde ein Zuhause zu schaffen, in dem wir uns wohlfühlen, in dem wir ihn spüren können.

Ich bin dankbar für die Zeit in diesem kleinen Ranchhaus mit dem großen Garten und der Veranda, die nun unendlich viele Erinnerungen an Begegnungen mit unseren Freunden und Familien beherbergt. Ich bin dankbar, dass Agnes, die vor uns dort gelebt hat, wunderschöne Blumen im Garten gepflanzt hat, die immer noch blühen, und an mehreren Stellen auf der Veranda Haken angebracht hat, an denen ich Lichterketten und Vorhänge befestigen konnte. Ich bin dankbar, dass wir während unserer ersten beiden Jahre als Ehepaar in dieser stillen Straße wohnten, eingerahmt von Kiefern. Und ich bin dankbar, dass dies nur ein schwacher Abklatsch unseres himmlischen Zuhauses ist. Jetzt sehen wir es nur bruchstückhaft.

Als wir von unserer Hochzeitsreise nach Hause kamen, warteten unsere Familien schon draußen auf uns und halfen uns beim Auspacken der Geschenke. Auf dieser Veranda entstand unser „Dinner Club", unter den Papierlampions, die wir von der Hochzeit meines Bruders mitgebracht hatten. Dort draußen haben wir die schönsten Partys gefeiert – unter verschiedenen Mottos: „Ein Tag auf der Rennbahn", „Cowboy" oder „Alles Rot". Wir schauten mit Freunden Filme an, kochten zusammen und quetschten vierzehn Leute in ein Esszimmer, das für sechs Personen gedacht ist.

Dieses Zuhause haben wir aufgegeben, als wir das Buchprojekt angingen, und die Welt, in der wir jetzt leben, ist sehr viel kleiner geworden. Von Ians Bettseite bis zum Bad sind es nur wenige Schritte – aber es sind Schritte, die Ian mithilfe seiner Gehhilfe selbst zurückzulegen lernt. Die medizinischen Gerätschaften stehen da und holen uns immer wieder auf den Boden der Tatsachen zurück. Der elektrische Rollstuhl, der geliehene mechanische Rollstuhl, für den wir Miete zahlen müssen, der Hoyer-Lift und der Duschstuhl, sie alle sagen mir, dass Ian nicht so bald die Tür aufreißen und mich in seine Arme nehmen wird, wenn ich von der Arbeit nach Hause komme.

Aber diese kleine Wohnung ist unser Zuhause, weil so vieles von uns in diesen vier Wänden geschehen ist. Diese Wände hörten ihn zum ersten Mal seinen Namen sagen, und diese Wände hießen ihn willkommen, als er aus dem Krankenhaus kam, bevor er wieder lernte, seinen Namen zu sagen. Und das Schönste: Der vertraute Anblick der untergehenden Sonne über dem Sonnenschirm vor unserem Fenster gestattet mir einen flüchtigen Blick auf ein kommendes Zuhause, in dem es keine Wände geben wird. Unsere Daunendecke, die ich den ganzen Sommer nicht wegpacke, erinnert mich an den Gott der Ruhe.

Während ich das alles auf mich wirken lasse und Ians Stimme höre, der am Esszimmertisch sitzt und seine Sprachübungen macht – „*Peter Piper pickt!*“ – sehe ich für ein paar flüchtige Sekunden etwas, das schöner und größer ist als wir. Es ist etwas, das uns noch verborgen ist, ein Geheimnis, das zwischen den Jahren verborgen ist. Aber wenn ich die Augen zusammenkneife und genau hinschaue, sehe ich Jesus vor dem blinden Mann stehen. Er wendet sich auch an seine Jünger. Ich warte und überlege, wie meine Antwort auf seine Frage lauten würde.

„Glaubst du, dass ich das tun kann?“

Kapitel 6

Ich brauchte Bewegung, darum beschloss ich, zu Fuß zu gehen und das Auto stehen zu lassen. Einige Wochen vor meinem zweiten Weihnachtsfest als Ians Ehefrau war ich bei meiner Mutter zu Besuch. Bevor ich zu diesem Wochenende aufgebrochen war, hatte ich mich mit Ian darüber unterhalten, was wir an früheren Weihnachtsfesten gemacht hatten.

„Wir haben viele schöne Weihnachtserinnerungen geschaffen, nicht?", fragte er.

Er fing meinen Blick auf, den Blick, der besagte, dass es in unserem Leben Gutes im Überfluss gab.

Der Spaziergang in der knackig kalten Landluft tat mir gut. Dass Ian die meisten Sportarten, die er früher geliebt hatte – Joggen, Basketball, Baseball – nicht mehr ausüben konnte, spornte mich dazu an, mich möglichst viel zu bewegen. Wenn ich ihn auch noch im Alter pflegen wollte, musste ich mich fit halten. Und da ich am Vormittag zusammen mit meiner Mutter Weihnachtskekse gebacken (und gegessen!) hatte, wollte ich etwas gegen die Kalorien und für meine Gesundheit tun, indem ich die halbe Meile zum Haus meiner Großmutter zu Fuß ging.

Ein Besuch bei meinen Eltern, ohne wenigstens einmal bei ihr hineingeschaut zu haben, war undenkbar. Sie hatte mir Vorschulunterricht erteilt, und immer, wenn wir ihr in der Kleiderkammer halfen (ein Second-Hand-Shop der Gemeinde, in dem sie ehrenamtlich mitarbeitete), kaufte sie uns bei dem kleinen

Gemischtwarenladen in der Nähe des Parkplatzes einen Schokoriegel. Die Kleiderkammer war in einem alten Farmhaus untergebracht. Es waren zwei Räume. In dem ersten Raum konnten die Kleiderspenden abgegeben werden, und in dem zweiten hingen die Sachen dann nach Größen geordnet auf den Kleiderständern. Ich erinnere mich, stundenlang die Säcke ausgeleert und die Sachen sortiert zu haben, nach Geschlecht und Jahreszeit. Manchmal half ich den Kunden auch bei der Auswahl, aber meistens sortierte ich die Kleidung und hängte sie auf Bügel. Ab und zu hatte ich etwas Geld dabei und konnte mir ein Kapuzenshirt oder eine Shorts kaufen.

Auf meinem Spaziergang zu meiner Großmutter kam ich an den Pferden meines Onkels vorbei, denen er als Schutz gegen die Kälte schwarze Decken über ihre breiten Rücken gelegt hatte. Sie stießen zur Begrüßung ein lautes Wiehern aus, und weiße Dampfwolken stiegen von ihren Nüstern auf. Die Pferde standen auf einer Weide gegenüber des Farmhauses, in dem früher mein Onkel und meine Tante gelebt hatten. Es gehört jetzt einer jungen „Flachländer"-Familie, wie man hier in den Bergen liebevoll die Zugezogenen aus Philadelphia und New Jersey nennt. Da ich seit Jahren nicht mehr diesen Weg entlang gegangen war, fiel mir auf, dass das alte Spielhaus nicht mehr existierte. Es war zu einer Gartenhütte mit Außengrill umgebaut worden. Früher war es unser Sommerhaus gewesen, wenn wir die Ferien bei unserem Onkel und unserer Tante auf der Farm verbrachten. Als ich in die Schule kam, musste meine Mutter wieder arbeiten gehen. Darum hatte meine Oma auf mich aufgepasst.

Ich erreichte ihr Haus, und sie empfing mich an der Tür. Ihr zierlicher Körper war vom Alter gebeugt – immerhin war sie schon 90 Jahre alt –, doch sie hatte immer noch ihr strahlendes Lächeln. Sie umarmte mich und sagte mir, sie und ihre Schwester, die aus New York zu Besuch sei, hätten schon auf mich gewartet.

Im Haus meiner Oma hatte sich nichts verändert. Die Stehlampen neben der Couch, der dünne goldfarbene Teppich im Wohnzimmer, der Linoleumboden in der Küche mit der einen Stelle, wo der Mann, der den Boden verlegte, ein bisschen gepfuscht hatte. In unserer Kindheit haben wir Geschwister immer miteinander gewetteifert, wer diese Doppellinie zuerst entdeckte.

Ich setzte mich in den Schaukelstuhl, der meinem Urgroßvater gehört hatte. Abgesehen von einem leisen Quietschen bei jedem Schaukeln hielt er meine 130 Pfund ganz gut aus.

Oma nahm mir gegenüber im Sessel Platz, in einem zierlichen Schaukelstuhl ohne Armlehnen mit einem blassrosa Polster. Ihre Schwester saß links von mir auf der Couch und hielt ihren neuen Gehstock in der Hand. Das Gespräch kam schnell in Gang, während die Sonnenstrahlen durch die Spitzenvorhänge ins Zimmer fielen.

„Wie geht es mit dem Buch voran?“, lautete ihre zweite oder dritte Frage.

„Oh, es wird.“

„Vielleicht sollte ich lieber nicht fragen.“

„Nein, das ist schon in Ordnung. Es ist nur viel Arbeit.“

Wir unterhielten uns ein paar Minuten über mich und kamen dann auf ihre Schwester und sie zu sprechen. Meine Oma hatte ihre von Arthritis gekrümmten Hände im Schoß gefaltet. Der kleine goldene Diamantring an ihrer Hand fiel mir ins Auge.

„Ich wünschte, ich hätte Opa Cecil noch kennengelernt“, seufzte ich, als Oma erzählte, wie sie sich einmal eine Dauerwelle hatte legen lassen und Cecil das gar nicht gefallen hatte.

„Er war ein sehr freundlicher, liebevoller und großzügiger Mann“, sagte sie. „Wir hatten ein gutes Leben zusammen.“

Ja, 24 Jahre lang waren sie glücklich miteinander gewesen, doch im 25. Jahr erlitt er zum zweiten Mal einen Herzinfarkt, den er nicht überlebte. Oma war nicht bei ihm gewesen, als er starb. Er hatte sie aus dem Krankenzimmer geschickt, ihr gesagt, sie solle endlich einmal nach Hause fahren, sich ausruhen und nach den Kindern sehen. Sie vermutete, dass er gespürt hatte, was kommen würde, und nicht wollte, dass sie sein Sterben miterlebte.

Beim Tod ihres zweiten Mannes – des Großvaters, den ich kannte –, einige Jahre später, war sie allerdings dabei. Sie und die Schwester, die gerade bei ihr zu Besuch war, saßen an seinem Bett und hielten seine Hände, als er sein Leben aushauchte, gerade als Lisa und ich ins Zimmer kamen. Ich erinnere mich noch, wie ich im Türrahmen stand und hörte, wie meine Oma seinen Namen auf eine Art sagte, die alles sagte. Noch immer sehe ich vor mir, wie die Rücken meiner Oma und ihrer Schwester sich krümmten, während sie weiter seine Hände hielten, aus denen die Wärme des Lebens langsam schwand.

„In jedem Leben gibt es Höhen und Tiefen", sagte sie, während sich der Schaukelstuhl vor und zurück bewegte. „Du musst das Beste daraus machen. Du musst tun, was du tun musst."

Du musst tun, was du tun musst.

Auf dem Heimweg wanderte mein Blick über die Wiesen. Der Winter stand vor der Tür, aber das Gras hatte den Kampf noch nicht aufgegeben. Hellgrüne Flecken lagen eingebettet in das dunklere Grün des Herbstgrases und der hohen goldenen Getreidehalme, die sich auf die bevorstehende Kälte vorbereiteten. Die Halme vertrockneten, bereit für die Ernte, während sich ihre goldenen Körper im Wind wiegten. Die Bäume dahinter, die ihre Blätter bereits abgeworfen hatten, ragten schwarz und kahl vor dem blassen Himmel auf.

Aber ich wusste, in nur wenigen Monaten würden diese kahlen Bäume zu neuem Leben erwachen, wiederbelebt durch den Frühling. Ich wusste, dass tief in ihrem Innern immer noch

Leben war, das nur auf den richtigen Zeitpunkt wartete, um wieder hervorzukommen.

„Bitte komm bald", flüsterte ich in die kalte Luft, während mich meine Füße nach Hause trugen.

Es war Anfang April, und wir konnten es kaum erwarten, Ian nach Hause zu holen. Wir zählten die Tage an einer kleinen weißen Tafel herunter, die am Schrank in seinem Krankenzimmer hing. Es fühlte sich toll an, wieder einen Tag auszustreichen, einen Tag, der ihn näher an zu Hause brachte. Jedes Mal, wenn wir ihn besuchten, sagten wir ihm, wie viele Tage es noch seien, obwohl er seine Augen inzwischen gar nicht mehr öffnete. Ich merkte, dass er wach war, aber er hielt die Augen geschlossen. Er hatte sehr offensichtlich die Nase voll und wollte so wenig wie möglich vom Krankenhaus sehen. Und da er selbst keinerlei Einfluss auf seine Situation nehmen konnte, blieb ihm als einzige Möglichkeit nur, die Augen davor zu verschließen.

Eines seiner Augen hatte sich entzündet, und um zu verhindern, dass er es durch Reiben noch zusätzlich reizte, und um die Spastik in seinen Armen unter Kontrolle zu halten, hatten die Therapeuten Armschienen für ihn angefertigt. Wir konnten sie ihm abnehmen und wieder anlegen, aber sie hinderten ihn daran, die Arme zu beugen.

Er hatte nun also zu allem Überfluss ein juckendes Auge und zwei Hände, die es nicht erreichen konnten. Mit aller Macht wehrte er sich gegen die Schienen, und ich konnte nur untätig mit ansehen, wie er sich abmühte. Ich sollte die Schienen nicht abnehmen, weil seine Arme gestreckt bleiben sollten, aber ich brachte es einfach nicht übers Herz, zuzusehen, wie er verzweifelt versuchte, die Arme zu bewegen. Ich konnte nicht mit ansehen, wie er da lag, gefangen in seinem Bett, in seinem Kopf, und es Liebe nennen. Darum nahm ich ihm die Schienen ab, wann immer ich den Eindruck hatte, dass niemand es merkte, und verschaffte ihm die Erleichterung, die er brauchte. Später legte ich sie dann wieder an.

Am 14. April kamen meine Eltern, um mich und Ian zu besuchen. Sie brachten ihm, etwas verfrüht, seine Geburtstagsgeschenke. An diesem Tag waren seine Augen tatsächlich einmal geöffnet. Ich nahm ihm die Schienen ab und beobachtete verblüfft, wie er in die Geschenktüte griff, das Geschenkpapier entfernte und die Karte und die DVD herausholte. Er holte *alles* heraus, aber seine Augen schauten dabei starr geradeaus, als wären Scheuklappen an seinem Kinn befestigt, die es ihm unmöglich machten zu sehen, was seine Hände taten. Doch wir waren trotzdem alle begeistert, weil es ein weiterer Hinweis darauf war, dass noch Leben in ihm war.

Am 16. April hatte Ian Geburtstag. Er erlebte seinen 22. Geburtstag im Zimmer eines Krankenhauses in Pittsburgh, ohne seine Familie. An diesem Tag war er ebenfalls wach, hatte die Augen geöffnet, als wüsste er Bescheid. Seine jüngeren Brüder wollten ihn besuchen, und ich bot ihnen an, gemeinsam zum Krankenhaus zu fahren, was für mich allerdings bedeutete, dass ich nicht so lange bei ihm bleiben konnte wie sonst. Die Jungen hatten nicht die Geduld, länger als eine Stunde an seinem Bett auszuharren. Aber ich war mir sehr sicher, dass ein Besuch seiner Brüder Ian mehr bringen würde, als wenn ich den ganzen Tag an seinem Bett gesessen hätte.

Doch nach diesem kurzen Besuch fühlte ich mich am Nachmittag schrecklich. Zu Hause verzog ich mich in mein Bett und überlegte, ob meine Entscheidung wirklich richtig gewesen war. Ian würde an seinem 22. Geburtstag jetzt noch viele Stunden lang ganz allein sein, und der Tag war lang. Natürlich war mir bewusst, dass ich mir eigentlich keine Vorwürfe zu machen brauchte, aber ich konnte mich nicht dagegen wehren. Meine Traurigkeit war zu groß.

In der Woche nach seinem Geburtstag wagte ich es, in meinem Tagebuch zum ersten Mal auszusprechen, dass ich auch zornig auf Ian war – zornig, weil er mich verlassen hatte. Und voller Angst, dass er nie wieder zu mir zurückkommen würde. Ich verstand nicht, warum Gott ihn in diesem Zustand ließ, so fern von mir, und warum es zu viel verlangt schien, irgendeine Reaktion von dem Mann zu bekommen, mit dem ich mein Leben verbringen wollte.

Es war eine sehr verwirrende und emotional aufreibende Zeit. Denn wie in jedem guten Theaterstück erweckt das Ende den Anfang wieder zum Leben. Es vollendet den Kreislauf. Es waren nun nur noch fünf Tage, bis Ian nach Hause kam, und bei dem Gedanken daran musste ich weinen. Das Ende, das ich nicht gewollt hatte – Ian kam mit einer gravierenden Behinderung nach Hause –, erinnerte mich an den Anfang, den ich ebenfalls nicht gewollt hatte.

Wir hatten sieben Monate lang praktisch in Krankenhäusern gelebt, Ärzten zugehört, die kleinsten Ausschläge der Nadel in Richtung Normalität erhofft … sieben Monate lang.

Sieben lange Monate …

Ians Heimkehr war für den 30. April geplant. An diesem Tag hatte ich ein Vorstellungsgespräch, was bedeutete, dass ich ihn nicht im Krankenwagen begleiten konnte. Aus diesem Grund hatte ich den Termin anfangs abgesagt. Ich wollte bei Ian sein, wenn es galt, sich von seinen Therapeuten und Ärzten zu verabschieden. Doch dann kamen mir Zweifel, und auch Steve redete mir noch einmal ins Gewissen. Ich rief dann noch einmal in der Firma an und sagte den Termin zu.

Da ich Ian nicht nach Hause begleiten konnte, fuhr ich am Abend vorher noch einmal nach Pittsburgh und übernachtete im Heasley House.

Als ich an jenem Abend in sein Zimmer kam, war Ian hellwach und reagierte stark auf mich.

Auch am nächsten Morgen war er sehr wach, als ich ins Zimmer kam, um mich von ihm zu verabschieden und zu meinem Vorstellungsgespräch zu fahren.

Als Steve und Mary kamen, um seine Sachen zu packen und ihn nach Hause zu begleiten, war er wach.

Er wusste es.

Selbst im Wachkoma wusste er es. Weil das Koma ihn nicht von Gott trennte.

Er wusste, dass er in sein Elternhaus auf der Warren Road mit der gelben Seitenwand und dem Garten heimkehrte, der genau die richtige Größe für ein kleines Baseballfeld hatte. Seine halbe Kindheit wartete dort auf ihn, komplett mit Größenmarkierungen an der Tür zur Waschküche, die Jahr für Jahr zeigten, wie viele Zentimeter die Brüder gewachsen waren.

30. April 2007

Er ist zu Hause :)

Mehr brauchten wir nicht zu posten in unserem Blog, denn *zu Hause* bedeutete so viel mehr als nur eine Fahrt in einem Krankenwagen von Pittsburgh zu seinem Elternhaus. Ian war in einem Haus aufgewachsen, das nicht nur aus Beton, Ziegeln und Schindeln bestand. Es war ein Ort der Gemeinschaft. Mary hatte ein Heim geschaffen, in dem man Trost und Wärme fand. Dieses neue Leben zu Hause bedeutete für Ian, dass er wieder bei seinen Eltern war und wieder in der Küche saß, in der er früher vor der Schule schnell in Boxershorts gefrühstückt hatte. Es bedeutete, wieder den vertrauten Murphy-Geruch in der Nase zu haben, diesen spezifischen Geruch, den Ian jetzt vielleicht gar nicht erkennen würde, nachdem er so lange fort gewesen war. Dieser wohlvertraute Geruch, den jedes Familienzuhause hat, den die Familienmitglieder selbst aber gar nicht wahrnehmen.

Nach Hause zurückzukehren bedeutete für Ian ein neues Schlafzimmer im hinteren Teil des Hauses, unter den anderen Schlafzimmern im ersten Stock. Statt dem braunen Teppichboden in seinem früheren Zimmer war es mit Laminat ausgelegt. Die Wände waren in demselben „Irischgrün" gestrichen wie das Wohnzimmer. Ian hatte immer wieder betont, wie entspannend er diese Farbe fand, und Mary hatte gehofft, dass sie diesen Effekt mit herüberbringen könnten. Die Lampen, Rollos und den Spiegel hatte Mary nach „maskulinen" Gesichtspunkten ausgesucht. Es sollte ein Raum sein, in dem ein Mann sich wohlfühlte. Und dank unserer Freundin Vikki, die sich noch vor dem Eintreffen des Krankenwagens ins Haus geschlichen hatte, wartete in seinem Zimmer eine Riesentraube von Luftballons mit der Aufschrift, „Willkommen zu Hause". Sie wusste, dass dies für uns ein Tag zum Feiern war.

Und dann ... war Ian zu Hause.

Er wurde durch das Erdgeschoss des Hauses gerollt, die Küche, das Esszimmer, das Wohnzimmer und das Fernsehzimmer. Wir brauchten ihn nicht nach oben zu bringen, weil alles, was er brauchte, im Erdgeschoss zu finden war.

Er war zu Hause.

Es war ein warmer Tag, und zu Ians Zimmer gehörte auch eine neue kleine Veranda. Dort verbrachten wir unseren ersten Abend. Zu Hause zu sein bedeutete, dass Ian an die frische Luft geschoben werden konnte, wann immer er wollte. Außerdem gab es in seinem Zimmer sechs große Fenster, sodass er, anders als im Krankenhaus, immer natürliches Licht hatte und die warme Brise über seine Haut streichen spürte.

Am 1. Mai 2007 wachte Ian zum ersten Mal zu Hause auf, in seinem eigenen Zimmer, zwischen Laken mit dem vertrauten Weichspülergeruch, nachdem er 212 Nächte allein in einem Krankenzimmer gelegen hatte. Ihn trennte nur ein Stockwerk von seiner Familie, von seiner dreijährigen Schwester, für die es keine Behinderung gab, sondern einzig und allein ihren Bruder. Er war umgeben von Menschen, die ihm vorbehaltlose Liebe entgegenbrachten.

Er war … zu Hause.

„Guck! Lichter!", jubelt Clara. Sie sitzt auf Ians Schoß und deutet auf die Häuser in der Straße, die bereits weihnachtlich geschmückt sind.

Vor jedem der Häuser bleiben wir stehen, um die Beleuchtung zu bewundern. Sie liegt im Arm ihres Onkels, warm eingepackt in ihre rosa Decke, die nur bis an Ians Knie reicht. Langsam schiebe ich den Rollstuhl weiter. Ich möchte noch nicht zurückgehen. Ich will nicht, dass dieser Augenblick schon vorbei ist.

Nach dem Abendessen setze ich Clara und Paladin in die Badewanne. Es ist, als wären wir eine kleine Familie. Onkel Ian erzählt ihnen eine Gutenachtgeschichte, die von einem Mädchen namens Larissa handelt, das ein rosa Ballett-Tutu trägt. Ihr Freund Leonard fährt im Zirkus Motorrad und macht ihr mit Blumen in einer Plastiktüte einen Heiratsantrag. Wir liegen auf einer weichen Decke, die wir uns von der Couch geholt haben, vor dem Weihnachtsbaum. Die Kinder sitzen auf ihren Decken, eine kleine Tasse Tee und einen Keks in der Hand, dick eingepackt, und sind selig.

Ich halte inne und betrachte sie glücklich. Kleine Kinder, Weihnachtsbaum, schmutziges Geschirr in der Küche – das Leben ist schön. Onkel Ian gibt ihnen einen Gutenachtkuss und ich, „Tante Rara", bringe sie nach oben ins Bett.

Als ich die Treppe wieder herunterkomme, nachdem ich die Kinder zu Bett gebracht habe, sitzt mein Mann vor den Lichtern am Weihnachtsbaum. Ich blicke ihn an, und für einen Augenblick begreife ich, warum er weitermachen musste, statt im Krankenhaus zu sterben. Nach sechs Jahren verstehe ich, warum jede Pillenverabreichung, jede mühevolle Therapiestunde, jedes

Hinüberhieven in den Duschstuhl es wert war: Ian hat noch ein Leben zu leben. Seine Nichten und Neffen brauchten ihn. Seine Brüder und Schwägerinnen mussten Gott durch ein zerschmettertes Knie und einen Katheterbeutel begegnen.

Und er hatte eine Freundin, die er zu seiner Frau machen musste, weil sie lernen musste, was Liebe ist.

Kapitel 7

Ians Heimkehr bedeutete für uns, dass wir wieder ein fast normales Leben führen konnten – normal insofern, dass wir unseren Alltag wieder selbst gestalten konnten. Aber natürlich war unser Leben alles andere als normal. Wir unterschieden uns schon sehr stark von anderen Menschen.

Ich fragte mich oft, welchen Eindruck wir wohl nach außen hin erweckten. An dem Tag vor Ians Abschied aus dem Krankenhaus hatte ich eine Patientin gesehen, die eine ähnliche Verletzung erlitten zu haben schien wie Ian. Ihre Familie war bei ihr, und ich empfand so viel Mitgefühl für die Angehörigen, dass ich beinahe zerschmolz. Doch dann durchzuckte mich auf einmal der Gedanke, dass ich in genau derselben Situation steckte. Nur dass man es bei sich selbst nicht so wahrnimmt.

Für Außenstehende war es möglicherweise noch schlimmer, uns zu sehen, als wir, die wir mittendrin steckten, es empfanden. Besonders galt das für die Menschen, die nur den verletzten Ian kannten – denn für mich war der Mann, in den ich mich verliebt hatte, noch sehr präsent. Wenn ich ihn in seinem Rollstuhl herumschob oder ihn zu seinen Therapien begleitete, war ich mit demselben Menschen unterwegs, der mich im vergangenen November zu unserem ersten Date ausgeführt hatte. Den Rollstuhl nahm ich manchmal gar nicht wahr – ich sah meinen Freund, später meinen Verlobten und meinen Mann.

Aber natürlich hatte ich keine Vorstellung davon, was er sieben Monate lang im Krankenhaus gefühlt, gedacht und mitbekommen hatte. Selbst nach einem kurzen Urlaub habe ich schon Heimweh und kann es kaum erwarten, wieder in meine vertraute Umgebung zu kommen. Sein Körper muss gespürt haben, dass er an einem fremden Ort gewesen war. Und darum war es auch nur natürlich, dass er zurück in seinem Zuhause auch im wahrsten Sinne des Wortes langsam wieder zu sich kam.

Zu etwas, das beinahe an Normalität erinnerte.

Und das war ziemlich aufregend.

Immer öfter griff er nach meiner Hand und hielt sie fest, und er zeigte mir auch auf andere Weise, dass er mir zuhörte, auf mich reagierte, mich in seiner Nähe haben wollte. Ein paar Tage nach seiner Heimkehr zum Beispiel las ich in seinem Zimmer in der Bibel, und ich wusste nicht mehr, wie „Babylon" ausgesprochen wurde. Ich sagte es vor mich hin, wie ich es für richtig hielt, und fragte ihn, ob es so stimme. Er blinzelte zweimal, um es zu verneinen. Ich probierte es mit einer anderen Aussprache und fragte ihn erneut. Er blinzelte wieder, und diesmal bedeutete sein Blinzeln „Ja". Ich wiederholte die korrekte Aussprache ein paar Mal, um seine Antwort zu überprüfen ... denn wenn ich seinen Eltern begeistert davon erzählte oder in unserem Blog darüber schrieb, wollte ich sicher sein, dass ich seine Reaktion richtig interpretiert hatte.

Ian begann auch wieder zu lächeln. Das hatte er seit seinem Aufenthalt in dem ersten Rehazentrum nicht mehr getan. Vermutlich war es damals nur eine unbewusste Reaktion gewesen, aber ich wollte so sehr glauben, dass es ein echtes Lächeln gewesen war und dass er mich damit meinte. An diesem Tag im Mai jedoch, endlich wieder zu Hause, gab es keinen Zweifel. Er lächelte sogar mehrmals.

Er kam wirklich zu mir zurück!

Aber obwohl er lächelte und meine Hand nahm, erfasste mich ein ganz neues Gefühl des Verlustes, weil ich jetzt mit ihm in seinem Elternhaus wohnte und so viele Erinnerungen an gemeinsame Stunden wach wurden. Wie oft hatten wir hier zusammengesessen, bis spät in die Nacht geredet, geflirtet, gekuschelt. Ich dachte an den Tag, als wir zum ersten Mal „offiziell" mit seinen Eltern zu Abend gegessen hatten. Mir war es beinahe unmöglich, mich länger als ein paar Sekunden über die kleinen Fortschritte zu freuen, die er machte, weil ich ständig umgeben war von den Erinnerungen an die 21 Jahre davor und den riesigen Abgrund, der dazwischen klaffte. Es fiel mir schwer, die Hoffnung aufrecht zu erhalten. Ich kämpfte darum, zufrieden zu sein, ohne mich zufriedenzugeben – weiter zu hoffen, dass Gott Ians Zustand verbessern würde, doch auch darauf zu vertrauen, dass wir irgendwie klarkommen würden, auch wenn er es nicht tat.

Manchmal überraschten mich die größten Herausforderungen in Bereichen, in denen ich sie am wenigsten erwartet hatte. Obwohl ich im Haus von Ians Eltern wohnte, war ich in seine medizinische Versorgung nicht eingebunden. Dafür waren mehrere Pflegekräfte zuständig, die in Schichten arbeiteten. Mary und Steve wollten mich damit nicht belasten. Außerdem war ihnen wichtig, dass Ians Würde und ein Rest von Intimsphäre gewahrt blieb. Bisher war ich seine Freundin, und sie wünschten sich, dass ich sein Lichtblick sein sollte, eine Person, die einfach nur Freude in sein Leben brachte. Und das wusste ich auch sehr zu schätzen.

Aber das hatte zur Folge, dass ich Ian nicht mehr so häufig sah. Ich hatte eine neue Teilzeitstelle angenommen. Ians umständliche tägliche Versorgung, das Duschen, Essen, Anziehen und die verschiedenen Therapien füllten einen großen Teil seines Tages aus. Außerdem brauchte er viel Schlaf, damit sein Gehirn sich regenerieren konnte. Oft schlief er schon unmittelbar nach dem Abendessen ein.

Es fiel mir schwer, eine innere Haltung zu alledem zu finden. Ich wollte nicht, dass er zwar zu Hause war, aber nicht einmal in der Lage, ohne Hilfe zur Toilette zu gehen. Es widerstrebte mir, dass eine andere Person ihn wusch oder Buch darüber führte, wie häufig er Stuhlgang hatte. Diese Dinge hatten im Krankenhaus zum normalen Ablauf gehört, doch jetzt, in dem Zuhause, in dem auch ich lebte, war es plötzlich etwas völlig anderes. Es sollte einfach nicht so sein, dass seine Eltern oder die Pflegekräfte sich rund um die Uhr um ihn kümmern mussten. Die Vorstellung, dass ich zum Beispiel nicht in der Lage wäre, Ian zu retten, falls ein Feuer ausbrach, plagte mich. Ich konnte den Gedanken nicht ertragen, dass überhaupt jemand Ian die ganze Zeit pflegen musste.

Weil das einfach nicht normal war. Es war total falsch.

An den meisten Tagen blieb ich abends viel zu lange auf, weil ich ihm noch gute Nacht sagen wollte. Meist wurde er abends geduscht und dann machten seine Betreuer noch physiotherapeutische Übungen mit ihm, was bedeutete, dass ich erst spät zu ihm ins Zimmer konnte, um noch mit ihm zu beten. An vielen Abenden sah ich nur seine geschlossene Zimmertür.

Das machte mir sehr zu schaffen. Diese geschlossene Tür – eine wunderschöne Eichentür, die unsere Freundin Susan bei sich zu Hause gebeizt hatte, als der Anbau errichtet wurde –, erweckte etwas Finsteres in mir zum Leben, weil ihr Anblick mir deutlich machte, dass ich nutzlos war. Ich erinnere mich noch, wie begeistert Mary von Susans Arbeit gewesen war, weil der Farbton der Tür ganz genau zum Boden und der Zierleiste passte. Doch wenn diese Tür geschlossen war, bedeutete das, in diesem Zimmer geschah etwas, an dem ich keinen Anteil hatte … weil ich nicht zur Familie gehörte. Ich hasste es, wenn jemand auf mein Klopfen hin aus dem Zimmer rief: „Einen Augenblick!“ Denn das bedeutete, dass ich Ian in Verlegenheit gebracht hätte, wenn ich ohne anzuklopfen ins Zimmer geplatzt wäre, und auch mich. Noch war sein Körper kein Teil von mir und umgekehrt, da wir ja nicht verheiratet waren. Wenn er zur Toilette musste oder wenn sein Katheter undicht war, konnte ich nichts tun. Ich fühlte mich so hilflos.

Mein Frust über diese geschlossene Tür brachte mich an vielen Abenden in Lydias Zimmer auf die Knie. Während die Kleine schlief, bat ich Gott um Erbarmen. Zum Glück lenkte mich meine kleine Zimmergenossin häufig von meiner abendlichen Traurigkeit ab. Lydia stand nachts oft auf und tappte dann in Steves und Marys Schlafzimmer, trotz meiner verschlafenen Versuche, sie davon abzuhalten.

„Mama?", fragte sie, wenn sie an Marys Bett stand.

„Was brauchst du, Lydia?"

„Meine Lippen sind ganz rau. Ich brauche einen Labello."

Mary taumelte dann in unser Zimmer und ich gab vor zu schlafen. „Wo ist er, Schätzchen?"

„Auf meinem Nachttisch."

„Süße, warum hast du mich aufgeweckt, wenn er gleich neben deinem Bett steht?"

„Ich kam nicht dran", erwiderte sie, was genau genommen auch stimmte. Sie hätte sich im Bett umdrehen müssen, um ihn zu erreichen. Vielleicht war es auch besser gewesen, denn am Ende wäre sie noch aus dem Bett gefallen, weil die knallpinken Satinlaken so glitschig waren.

Jane hatte ihr die glänzende Bettwäsche zu Weihnachten geschenkt. „Das wird lustig", bemerkte ich, nachdem Lydia ihr Geschenk ausgepackt hatte. „Dieses Laken ist so glatt, dass sie bestimmt ständig aus dem Bett flutschen wird."

Und so kam es auch tatsächlich. Noch in derselben Nacht schreckte ich auf, als ich das Poltern hörte, doch sie blieb einfach zusammengerollt mit ihrer Bettwäsche, die den Sturz gedämpft hatte, auf dem Boden liegen. Ich konnte sie unbemerkt hochheben und wieder ins Bett legen.

Lydia und ihre lustigen Streiche waren ein wunderbarer Zeitvertreib für mich. Und ich bemühte mich auch, Ians Brüder besser kennenzulernen. Der große Altersunterschied zwischen uns machte das etwas schwierig. Ich gab vor, die *Steelers* zu mögen. Das hatte ich auch Ian vorgespielt. Zur Super Bowl-Party im Jahr 2006 hatten wir dieselben Shirts getragen und ich hatte so getan, als würde ich mich im Football auskennen, obwohl es in meiner Highschool nicht mal eine Mannschaft gegeben hatte. Dazu war die Schule zu klein. Unser Schulsport war Fußball, was ich gut fand, denn ich war linke Verteidigerin. Und bei uns zu Hause wurden eher Autorennen geschaut; wir hockten nicht alle zusammen in Trikots auf der Couch und starrten auf die Football-Übertragungen, wie es bei den Murphy-Jungs üblich war.

Wenn ich mit Ians Brüdern zusammen war, spielte ich die nervige Freundin ihres großen Bruders, gab inkompetente Kommentare zur Farbe der Mannschaftstrikots ab oder zu den Logos auf den Helmen. Nicht weil mir das besonders ins Auge stach, sondern weil es ins Klischee passte und ich nicht so tun wollte, als wüsste ich, was „Clippings" oder „Handoffs" waren. Trotzdem war ich bei den Jungs im Fernsehzimmer willkommen, solange ich sie nicht zu oft unterbrach und meine Fragen bis zur Werbepause zurückhielt – eine Regel, die sie auch heute noch aufrechtzuerhalten versuchen, obwohl sie inzwischen Ehefrauen haben, die sich genauso wenig für Football interessieren wie ich und am Wochenende auch nicht vier Stunden am Stück auf ihre Männer verzichten wollen.

Ich verbrachte die Zeit also mit den Murphys. Wir hörten Podcasts, schauten DVDs und lustige Youtube-Videos an, und ich ließ mich von den Jungen und Lydia ablenken. Meine sozialen Kontakte und anderen Verpflichtungen hielt ich auf dem flachsten möglichen Niveau. Wegen Ians Gesundheitszustand konnte ich selten verbindliche Absprachen treffen, doch einfach in einem Haus voller Leben zu sein half mir sehr.

Trotzdem machten sich die Leute Sorgen um mich.

„Du musst etwas finden, das dich positiv beschäftigt", sagte

Steve eines Tages zu mir, als wir in der Küche zusammenstanden. „Mary hat die Kinder und den Antiquitätenladen. Du hast gar nichts."

Wenn ich heute an dieses Gespräch denke, freue ich mich darüber, weil es ein Ausdruck seiner Sorge um mich war. Doch in diesem Augenblick tat mir seine Bemerkung weh. Sie erschien mir herabsetzend: „Du hast gar nichts." Man konnte den Eindruck gewinnen, ich würde einzig und allein darauf hinleben, dass Ian wieder der Alte wurde.

Doch er hatte etwas ganz anderes gemeint, wie Mary mir später auf ihre sanfte und liebevolle Art erklärte. Mein Studium am College war abgeschlossen, und die Bereiche meines Gehirns und meines Wesens, die sich bisher mit Lernen, oder dem Verfassen von Artikeln für die Collegezeitschrift oder dem Übertragen von Klaviernoten beschäftigt hatten, brauchten Stimulation. Ich musste mich gedanklich auch einmal wieder mit anderen Dingen beschäftigen als mit Ian, nicht um ihn zu ersetzen, sondern als Ablenkung. Steve und Mary wussten, warum ich geblieben war. Sie freuten sich über meine Liebe zu Ian und befürworteten es, dass ich an seiner Seite war. Aber sie wussten auch, dass ich Ian nur dann langfristig beistehen konnte, wenn ich auch auf mich und meinen Körper achtete.

Also schleppte ich mich ins Fitnessstudio und hoffte, dass ich durch die beim Sport freigesetzten Endorphine neue Energie bekäme. Und es half tatsächlich. Ich begann mir den Besuch im Fitnesscenter zur Gewohnheit zu machen, weil Gewohnheiten nur schwer abzulegen sind, wenn sie einmal Fuß gefasst haben. Das Training an den Geräten tat mir gut und kräftigte meine Muskeln. Später, als Ians Frau, würde ich davon profitieren. Denn ich wollte ihn selbst pflegen, und dazu brauchte ich auch körperliche Kraft.

Ich wollte mich bewegen, weil Ian sich nicht bewegen konnte. Während der Aerobicstunden betete ich darum, dass Ian auch wieder die Kraft spüren würde, die durch Muskeln in konzentrierter Aktion fließt.

Und ich wollte verantwortlich mit meinem Körper umgehen. Später, im Alter, wollte ich in Dankbarkeit auf die Vergangenheit zurückblicken in dem Wissen, dass ich diese Jahre gut genutzt hatte. Wenn die Falten und Besenreiser kamen, wollte ich davon profitieren, dass ich meine Jugend dazu genutzt hatte, Muskelkraft aufzubauen, Ausdauer zu trainieren und gute Gewohnheiten einzuüben.

Ich wollte für Ian da sein.

Ich wollte sehr lange für Ian da sein.

In jenen einsamen Tagen, jenen Augenblicken der Verzweiflung, sah ich nur die Leere und begriff nicht, dass Gott sich durch diese Leere neuen Raum in meinem Herzen schuf, dass er sich mir zeigte in den kleinen Augenblicken der Freude. Denn nur ein sehr großer Gott kann es schaffen, eine Gehirnverletzung mit Freude zu füllen.

Ich fing an, meine Koffer zu packen. Gemeinsam mit Jane wollte ich nach Florida fliegen und einmal alles hinter mir lassen. Ich brauchte eine Tasche für meinen Laptop und fand eine ausrangierte von Ian in seinem früheren Zimmer. In einer der Seitentaschen fand ich einige Briefumschläge und stellte fest, dass es die Briefe waren, die ich an Ian geschrieben hatte, als ich in Pittsburgh ein Praktikum beim Roten Kreuz machte. Er arbeitete in der Zeit gerade beim Film. Jeder einzelne war in seinem Briefkasten in der Marietta Avenue gelandet und Mr Hamilton, der Eigentümer des Hauses, in dem Ian wohnte, hatte ihn zu seiner Tür getragen. Mr Hamilton war ein älterer Herr und verwitwet. Er liebte es, in seinem Garten herumzuwerkeln und gab Geigenunterricht. Auch Fotos fand ich in den Taschen – Fotos von mir, die ich Ian während des Sommers geschickt hatte, damit er mich nicht vergaß, während er in der Traumfabrik arbeitete.

Die Reise nach Florida sollte für mich eine Auszeit sein von der ganzen Situation zu Hause. Jane und ich wollten damit auch unseren Collegeabschluss feiern. Dort erlebte ich ein Wechselbad der Gefühle. Ich fand die ersehnte Entspannung, aber immer wieder überrollte mich auch die Traurigkeit wie eine Flutwelle. Die salzige Brise tat meinen aufgewühlten Emotionen gut, doch trotzdem war mir nicht wohl bei dem Gedanken, so weit von Ian entfernt zu sein. Aber mit Jane konnte ich lachen und meinen Spaß haben. Es ist ein seltenes Vorrecht, eine so gute Freundin zu haben.

An einem Abend dachten wir uns zum Spaß peinliche Aufreiß-Sprüche aus. „Hey, mein Freund liegt im Koma. Willst du nicht mit mir ausgehen?“, witzelte ich, ohne wirklich nachzudenken.

Das sollte ein Scherz sein. Aber kaum waren die Worte über meine Lippen gekommen, erfasste mich großes Entsetzen. Das war die Realität in meinem Leben. Wie konnte ich es auch nur eine Sekunde ins Lächerliche ziehen?

Jane starrte mich an, und ich wusste, sie spürte meine Leere. Ganz unvermutet hatte sich gezeigt, wozu ich in meiner Verzweiflung fähig war. Wenn ich nicht aufpasste, würde ich ganz schnell respektlos gegenüber Ian werden oder ihn sogar betrügen. Ich liebte diesen Mann, der bewegungsunfähig und halb bewusstlos in seinem Bett lag, von ganzem Herzen. Aber dass ich Witze über ihn reißen konnte, bedeutete, dass ich vielleicht auch ein Leben wählen könnte, das ich eigentlich nicht führen wollte.

Meine blöde Bemerkung hing eine Weile in der Luft, und schließlich schlenderten Jane und ich, immer noch peinlich berührt, zum Ende des Piers aus breiten, groben Holzbohlen. Wir lenkten uns ab, posierten für Fotos und taten so, als sei die Jacht, die dort vor Anker lag, unsere. Wir scherzten uns zurück zu einem normalen Gespräch, doch mir ließ der Zwischenfall die ganze Nacht keine Ruhe. Und als ich in meinem Bett lag, gab ich in der Dunkelheit meinen Tränen nach, während Jane neben mir schlief. Das Leben war zu real. Und manchmal schockierte mich diese Realität.

Auf dem Heimflug versuchte ich mir vorzustellen, wie es wäre, wenn Ian in meiner Abwesenheit zu sich gekommen wäre. Ich konnte ihn praktisch schon vor mir sehen, wie er in seiner Jeans und dem alten T-Shirt auf der Veranda saß und auf mich wartete. Ich wollte von ihm begrüßt und umarmt werden, ich wollte hören, dass er mich vermisst hatte und dass er jedes Detail aus der vergangenen Woche hören wollte.

Doch stattdessen saß ich an seinem Bett und beobachtete sein Koma.

Ich zweifelte nicht daran, dass er sich alle Mühe gab, wieder gesund zu werden. Aber gegen seinen Körper kam er nicht an. Zu ihm nach Hause zu kommen war ganz sicher besser, als einen leeren Raum und nur Erinnerungen vorzufinden. Aber meine Erwartungen wurden für meinen Geschmack viel zu langsam erfüllt, und ich hatte keine Ahnung, ob Ian jemals genug wiederhergestellt würde, um mich das alles anders empfinden zu lassen.

Kurz nach dem Urlaub in Florida fand eine Konferenz in Kentucky statt, an der ich mit Jane und ein paar Freunden teilnehmen wollte. Noch in der Woche vor der Reise redete ich auf Ian ein, er müsse unbedingt mitkommen. Ich machte mir immer noch vor, er könne bis dahin aufstehen und das Bett verlassen. Er *musste* unbedingt dabei sein, so fand ich, denn im vergangenen Jahr war ich während dieser Konferenz zu der Erkenntnis gelangt, dass ich Ian wollte und keinen anderen.

Wegen unserer Praktika waren wir für ein paar Wochen voneinander getrennt gewesen, und Gott hatte mir alle meine Ängste und Zweifel in Bezug auf Ian genommen, als ich auf der Fahrt zum Hotel mit anderen jungen Leuten im Van saß. Ich war unsicher gewesen, hatte mich gescheut, Ja zu ihm zu sagen, dazu, mein ganzes Leben mit ihm zu verbringen. Angst hatte sich in mir ausgebreitet und mir eingeredet, dass die Liebe eines Tages bestimmt vergehen würde und es sich daher nicht lohnte, so viele Gefühle und Arbeit zu investieren. Am Ende ging es doch so oft schief. Die Angst machte mich empfänglich für Lügen, flüsterte mir Unwahrheiten ins Ohr, redete mir ein, ich allein sei dafür zuständig, unsere Liebe zu erhalten, und nicht Gott.

Doch in diesem Augenblick, als ich mit den anderen im Van saß, ging mir ein Licht auf, und ich hielt meine Gedanken in meinem Tagebuch fest. Ich wollte diese Angst nicht mehr, Ian könne eines Tages einem Mädchen begegnen, das er lieber mochte als mich, oder zu der Erkenntnis kommen, dass ich doch eigentlich ziemlich langweilig sei.

In jenem Jahr und auf dieser Konferenz trafen wir endlich wieder zusammen und sprachen uns aus, in einem eleganten Restaurant, das den passenden Rahmen bot für ein junges Liebesglück. Ich sagte ihm, dass ich bereit sei, mich mit Haut und Haaren auf ihn einzulassen, und dass ich meine Ängste hinter mir lassen wollte. Es wurden drei wunderschöne Tage, in denen ich Ian ganz neu erlebte – aufregend, weil sich unsere Beziehung verändert hatte und ich mir nun wirklich so langsam eine Zukunft mit ihm vorstellen konnte.

In der Stadt, in der die Konferenz stattfand, konnte man Pferdekutschen für eine Stadtrundfahrt mieten. Ich liebe Pferde – aus der Ferne. Ian lud mich zu einer Kutschfahrt ein. Wir rollten in der Kutsche an all seinen Freunden vorbei, die zu Fuß vom Konferenzzentrum zu ihren Hotels unterwegs waren, und er hatte keine Scheu, für alle sichtbar seine Liebe zu mir zu zeigen. Er tat es, weil er mich liebte.

Zu derselben Konferenz in dem Jahr nach Ians Unfall zu fahren – und zwar *ohne* ihn –, bedeutete, dass ich mich all diesen Erinnerungen wieder stellen müsste. Ohne Ian an meiner Seite und ohne dass Ian bewusst mitbekam, dass ich überhaupt dort war.

Am Morgen, bevor Jane, Arwen und Bethany mich abholen wollten, weinte ich bittere Tränen, weil Ian mich nicht begleiten, ja nicht einmal aus seinem Bett aufstehen konnte. Ich weinte, weil es nicht fair war, dass ich diese Konferenz erleben konnte und er nicht. Noch im Jahr zuvor hatte er voller Tatendrang gesteckt. Und jetzt waren ihm all die Fähigkeiten, die ihn ausgemacht hatten, genommen worden – seine verrückten Einfälle, seine manchmal etwas derbe Ehrlichkeit, seine Geselligkeit, sein Sprachwitz, seine Führungsqualitäten. Ich wünschte mir so sehr, dass er wieder heil wäre. Ich wünschte mir, dass diese sieben harten Monate im Krankenhaus, die wir gemeinsam durchgestanden hatten, sich für irgendetwas „gelohnt" hatten.

„Rebekah, ich möchte dir diese Karte geben, die ich in Ians Bibel gefunden habe", sagte ich zu Ians Cousine aus New Orleans, als ich sie während einer Pause im Foyer traf. Die Karte war in der Mitte gefaltet und hatte zwischen den Seiten seiner Bibel gesteckt. Er hatte den Vers selbst aufgeschrieben:

Wen habe ich im Himmel außer dir? Du bist mir wichtiger als alles andere auf der Erde. Bin ich auch krank und völlig geschwächt, bleibt Gott der Trost meines Herzens, er gehört mir für immer und ewig.

(Psalm 73,25-26; NLB)

Zu Hause rahmte Rebekah die Karte ein und hängte sie als ständige Erinnerung an ihre Wand.

Zu den verschiedenen Seminaren und Veranstaltungen nahm ich Ians Bibel mit. Ich presste sie fest an mich wie ein Schutzschild, wenn ich Leuten begegnete, die sich nach ihm erkundigten, Leute, die ich überhaupt erst durch ihn kennengelernt hatte.

„Wie geht es Ian?"

„Wir beten für euch."

„Ians Geschichte hat uns viel Mut gemacht. Wir glauben, dass Gott ihm auch weiterhin Heilung schenken wird."

Neuer Kummer erwischte mich kalt. Wie gern hätte ich diese Hoffnungen geteilt, doch meine Traurigkeit war so groß, dass ich kaum in der Lage war, auf die Liebe und Anteilnahme, die mir entgegengebracht wurde, angemessen zu reagieren. Mehr als ein aufgesetztes Lächeln brachte ich nicht zustande. Nach den Seminaren zog ich mich in mein Hotelzimmer zurück und legte mich ins Bett. Die spätabendlichen Konzerte besuchte ich nicht, mied auch die Gesellschaft der anderen jungen Leute. Ich schaffte es immer nur eine gewisse Zeit lang, nette Gespräche zu führen und so zu tun, als ginge es mir gut. Ja, in meinem Inneren wusste ich immer noch, dass Gott da war und uns liebte. Aber der Verlust war so schmerzhaft und unverdrängbar wie eine große offene Wunde.

Und dann wurde es mir klar: Es war ein Fehler gewesen herzukommen. Ich hatte mich zu dieser Konferenz angemeldet, weil ich irgendwie das Gefühl gehabt hatte, nicht hinzugehen sei feige. Ich hatte mir in leichter Selbstüberschätzung vorgenommen, anderen ein gutes Beispiel dafür zu sein, wie man mit leidvollen Erfahrungen umgehen kann. Und ich hatte wohl auch gehofft, dass etwas Normales zu tun mir dabei helfen würde, mich wieder normaler zu fühlen. Doch das war alles nach hinten losgegangen. Ich merkte, dass ich mich in meinen Trauerkokon zurückzog und dass das alles vielleicht einfach viel zu viel für mich war.

Ians Vater Steve und ich hatten bereits beschlossen, die ganze Geschichte mit Ian öffentlich zu machen. Durch die Informationen, die wir in dem Blog preisgaben, machten wir uns verletzlich. Wir bekamen mit, dass unsere Veröffentlichungen Wirkung zeigten, dass Gott bei den Lesern des Blogs Dinge tat, von denen wir nur teilweise je erfuhren. Allerdings setzte das Ganze uns auch unter einen gewissen Druck. Es dauerte eine Weile, bis ich begriff, dass Gott zwar unsere Erfahrung und auch die öffentliche Auseinandersetzung damit tatsächlich benutzte, um Menschen zu berühren, aber dass das nicht bedeutete, dass ich nun deshalb irgendeine Art von Performance abliefern oder einen guten Eindruck erwecken musste. Ganz im Gegenteil – Gott würde niemals über mich oder Steve hinweggehen, nur um jemand anderem etwas zu vermitteln. Ihm ging es die ganze Zeit um mich und meine Heilung. Ständig machte er mir kleine Geschenke, ließ mich seine Nähe spüren … auch wenn ich das nicht immer wahrnahm.

„Wenn nur ein Mensch zu Gott findet, wenn nur eine Ehe gerettet wird, dann hat sich das alles gelohnt." So lautete unser Mantra. Und das war auch unsere tiefste Überzeugung. Als Devon im Krankenhaus vermeintlich mit ansehen musste, wie sein Bruder starb, hatte er sich Jesus zugewendet, und auch in vielen anderen Dingen und Begegnungen erlebten wir, dass Gott tatsächlich am Werk war.

Doch ich sah vor allem den Verlust, das Opfer, und oft merkte ich nicht, dass Gott auch für mich sorgte. In ihm war die Fülle aller guten Gaben, ich brauchte nur die Hand danach auszustrecken und sein Gewand zu berühren. Er erwartete gar nicht von mir, dass ich immer nur funktionierte und Dinge von mir preisgab, ohne mir die Kraft dazu zu schenken. Tatsächlich verbrauchte ich unheimlich viel Energie damit, die vermeintlichen Erwartungen anderer Menschen an mich zu erfüllen, die aber niemand an mich gestellt hatte – schon gar nicht Gott. Auch meine Entscheidung, an dieser Konferenz teilzunehmen, war so einem Trugschluss geschuldet.

Gott allein war es, der mich durch dies alles durchbrachte.

Ein Patient mit einer Gehirnverletzung lebt weiter, doch sein Leben hat sich von Grund auf verändert. Wir Christen glauben, dass wir nach unserem Tod sofort bei Jesus sind – soweit ein Mensch sich so etwas überhaupt vorstellen kann. Und dieser Glaube hilft uns, einen Abschluss zu finden. Wir glauben, dass die Seele des Verstorbenen im Himmel und bei Gott ist, an dem Ort, der unsere wahre Bestimmung ist.

Aber bei Ian gab es diese Art von tröstlichem Abschluss für mich nicht. Vielmehr quälte mich immer wieder die Frage, wo Ian jetzt wohl war, der Ian, in den ich mich verliebt hatte. Ich fragte mich, ob der Teil seines Gehirn, der für seine typische Geste verantwortlich war, den Kopf in den Nacken zu werfen und sich den Bauch vor Lachen zu halten, wohl irreparabel geschädigt war. Ich fragte mich, welcher neurologische Pfad ihn fähig machte zu laufen, und wohin dieser Pfad jetzt führte und was er anderswo als an Ort und Stelle in Ians Gehirn zu suchen hatte.

Und dann, eines Tages, flackerte mitten in den langsamen Fortschritten, die Ian machte, und den endlosen Fragen meines wunden Herzens ein neuer Hoffnungsschimmer auf.

Zum ersten Mal seit acht Monaten legte Ian seine Arme um mich.

Ich hatte ihn schon häufiger umarmt, aber das waren oberflächliche Berührungen gewesen, nicht die Art, in der tiefe Intimität liegt. Immer verhinderte ein Kissen oder ein Rollstuhl, dass ich meine Arme ganz um ihn und statt nur um seine Schultern oder seinen Hals legen konnte.

Steve hatte einen Therapietisch gebaut, der in der Ecke von Ians Zimmer seinen Platz gefunden hatte. Er war mit einer dicken Auflage gepolstert, die allerdings härter war als seine Matratze. An der Wand angeschraubt waren Kunststoffrohre zum Festhalten. Ians Fähigkeit, seinen Rumpf aufrecht und stabil zu halten, war noch immer sehr schwach. Auf diesem Therapietisch sollte er trainieren, sich aufzusetzen und dann aufrecht sitzen zu bleiben. Die jeweils diensthabende Pflegekraft und Steve arbeiteten jeden Abend mit Ian daran, führten seine Hand zu dem Griff und korrigierten seine Haltung, wenn sein Oberkörper sich zu einer Seite neigte. Nach den Monaten im Krankenhaus waren seine Muskeln atrophiert und sein Gehirn musste wieder neu lernen, sie anzusteuern und zu bedienen. Für uns alle war es ein großer Grund zum Jubeln, als er es schaffte, sich mithilfe des Griffs aufzusetzen und das Gleichgewicht zu halten. Dreißig Sekunden lang.

Am 9. Juni, einem Samstag, kam ich kurz vor Ende des Trainings in Ians Zimmer, und ich fragte Steve, ob ich Ian umarmen dürfte – endlich einmal ohne störende Polster oder Lehnen.

Ich kniete mich vor ihn hin. Und sofort streckte er den rechten Arm aus, berührte mein linkes Handgelenk und strich über meine Haut bis hoch zu meiner Schulter. Dann legte er den Arm um meinen Rücken und zog mich an sich. Den Kopf legte er in meine Halsbeuge, so wie er es früher gern getan hatte. Ich hatte den Eindruck, dass er genau wusste, was er tat. In diesem Augenblick begann mein Herz vor Freude schneller zu schlagen, ein Gefühl, das ich schon beinahe vergessen hatte.

Von da an wartete ich jeden Abend auf meine Umarmung. Wenn Ian sein anstrengendes Sitztraining absolviert hatte, wurde ich in sein Zimmer gerufen. Ich sagte Verabredungen ab und verschob Termine, nur damit ich jeden Abend da sein und auf keinen Fall eines von diesen greifbaren Zeichen seiner Zuneigung verpassen würde.

Schon bald griff er über seinen Körper hinweg nach meiner Hand, wann immer ich in seiner Nähe war. Erst als er das zum ersten Mal vor einer Physiotherapeutin tat, wurde mir klar, dass das ein großer Fortschritt war. Die Therapeutin brach vor Freude in Tränen aus, denn sie hatte sich seit Wochen abgemüht, um ihn genau dazu zu bringen, ohne zu wissen, dass er es längst konnte!

Obwohl er sich immer noch in einem nur halb bewussten Zwischenzustand befand, streckte Ian immer wieder die Hand nach mir aus und berührte sogar manchmal mein Gesicht. Mit seinem Blinzeln kommunizierte er mit mir. Durch seine Umarmungen zeigte er mir, dass ich ihm wichtig war. Gott schenkte uns diese Augenblicke der Zärtlichkeit und Liebe, nach einer langen Zeit, in der ich diese Liebe nicht mehr gespürt hatte. Ian zeigte mir ohne Worte, wie viel ich ihm bedeutete.

Es ist unser dritter Valentinstag als Ehepaar und der erste Tag seit langer Zeit, an dem ich wirklich glücklich mit ihm und in unserer Ehe bin. Ich kann mein Lächeln nicht zurückhalten, als ich abends vor dem Einschlafen seine nackte Schulter streichele, und ich sehe ihm in die Augen wie damals, als wir noch nicht verheiratet waren.

„Ich bin so glücklich, Ian. Heute Abend bin ich durch und durch glücklich. Kannst du dir vorstellen, wie es im Himmel sein wird, wenn wir vollkommene Freude erleben werden?“

„Ich kann's kaum erwarten, das mit dir zu teilen.“

Ich stutze, und ein Lächeln umspielt meine Lippen. Er liebt mich so sehr, dass er die Freude des Himmels mit mir erleben will. Er freut sich darauf, dass wir gemeinsam endlich ganz zu Hause, ganz wir selbst und ganz bei Jesus sind, in der Fülle, die er uns versprochen hat. Er wünscht sich das so sehr für mich, dass es mich anspornt.

Er hat tiefere Liebe für mich, als ich ihm entgegenbringe. Doch ihn stört das nicht.

Am 21. Juni 2007 wurde getestet, ob Ian etwas angedickte Flüssignahrung schlucken konnte. Das ging wunderbar, was bedeutete, dass er neben der künstlichen Ernährung durch die Magensonde auch langsam wieder Nahrung durch den Mund aufnehmen konnte. Zur Feier des Tages bekam er eine Tasse Kaffee, die erste seit neun Monaten.

Einige Tage nach dem Schlucktest saß er zum ersten Mal wieder in einem „normalen“ Sessel, einem Ohrensessel in seinem

Zimmer. Um ihn hineinzuhieven, brauchten wir den Hoyer-Lift, aber für mich war es ein Fest, ihn in einem Sessel sitzen zu sehen, ohne medizinische Hilfsmittel, ohne Sicherheitsgurt wie in seinem Rollstuhl, ohne Brustgurte, die ihn aufrecht hielten. Das war einfach nur Ian, der in einem Sessel saß.

Es war herrlich!

Mittlerweile kommunizierte er durch Nicken und Kopfschütteln mit uns, nicht mehr durch Blinzeln, und das war ein großer Fortschritt. So war es viel leichter zu erkennen, was er wollte und nicht wollte. Als Steve es zum ersten Mal miterlebte, war er fassungslos. Wir hatten ihm zwar davon erzählt, dass Ian das jetzt konnte, doch selbst gesehen hatte er es noch nicht.

Eines Abends half Steve Ian ins Bett und fragte ihn, ob er ein Kissen wolle, und Ian schüttelte ganz deutlich den Kopf. Wir nahmen immer neue positive Veränderungen wahr und dankten Gott auch für die scheinbar kleinsten Dinge.

In unserem Blog schrieb Steve: „Wenn ich abends von der Arbeit nach Hause komme, setze ich mich zu ihm, und er dreht seinen Kopf zu mir und schaut mich an. Wenn ich bedenke, wo er noch vor Kurzem war, dann ist es wirklich unglaublich, welche Fortschritte er gemacht hat."

Ungeachtet dieser Fortschritte – dass er Flüssiges schlucken, sich immer besser aufsetzen und ausbalancieren und nicken und den Kopf schütteln konnte –, nahmen wir bei ihm aber auch eine gewisse Entmutigung wahr. Seine Therapeuten und Ärzte beruhigten uns und erklärten, dass sei normal. Je mehr die Patienten sich ihrer selbst wieder bewusster werden, desto deutlicher erkennen sie natürlich auch ihre Einschränkungen. Sie sehen die riesigen Herausforderungen, denen sie sich stellen müssten. Viele Patienten entwickelten eine Depression, sobald sich der Nebel ihres Komas lichtet und sie den eingeschränkten Körper darunter wahrnehmen.

Ians Entmutigung färbte auf mich ab. Ich konnte nichts dagegen tun, so sehr ich das auch wollte. Wieder fühlte ich mich nutzlos, weil ich Ian nicht richtig helfen oder ihm einen Teil seiner Last abnehmen konnte. Mir blieb nur, für ihn da zu sein und zu beten, aber manchmal hatte ich das Gefühl, dass das nicht reichte. Es verschaffte ihm keine sichtbare oder greifbare Besserung.

Ian hatte sich bis dicht an die Oberfläche des Komas hochgearbeitet und war kurz davor, wieder mit uns reden zu können. Wir warteten und hofften alle, dass er bald wieder richtig bei uns sein würde. Und auch wenn das Warten, wie wir wussten, gut und notwendig war, wie das Heranwachsen eines Kindes im Mutterleib, war es für uns doch schwer auszuhalten. Wir waren gezwungen zu lernen, dass im geschützten Warteraum des Lebens Schönheit und Charakterstärke wachsen.

Der Spätsommer des Jahres 2007 verlief wegen des Tages im September, der ihr Leben aus der Bahn geworfen hatte, bei den Murphys ganz anders als in den vergangenen Jahren. Doch davon unberührt rollte die Zeit für den jährlichen Familienurlaub am See in Virginia heran. Und komme was wolle, sie hatten vor, ihn auch in diesem Jahr zu machen.

Und zwar mit Ian.

Zum ersten Mal in seinen 22 Lebensjahren würde er nicht mit seinen Cousinen und Cousins in den See springen oder bis tief in die Nacht Filme anschauen. Aber wir hofften, dass die vertraute Umgebung, die Familie und die fröhlichen Geräusche in seinem Geist etwas auslösten.

Ich selbst würde diesen Urlaub zum zweiten Mal miterleben, doch die Vorstellung, mit diesem veränderten Ian zu fahren und nicht mit dem, den ich im vergangenen Jahr so ausgelassen und fröhlich erlebt hatte, gefiel mir gar nicht. Andererseits war die Vorstellung, zu Hause zu bleiben, noch weitaus unerträglicher. Ich hoffte von Herzen, dass alles gut gehen würde. Und dass alle wenigstens etwas von dem erleben könnten, das dieses lang ersehnte Ereignis so besonders machte.

Diese Reise war aufwändiger als eine Hollywoodfilmproduktion. Ians Bett, der Hoyer-Lift und Tonnen von Medikamenten mussten mitgenommen werden. Steve fuhr schon voraus und baute eine Rampe ans Haus. Und obwohl es schwierig sein würde, Ian in dem Haus, das nicht rollstuhlgerecht eingerichtet war, zu versorgen, war es doch ein Ort, der Erinnerungen in sich barg, die für Ian so wertvoll waren, dass sich der Aufwand lohnte. Ians Cousinen und Cousins konnten ihm Gesellschaft leisten und mit ihm reden. Wir alle konnten miteinander lachen und die Gemeinschaft genießen, auf die Ian sich immer so freute. Er liebte diese beiden Wochen am See heiß und innig. Und mich beeindruckte der Geist in dieser Familie, die ihm diesen Urlaub ermöglichte.

Nach unserer Rückkehr bekam Ian eine Pilzinfektion im Mund- und Rachenraum, die ihn den Rest des Sommers quälte. Sie machte das Schlucken für ihn unglaublich schmerzhaft, was bedeutete, dass die Fortschritte, die er beim Schlucken von weichen Nahrungsmitteln wie Apfelmus und Pudding gemacht hatte, wieder zum Stillstand kamen.

Auf Schmerzen oder Unwohlsein reagierte er mit Rückzug in den Schlaf, oder zumindest *tat* er so, als würde er schlafen. Wenn er die Augen geschlossen hatte, versuchte niemand, ein Gespräch mit ihm zu beginnen oder Dinge von ihm zu verlangen. Häufig fand ich ihn mit geschlossenen Augen in seinem Bett liegend vor, aber er schlief nicht wirklich, sondern er wollte nur seine Ruhe haben. Es war schlimm, seine Hilflosigkeit angesichts der Schmerzen und seine Fluchtversuche mit anzusehen.

Trotzdem, er kämpfte weiter. An einem Tag sah Steve, dass Ian auf seinen Magen deutete, und ihm wurde klar, dass die Zeit, zu der Ian normalerweise sein Mittagessen bekam, bereits um zwei Stunden überschritten war.

Doch auf das, was wir am 17. September entdeckten, waren wir in keiner Weise vorbereitet.

Ian konnte lesen!

Die normale Ordnung in seinem Gehirn war gewaltig durcheinandergeschüttelt worden wie der Schnee in einer Schneekugel, aber seine Sprachfähigkeit war nach wie vor intakt. Diese Entdeckung war eine Riesenerleichterung und half uns, den Ian wieder zum Vorschein zu bringen, der die ganze Zeit da gewesen war, so wie wir es gehofft hatten. Dass er lesen konnte, bedeutete, dass sein Geist noch intakt war, dass er nicht auf den Stand eines Fünfjährigen zurückgefallen war, wie ich insgeheim manchmal befürchtet hatte. Dass er lesen konnte, bedeutete, dass wir wieder richtig miteinander kommunizieren konnten, dass wir nicht mehr den umständlichen Weg über Augenzwinkern und Ja-Nein-Fragen zu gehen brauchten. Es bedeutete, dass der Mann, für den wir gebetet hatten, tatsächlich noch existierte und nicht nur eine ferne Hoffnung war.

Ians Therapeuten bauten eine kleine Tafel auf, an die Zettel angeheftet werden konnten. Zum Beispiel schrieben wir meinen und Lydias Namen auf ein Blatt und forderten ihn auf, auf den Namen seiner Schwester zu deuten. Oder wir schrieben die Titel von zwei Sitcoms auf und nannten ihm Namen der Darsteller, die er dann den Sendungen zuordnen sollte – und auch konnte!

Auf der Intensivstation hatten uns die Ärzte über die unglaublichen Fähigkeiten des menschlichen Gehirns aufgeklärt. Besonders faszinierte mich der Begriff der „Plastizität“ und der Regenerationsfähigkeit. Das Gehirn ist in der Lage, zerstörte Anteile von anderen übernehmen zu lassen, Nervenbahnen neu zu bilden, sich komplett anders zu organisieren und sozusagen „neu zu starten“. Fähigkeiten, die einmal verloren waren, können also wieder zurückkehren. Die unmittelbar in der Umgebung der geschädigten Bereiche liegenden gesunden Teile des Gehirns sind in der Lage, deren Funktionen zu übernehmen, die vorher nicht zu ihrem Aufgabenbereich gehörten. Ich verstand nicht alles, was man uns erklärte, aber ich stöberte viel im Internet und las mir immer mehr Wissen an. Eins war auf jeden Fall klar: Es gab Grund zu der Hoffnung, dass Ian wieder lernen könnte, was wir bereits verloren geglaubt hatten. Und seine Fähigkeit zu lesen war ein unglaublicher erster Schritt, der unendliche Ausbaumöglichkeiten bot.

Ein paar Tage später wagte ich ein Experiment. Ich schrieb die Namen von zwei Restaurants auf und fragte ihn, in welches er mich bei unserer ersten Verabredung zum Essen ausgeführt hatte.

Er deutete auf das richtige.

Die Erinnerung an jenen Abend war also noch da, redete ich mir ein. Oder wenn er sich nicht mehr erinnern konnte, hatte er zumindest einschätzen können, welches Restaurant er für einen besonderen Abend wählen würde. Natürlich immer vorausgesetzt, es war kein Zufallstreffer. Wie auch immer, es war ein gutes Zeichen. Gott hatte uns wieder einmal gezeigt, dass er da war.

Der Jahrestag dieses entsetzlichen Samstags, der durch kreischende Bremsen, Telefonanrufe, Schrecken und Entsetzen unser aller Leben zu einem Horrorfilm werden ließ, rückte näher. Diese Tage überstand ich im Gebet. Häufig saß ich an Ians Bett und sah ihm beim Schlafen zu. Ich betete, während meine Hände über die tiefen Einbuchtungen in seinem Schädel strichen, wo Knochen entfernt worden waren, um den Druck zu mildern und die zerstörten Teile seines Gehirns zu entfernen. Ich ertastete die kleine Erhebung unter seiner Kopfhaut, wo der Shunt saß, und folgte dem Verlauf des Schlauchs bis in seinen Nacken. Er bildete eine künstliche Vene von einer Stelle unterhalb seines Ohres bis in seine Brust.

Es war alles so … surreal. Immer noch.

Wenn ich ihn in seinem Bett mit dem Metallgitter liegen

sah, muss ich zugeben, dass ich mich manchmal gefragt habe, warum Gott ihn hat überleben lassen. Der Tod – oder vielmehr die Erleichterung, die der Tod ihm gebracht hätte –, erschien mir manchmal besser als das Leben mit dieser Gehirnverletzung. Denn auch wenn ich mir immer noch wünschte, eines Tages seine Frau zu sein, wünschte ich ihm doch noch viel mehr, dass es ihm gut ging. Ich wünschte ihm, dass er nicht mehr hilflos unter dem braunen Deckenventilator zu liegen brauchte, sondern dass der Himmel ihm offenstand, wo er frei und gesund und glücklich wäre. Gott wusste doch, dass Ian nur einen Atemhauch trennte von der Vollendung bei ihm im Himmel. Wieso sollte er seinem Kind das vorenthalten und ihm stattdessen ein mühsames Leben auf der Erde zumuten?

Doch Gott war immer noch Gott, und ich konnte seine Gedanken nicht nachvollziehen. Und ganz offensichtlich gab es einen guten Grund, warum er Ian den Himmel noch vorenthielt. Gott sah das ganze Bild und wusste, dass dies noch nicht das Ende war (und das würde er uns nach und nach offenbaren). Eines Tages würde Ian wieder spüren, wie das Leben durch seine Arme floss und in seinen Beinen pulsierte, die er im Augenblick noch nicht gebrauchen konnte. Gott selbst würde Ian die Kraft schenken, ihn durchdringen und heil machen.

Oft dachte ich, dass es mich mit tiefem Frieden erfüllen würde, wenn Ian diesen armen, zerschundenen Körper verlassen könnte, wenn er neu gemacht und davongetragen würde. Ich hätte getrauert und gelitten, aber ich hätte ihm so gewünscht, endlich dem Schmerz zu entfliehen.

Doch Gott ließ ihn hier auf der Erde. Und wir beteten, dass Gottes Wille geschehen möge – im Himmel wie auf Erden. Anscheinend hatte er noch etwas mit ihm vor, und ich musste es ertragen, meinen Ian zu vermissen und zu sehen, wie er hilflos in einem Schwebezustand dahinvegetierte.

Warum sind wir dann noch hier? Wollte Gott etwa Seine geliebten Kinder auch nur einen einzigen Augenblick länger als notwendig von Seinem Paradies fernhalten? Warum steht das Heer des lebendigen Gottes noch auf dem Schlachtfeld, wenn ein einziger Angriff Ihm den Sieg verleihen könnte? Warum irren Seine Kinder noch immer im Irrgarten hin und her, während sie ein einziges Wort aus Seinem Mund mitten in das ersehnte Land der Verheißung im Himmel versetzen könnte? Die Antwort lautet: Sie sind hier, damit sie „dem Herrn leben" und auch andere mit Seiner Liebe bekannt machen. Wir bleiben auf Erden als Sämänner, die guten Samen streuen, als Ackerleute, die das Brachfeld pflügen, und als Heilsboten, die Frieden und Heil verkündigen. Wir sind hier als das „Salz der Erde" (Matthäus 5,13), um der Welt zum Segen zu werden.

Charles Spurgeon, *Morgen und Abend*, 10. Juni morgens

Kapitel 8

Der September ging in den Oktober mit seinem Schmuddelwetter über. Das Gras war nur noch an manchen Stellen grün, der Rest braun oder gelb. Die Bäume hatten ihre Blätter abgeworfen, und nur noch kahle Äste ragten in den Himmel. Bald würde sich der Schnee auf diese kahlen Äste legen, und die Kälte hasste ich zwar, aber den Anblick von frisch gefallenem Schnee liebte ich.

Ein passendes Bild für unser Leben. Alles schien so gut zu laufen. Am 29. September 2006 hatte ich den Abend mit Ians Familie und seinen Großeltern verbracht. Am 30. September fanden wir uns im Krankenhaus wieder, und ganz unerwartet hatte sich alles von Grund auf verändert. Es war nicht mehr so schön – oder anders gesagt, man musste die Schönheit darin erst suchen und finden.

Am liebsten wäre es mir gewesen, wenn alles einfach vorbei gewesen wäre. Aber so kam es nicht. Gott hatte noch einiges für uns in petto. Eines Tages würde unser Leben wieder schön sein, daran glaubte ich ganz fest. Eines Tages würde die Zeit der Traurigkeit vorbei sein. „Doch ich vertraue fest darauf", heißt es im Psalm 27, Vers 13, „dass ich noch sehen werde, wie gut Gott ist, solange ich lebe!"

Aber wie würde unser Leben im Jahr 2 nach dem Unfall aussehen?

Dass Pflegekräfte in unserem Heim aus- und eingehen und ich bei Ians Pflege andere um Rat und Hilfe bitten muss, fällt mir schwer, selbst heute noch. Aber im zweiten Jahr nach dem Unfall empfand ich großen Zorn darüber, dass Ian und ich keinerlei Intimsphäre mehr hatten und nur selten allein sein konnten. Ich wusste nicht, wie ich mit diesem Zorn umgehen sollte oder damit, wie er sich auf die anderen auswirkte.

Ich war zornig, weil Ian keine eigenständigen Entscheidungen mehr treffen konnte und wir nach Gutdünken für ihn entscheiden mussten. Aber ich ärgerte mich auch, wenn andere Menschen glaubten, sie wüssten besser als ich, was in Ian vorging. Ich war zornig, wenn sie zum Beispiel annahmen, dass er vier Stunden lang allein in seinem Zimmer verbringen wollte, ohne Gesellschaft und ohne Ablenkung. Natürlich auch ohne mich.

Aber viel mehr als Annahmen hatten wir eben nicht. Und wir alle projizierten in gewisser Weise unsere eigenen Vorstellungen auf ihn. Mein größter Wunsch war es, bei Ian zu sein. Und daher nahm ich an, dass er seinerseits auch am liebsten mit mir zusammen war.

Vor dem Unfall war es Ian immer gelungen, mich zum Lachen zu bringen, wenn ich wütend war, eine seltene Fähigkeit, die mit seinem speziellen Humor zusammenhing. Selbst wenn ich böse auf ihn war, brauchte er mich nur mit einem gewissen Blick anzusehen oder eine bestimmte Geste zu machen, und ich schmolz dahin. Ich konnte sogar nicht mal mehr so *tun*, als wäre ich sauer, weil er mich sofort durchschaute und genau wusste, wie er mich zum Lachen bringen konnte.

Doch während dieser mühsamen, stillen Jahre, in denen er keine Stimme hatte, keine Mimik und keine Kontrolle über seinen Körper, konnte er mich nicht aufheitern. Wenn ich an seinem Bett saß und ihm sagte, womit ich zu kämpfen hatte, schüttete ich einer reglosen Gestalt mit geschlossenen Augen mein Herz aus. Ich redete mit einem Mann, der all seine Kraft aufwenden musste, um ein paar Minuten am Stück wach zu sein. In seiner Gegenwart konnte ich meine Sünden laut aussprechen, und auch wenn Gott niemals schläft, mein Gegenüber tat es.

Und so saß ich da mit meinem Zorn am Bett eines schweigenden Mannes. Und der Verlust drang so tief in mein Innerstes ein, dass selbst die Probleme, die absolut nichts mit Ian zu tun hatten, mich immer trauriger und zorniger machten, einen traurigen Tag ohne ihn nach dem anderen.

16. Oktober 2007

Ich bin ganz klar die bösartigste, mieseste Person, die es auf der Welt gibt. Was ich auch tue, mein Schatz, es ist eingefärbt mit Selbstsucht. Und leider lasse ich mir davon den Mut rauben, anstatt dass es mich näher zu Gott treibt. Ich hasse diese Prüfung und meine eigene Schwäche, die ich dadurch erkenne. Doch vielleicht lässt mich Gott das alles erleben, weil genau das meine Schwachstellen sind, an denen ich arbeiten muss. Ich wünschte nur, ich hätte ein sonniges Gemüt, das immer nur das Beste von den Menschen annimmt und erwartet. Doch leider ist das Gegenteil der Fall. Und vor allem anderen drehe ich mich immer um mich selbst.

Ich war verzweifelt (ein leider nur allzu bekannter Gast), weil ich befürchtete, Gott hätte Ian mit mir die falsche Frau an die Seite gestellt. Ein Mädchen mit einem sanfteren Wesen würde das alles sicher viel besser meistern als ich. Wenn ich liebevoller wäre, würde ich besser für Ian sorgen und nicht so viel Zorn auf die Pflegekräfte und Ians Eltern empfinden, weil sie etwas tun durften, das mir versagt war. Wenn ich nur sanfter und ruhiger wäre, wenn, wenn, wenn.

Wenn ich nur sein könnte wie Jane Bennett aus Jane Austens Roman, und mich Ian gegenüber so verhalten könnte, wie sie Mr Bingley begegnete, dann wäre alles viel besser, auch hier in meiner nicht-viktorianischen Zeit, oder zumindest in Ians Welt. Jane Austen hat mit Jane Bennett eine fiktive Gestalt erschaffen, die immer ruhig und gelassen war und Schwierigkeiten aushalten konnte, ohne die Geduld zu verlieren. Sie besaß eine sanfte, gleichzeitig aber durchsetzungsstarke Persönlichkeit, anders als ihre Schwester Lizzy. Die beiden erinnerten mich immer an mich und meine ältere Schwester Lisa, die immer vernünftig war und meinen Eltern nie Sorgen gemacht hat, nicht mal in ihrer Teenagerzeit.

Ich dagegen schon.

Oft.

Und mir fiel es oft schwer, mich zu beherrschen.

„Du kannst sehr gut austeilen, aber nicht einstecken", wurde mir während meiner Kindheit oft vorgehalten, vor allem von meinem Bruder.

„Du musst immer das letzte Wort haben."

„Du hörst dich selbst so gern reden. Vielleicht solltest du Rechtsanwältin werden, dann kannst du beruflich Leute in Grund und Boden diskutieren."

„Kannst du mich bitte nicht immer schon gleich nach dem Aufstehen anschnauzen?"

Ich bin wohl schon mit dem Bedürfnis auf die Welt gekommen, für mich selbst einzutreten und meine Meinung kundzutun, ob sie nun richtig oder falsch ist. Meistens liege ich falsch. Schon in der Schulzeit habe ich einigen Wirbel verursacht, weil ich vermeintliche Ungerechtigkeiten angeprangert und mich in Sachen eingemischt habe, die mich gar nichts angingen.

Die Dinge, für die ich mich einsetzte, waren jedoch häufig alles andere als edel, und nicht selten bekam ich Ärger. Es war nicht so, dass ich es darauf anlegte, eine Unruhestifterin zu sein, aber mir lag viel an „Gerechtigkeit"; ein Begriff, der von einer Vierzehnjährigen manchmal ganz anders definiert wird als von ihren Eltern.

Der kleine Ian Murphy dagegen kämpfte sich auf der anderen Seite des großen Staates Pennsylvania mit Sarkasmus und Witz durchs Leben, wovon ich natürlich nichts wusste. Genau wie ich war er morgens schlecht gelaunt, und sein Dickkopf suchte seinesgleichen. Da er selbstkritischer war als ich, ging er aber zumindest hinterher hin und entschuldigte sich bei den Leuten. „War ich heute Morgen unfreundlich? Ich erinnere mich zwar nicht mehr daran, aber wenn, dann tut es mir leid."

Die Szenen in den von unseren Eltern gedrehten Filmen aus der Kindheit waren bei uns beiden ganz ähnlich, was mir beinahe schon unheimlich vorkam, wo wir doch so weit voneinander entfernt lebten und uns nicht einmal kannten. Wenn man Videoclips von uns zusammenschneiden würde, könnte man denken, wir seien Zwillinge, die bei der Geburt getrennt wurden, mit einem Altersunterschied von einem Monat und 200 Meilen voneinander entfernt, denn wir beide hüpften die meiste Zeit vor der Kamera herum und bettelten um Aufmerksamkeit.

Ians filmische Bemühungen verfeinerten sich irgendwann, wandten sich Passionsspielen und der Nachstellung von Bürgerkriegsszenen mit David zu, während ich einfach nur in Lisas Ballettröckchen auf dem Wohnzimmerteppich herumtanzte und meine taillenlangen Haare kaum mit meinen Verrenkungen mithalten konnten. Ians bester Freund war der reinste Starregisseur, und sie verfeinerten gemeinsam ihre Fähigkeiten, filmten immer kühnere Szenen und verlangten von Ians jüngeren Geschwistern fünf Cent, wenn sie sich ihre neuesten Produktionen anschauen wollten. Ich hatte nur eine stille, sanfte ältere Schwester, die lieber Klavier oder Flöte spielte, und meinen älteren Bruder, der am liebsten auf der Farm unseres Onkels den Stall ausmistete. Mit ihnen war keine kreative Zusammenarbeit möglich.

„Sie hat Feuer in den Augen", sagte meine Tante Connie, als sie nur wenige Monate nach meiner Geburt einmal einen Nachmittag auf mich aufpasste. Diese Bemerkung war in meinem Babybuch festgehalten, das ich mir während meiner Kindheit häufig anschaute. Meine Mutter bewahrte es auf ihrem Bücherregal auf und musste es mir immer wieder herunterholen. Ich weiß nicht, was meine Tante in diesen Babyaugen gesehen hatte, doch im Laufe der Jahre, als ich diese Worte immer wieder las, fragte ich mich doch, was sie wohl bedeuteten.

Nachdem ich also schon von klein auf recht vorwitzig gewesen war, hatte ich wenig Hoffnung, jemals nett und sanftmütig zu werden. Aber um Ian besser unterstützen zu können, schien ich exakt diese Eigenschaften entwickeln zu müssen. Immer war ich viel zu schnell dabei, zurückzuschlagen, vergaß oft, meinen Tonfall zu mäßigen und konnte den Mund nicht halten. Soweit meine Selbstanalyse. Wenn ich liebevoller wäre, wäre das sicher besser für Ian.

„Bitte schenk mir ein liebevolles Herz, Gott", betete ich. „Hilf mir, sanfter zu sein." Dabei war mir nicht bewusst, dass sich Sanftheit nicht unbedingt in Schweigen äußern muss.

„Aber dein Temperament ist doch gerade das, was er an dir liebt", hatte Tonya, meine College-Vizemutter, einmal zu mir gesagt, an einem Abend noch vor dem Unfall, damals, als meine größte Sorge noch die Frage war, was ich zu einer Verabredung tragen sollte. Schon damals kämpfte ich gegen mein aufbrausendes Temperament an. Doch Tonya erinnerte mich daran, dass Ian sich für mich entschieden hatte, nicht für ein schüchternes, stilles Mädchen.

Nicht bewusst war mir allerdings, dass *sanft* und *still* genauso wenig zusammengehörten wie *heißblütig* und *gefühlskalt*. Was ich noch nicht richtig glauben konnte, war, dass Gott genau diese Charakterzüge in mir angelegt hatte, weil sie das waren, was Ian brauchte. Und mit diesen Charakterzügen, mit denen Gott mich geschaffen hatte, und mit der verfeinernden Wirkung der Jahre würde ich meinen Ehepartner bestmöglich unterstützen.

Doch bislang quälte ich mich mit meinen verschrobenen Vorstellungen davon, wie eine gottgefällige Frau zu sein hätte. Wenn diese Bilder in meinem Kopf stimmten, dann konnte ich doch wohl nicht behaupten, ich sei Christin, und gleichzeitig aggressive Gefühle gegenüber Ians Pflegern hegen. Ich konnte als sanftes Täubchen nicht der Einschätzung des Therapeuten von Ians Fortschritten widersprechen. Mein Temperament musste angesichts der Tragödie ganz eindeutig gezügelt werden.

Ian hätte dem nicht zugestimmt. Wie Tonya richtig bemerkte, wollte er kein schüchternes und zurückhaltendes Mädchen an seiner Seite. Seine dominante Persönlichkeit hätte so eine junge Frau plattgewalzt, lange bevor der Geländewagen ihn überfuhr.

In jenem Winter schlug ich mich mit Schuldgefühlen herum. Sie wurden übermächtig, drangen unter meiner Tür hindurch in mein Zimmer, legten sich schwer auf mich und redeten mir ein, Ian brauche mehr, verdiene mehr, als ich ihm geben könnte. Sie schlangen ihre Finger um meinen Hals und flüsterten mir ein, Ian brauche mehr Therapien, mehr Zeit mit seiner Bibel, mehr Fürsprache.

Nun, ich hatte kein Interesse daran, stundenlang im Netz nach neuen Therapieansätzen oder Hilfsmitteln oder Zusatzstoffen zu suchen, die Ian weiterbringen könnten. Manche Leute gingen darin auf, doch ich gehörte nicht dazu. Und doch wachte ich jeden Morgen mit einem Gedanken auf, der sich bei mir festsetzte: Ich müsste mehr tun, meinen Tag besser ausnutzen und mich noch stärker für Ian einsetzen.

Doch diese Gedanken waren keine Motivation für mich, im Gegenteil, sie erfüllten mich mit einer allgegenwärtigen Traurigkeit und dem Gefühl, niemals genügen zu können. Es gab immer noch etwas, das ich hätte tun können. Das Spiel war niemals vorbei. Die Könige auf unserem Schachbrett würden niemals alle besiegt und vom Schachbrett entfernt.

Ich sollte mich mehr in seine Therapien einbringen.

Ich sollte abends mehr Übungen mit ihm machen.

Ich sollte zum hundertsten Mal versuchen, einen Kunst- oder Musiktherapeuten aufzutreiben.

Ich sollte von den Ärzten verlangen, ihm neue Medikamente zu verschreiben oder Geräte auszuprobieren oder alle möglichen Behandlungsformen zu testen, von denen uns andere erzählten.

All diese Schuldgefühle häuften sich zu einem Berg an und schlichen sich an den Stellen in meinem Herzen ein, die besonders schwach und empfänglich waren. Das ist auch heute noch so. Selbst die Therapeuten stießen in dasselbe Horn. Nach unserer Hochzeit bekam ich eine endlose Liste von Dingen mitgeteilt, die ich mit ihm zu machen hätte, nachdem ich den ganzen Tag gearbeitet hatte, um unseren Lebensunterhalt zu verdienen, mich um den Haushaltskram und die Rechnungen gekümmert, mit den Pflegekräften auseinandergesetzt und abends noch Zeit gefunden hatte, einfach nur mit Ian zusammenzusein. Und wenn mir das alles zuviel wurde, die Anforderungen des Tages und die demotivierende Haltung der Ärzte, die ihn eigentlich doch voranbringen sollten, dann flüchtete ich mich in die Verdrängung.

Ich werde die Wäsche waschen. Normale Menschen waschen Wäsche.

Eines Tages, wir waren bereits verheiratet, hatte ich nach einem Gespräch mit den Therapeuten eine Stunde lang geheult. Irgendwann beschloss ich, mich auf einer Decke ins Gras zu legen und die Arbeit Arbeit sein zu lassen. Ich stopfte die Wäsche in die Waschmaschine und beobachtete später, als sie in unserem Garten auf der Wäscheleine hing, wie sie sich bauschte und ausruhte, bauschte und ausruhte. Mein Blick hing an unserem geblümten Bettlaken, und ich wurde wieder ein kleines Mädchen, das unter der Wäscheleine lag, während meine Mutter die Handtücher und Bettlaken aufhängte. Ein kleines Mädchen mit Sommersprossen und einem tiefen Grundvertrauen. Ohne Angst und aufgestaute Schuldgefühle.

Doch wenn ich alles im Licht Gottes betrachtete, der von mir nicht mehr verlangte als einen senfkornkleinen Glauben, konnte ich beinahe zusehen, wie sich die Schuldgefühle in Luft auflösten. Wie sie vor dem Kreuz auf dem Hügel abgelegt wurden. Und auch wenn ich keine Bibelstelle fand, die dieses nagende Gefühl vertrieb, Ians Bedürfnissen nicht gerecht werden zu können, wusste ich doch, dass ich alles vermochte durch Christus. Meine Unterlassungssünden, wenn ich mich für eine Ruhepause und gegen eine weitere Therapie entschied, obwohl Ian immer noch Förderung brauchte, würde er ins tiefste Meer werfen und er hatte es bereits getan. Ich habe mich einem Gott anvertraut, der größer ist als ich, dessen Absichten lauter sind und dessen Liebe zu mir nicht abhängig ist von meinen Taten.

Und ich wusste, dass Ian niemals mit dem Finger auf mich deuten und mich etwas anderem beschuldigen würde als der Liebe und der Hoffnung. Und das hat er tatsächlich nie getan.

In der Vorweihnachtszeit in diesem Jahr begann Ian, seine Stimme häufiger zu gebrauchen. Am besten ging es, wenn er auf der Matte saß. Er sprach noch keine richtigen Worte. Unsere Namen aussprechen oder sagen, was er wollte, konnte er noch nicht. Aber er bildete Laute, indem er Luft über seine Stimmbänder und durch seinen Kehlkopf fließen ließ.

Es waren einzelne Töne, aber es war noch nicht seine Stimme, darum klangen sie nicht vertraut. Trotzdem war es wundervoll. Wir hatten unzählige Stunden Sprachtherapie mit einem stummen Ian erlebt, und unzählige Stunden am Bett dieses stummen Ian gesessen. Und selbst wenn bis jetzt nur Stöhn- oder Grunzlaute über seine Lippen kamen, bedeutete das doch, dass sein Verstand sich allmählich erinnerte, wie er mit dem Rest seines Körpers in Verbindung treten konnte.

Ich konnte es nicht lassen und stellte ihm Fragen, auf die ich dringend eine Antwort hören wollte. Zum Beispiel: „Ian, liebst du mich?"

Es blieb mir überlassen zu entscheiden, was sein Antwortlaut bedeutete.

Mit dem Gebrauch seiner Stimme war eine gemeinsame Zukunft wieder ein Stückchen näher gerückt.

Ian machte weiterhin Fortschritte, die mich hoffen ließen. Seine Beinmuskulatur wurde zusehends kräftiger, und er war in der Lage, sich kontrollierter zu bewegen. Mithilfe eines Laufgeräts konnte er sogar Gehbewegungen nachahmen. Aber ehrlich gesagt fand ich es für meine Beziehung zu ihm nicht so wichtig, ob er nun im Rollstuhl saß oder nicht. Was hingegen unverzichtbar war, um zu entscheiden, wie es mit uns beiden als Paar weitergehen würde, war, dass Ian wieder mit mir reden konnte. Und dass er jetzt wieder begann, seine Stimme zu gebrauchen, bedeutete, dass er aus diesen grunzenden Lauten vielleicht irgendwann wieder Wörter bilden konnte. Und dass daraus Gespräche entstehen würden. Und vielleicht war es dann doch wieder möglich, über eine Heirat nachzudenken.

Ich blieb bei ihm, weil ich ihn liebte und weil ich glaubte, dass noch viel geschehen würde. Ich blieb bei ihm, weil ich wollte, dass wir gemeinsam entscheiden würden, ob wir heiraten würden oder nicht. Auf keinen Fall wollte ich einfach gehen und ihm jedes Mitspracherecht nehmen.

Ich beschloss, dass ich nichts ändern würde, bis er in der Lage war, mir zu sagen, was er wollte.

Das Leben in der Warren Road ging weiter. Ich fuhr Devon zum Basketballtraining und Lydia zu ihrem ersten Ballettunterricht. In ihrem schwarzen Anzug mit der passenden Strumpfhose posierte sie vor der Kamera, bevor sie in den Wagen stieg. Es wäre schön gewesen, wenn sie Freude daran gefunden hätte. Doch sie wollte lieber neben mir sitzen und machte nicht mit. Es blieb bei diesem einen Versuch.

Caleb wurde mutiger und sang nun auch in der Öffentlichkeit

und nicht mehr nur bei geschlossener Tür in seinem Zimmer. Devon war der Erste, der ihn singen hörte, eher zufällig. Bisher hatte Caleb uns nie etwas vorgesungen, ob nun aus mangelndem Selbstvertrauen oder einfach, weil es ihm nicht wichtig war. Doch jetzt bekamen wir häufiger zu sehen und zu hören, womit Caleb sich die Zeit vertrieb. Mit der Gitarre in der Hand wanderte er durchs Haus und arbeitete an seinem neusten Song.

Während wir damit beschäftigt waren, den Kokon, der uns geschützt hatte, langsam zu öffnen, war das Leben unserer engsten Freunde weitergegangen. Ian versuchte, seinen linken Arm dazu zu bringen, dass er ihm gehorchte – sein jüngerer Bruder und sein bester Freund dagegen wollten mit ihren Freundinnen ernst machen und heiraten.

David war der erste von Ians engsten Freunden, der sich verlobte. Mary und ich standen in der Küche, als David uns erzählte, er wolle seiner Freundin einen Heiratsantrag machen. Natürlich war ihm bewusst, dass dies alle möglichen Emotionen bei uns hervorrufen würde, darum hatte er es uns zuerst sagen wollen, bevor wir es von anderen erfuhren.

Mary und ich brachen in Tränen aus, als er uns davon erzählte. Marys Beweggründe kenne ich nicht genau, aber bei mir war es eine wilde Mischung aus Freude, Traurigkeit, Bedauern für Ian und einem großen Schuss Neid. Wie unfair das alles für Ian war! Er hatte sich abgearbeitet, um einen Ring für mich kaufen zu können … und nun war er ans Bett gefesselt, während das Leben für David in Echtzeit weiterging. Wie unfair, dass Ian sich nicht richtig mit seinem besten Freund freuen konnte, dass er ihm nicht zur Seite stehen und die Rede bei der Hochzeit halten konnte, die sicher zum Kaputtlachen gewesen wäre. Er war gefangen in seinem Gehirn.

Doch wir alle wussten, was Ian gewollt hätte – nicht Bedauern, sondern Hoffnung. Er liebte seine Freunde und hätte ihnen niemals ihr Glück missgönnt, nur weil er selbst es nicht erleben konnte. Er hätte auch nicht gewollt, dass andere sich zurückhielten oder Dinge nicht taten oder sagten, nur weil er einen Unfall gehabt hatte.

Zwei Monate nach Davids Heiratsantrag verlobte sich auch Ians Bruder mit seiner Liebsten …

Meiner besten Freundin – Jane.

Ich hatte immer noch schwer mit der Dunkelheit meiner Trauer zu kämpfen, und so wusste ich nicht wohin mit mir, als sie uns beim Geburtstagsessen in Janes Elternhaus die große Neuigkeit verkündeten. Ich konnte mich gerade noch dazu bringen, ihnen herzlich zu gratulieren, und dann bat ich sie schnell, ob sie Ian schon ins Haus bringen könnten. Ich würde gleich nachkommen, versprach ich. Dann setzte ich mich in meinen Wagen und fuhr schluchzend davon.

Ich weinte um Ian und das Leben, das er verloren hatte, um die Möglichkeiten, die er nicht nutzen konnte. Ich weinte, weil diese beiden Menschen, die wir so liebten, uns von nun an jeden Tag daran erinnern würden, was uns verwehrt blieb, wenn sie über ihre Hochzeitspläne, ihre Zukunft und ihre Wohnung sprachen.

Irgendwo hielt ich schließlich und schrie Gott an, weil er Ian das antat, weil er zuließ, dass dies alles einen Keil zwischen mich und meine beste Freundin trieb. Denn so sehr ich es auch versuchte, ich konnte mich nicht von Herzen mit ihr freuen. Der Kummer war zu groß. Es war nicht so, dass ich ihnen ihr Glück missgönnte. Sie waren praktisch meine Geschwister geworden. Vielleicht war es gerade darum so schwer für mich. Ich hatte einfach noch nicht gelernt, wirklich nachsichtig und großzügig zu sein.

Ben und Jane, David und Sarah, Marky und Emma und Adam und Pami hatten ihr Glück in dem Bereich gefunden, der mir am wichtigsten war und am wenigsten erreichbar schien. Ihr Leben ging weiter. Unseres dagegen nicht. Ians nicht. Es war nicht so, dass ich unbedingt auch heiraten wollte. Ich wünschte mir einfach, diese riesige Kluft zwischen dem 30. September und jetzt würde nicht existieren.

Ich dachte an die Hochzeiten im kommenden Sommer, zu denen Ian und ich eingeladen sein würden, und meine Sehnsucht nach ihm wuchs. Ich wünschte mir das Gefühl zurück, für jemanden alles zu sein, ich wollte von ihm gesagt bekommen, dass ich für ihn ein ganz besonderer Mensch sei. Vor dem Unfall hatte Ian mich immer an erste Stelle gesetzt, selbst in ganz kleinen Dingen. Zum Beispiel indem er immer meine Nähe suchte und es stets schaffte, in einem mit fünf Leuten vollgestopften Auto den Platz neben mir zu ergattern. Diese kleinen Beweise seiner Zuneigung fehlten mir, die vertrauten Blickwechsel, und ich fühlte nur noch Leere, selbst wenn er mit mir in einem Zimmer war.

An jenem Tag im September war eine Kluft entstanden, die jetzt größer wurde, und nur die Erinnerung daran, wie er sich früher mir gegenüber verhalten hatte, hielt mich noch aufrecht. Jetzt musste ich lernen, selbst die Initiative zu ergreifen, gemeinsame Unternehmungen planen, ihn bei der Hand nehmen. Ich bekam Angst, weil ich die vielzitierten Schmetterlinge im Bauch nicht mehr fühlte, und manchmal hätte ich gar nicht mehr sagen können, ob ich Ian noch liebte. Mir blieb nur, Gott zu bitten, dass er die Liebe zwischen uns erhalten und wachsen lassen würde, obwohl Ian in seinen Möglichkeiten so eingeschränkt war.

Der Winter ging zu Ende, der April brach an, und ich sah zu, wie um mich herum neues Leben entstand. Was vorher kahl gewesen war, wurde grün. Und ich wünschte mir von ganzem Herzen, dass auch in uns und in Ians Gehirn Neues wachsen möge. Ich sah und spürte Gottes Verheißungen des neuen Lebens, wenn die laue Frühlingsbrise die Kälte vertrieb, und trotzdem wachte ich jeden Morgen auf und war in einer gefühlsmäßigen Wüste gefangen. Ich war sicher, dass Ians Persönlichkeit noch da war, und wenn wir sie freisetzen könnten, war für die Zukunft alles möglich. Doch anders als in der Natur drang von dem, was in ihm zu wachsen begann, nichts Sichtbares nach außen. Darum freute ich mich nur bedingt am Wechsel der Jahreszeiten, denn der Frühling erinnerte mich so schmerzhaft an das, wonach ich mich so sehr sehnte und was mir vorenthalten wurde.

Ich kann nicht sagen, dass ich nur Verluste erlebte – es gab auch viele schöne Erfahrungen. Beides vermischte sich in meinem Herzen in dem täglichen Kampf, die Trauer zuzulassen und doch auch die Freude zu bewahren. „Und so ist das Leben in der Gnade die Dämmerung der Unsterblichkeit“, schrieb John Newton, „unbeschreiblich schön im Vergleich zu der Nacht und tiefsten Dunkelheit, in der wir früher lebten; doch schwach, unscharf und unbefriedigend im Vergleich zu der Herrlichkeit, die einst offenbart werden wird.“

Und so wie Gott uns versprochen hat, dass sein Erbarmen jeden Morgen neu ist, schenkte er mir auch immer wieder Gründe, um weiterzumachen. Eines Abends fuhr ich von Jane nach Hause. Tränen liefen mir über das Gesicht, weil ich sie so um ihre bevorstehende Hochzeit und das gemeinsame Leben beneidete, das Ben und sie sich aufbauen würden. Als ich nach Hause kam, ging ich in Ians Zimmer und setzte mich so nah wie möglich an sein höhenverstellbares Krankenhausbett. Stumm streckte er die Hand nach mir aus, berührte mein Gesicht, meine Haare, meinen Arm.

Er zeigte mir seine Liebe. Ich war für ihn etwas Besonderes.

Er liebte mich.

Die erste Hochzeit in jenem Sommer stand bevor. Ian wollte Markys Bitte nachkommen, sein Trauzeuge zu sein. Das bedeutete natürlich erheblichen Aufwand für seine Eltern. Doch aus Liebe zu ihrem Sohn waren sie bereit, alles Nötige in die Wege zu leiten. Sie packten den Hoyer-Lift in den Van und bauten den mittleren Sitz ein, damit ich auch mitfahren konnte. David und

Sarah, dessen Hochzeit nur wenige Wochen später stattfinden sollte, begleiteten uns. Ein anstrengendes Wochenende erwartete Ian, aber als treuer Freund nahm er die Mühen gern auf sich und stellte sich den Herausforderungen.

„Dieser Schrank ist im Weg", schimpfte Steve, als er versuchte, Ians Rollstuhl von der Küchenzeile der Hotelsuite ins Wohnzimmer zu schieben. Nach einigen Versuchen gelang es ihm, obwohl die Breite der Tür nicht der vorgeschriebenen Norm zu entsprechen schien. Steve ging zurück zum Auto, um das Gepäck zu holen, und plötzlich schrillte der Feueralarm los.

Halb lachend und halb in Panik mühte Mary sich in ihrem knöchellangen Baumwollrock ab, Ian aus dem Zimmer zu schaffen.

„Ich ziehe von vorn an den Fußstützen", sagte ich. Wir zerrten und drückten, knallten gegen Schänke und rammten Sofas, bis es uns endlich gelang, den Flur zu erreichen.

„Äh … wo ist Steve?", fragte ich.

Mittlerweile war klar, dass es nur falscher Alarm gewesen war, und belustigt begannen wir, nach Ians Vater zu suchen, seinen von Gott bestimmten Beschützer, der anscheinend keinerlei Notwendigkeit gesehen hatte, seinen Sohn aus der vermeintlichen Feuersbrunst zu retten. Wir fanden ihn draußen, wo er mit einigen Hotelgästen plauderte, nichts ahnend von dem Kampf, den wir gerade mit dem zu engen Flur ausgefochten hatten. Mit dieser Begebenheit wurde Steve in den folgenden Jahren dann ständig aufgezogen.

„Du hast deine Familie im Stich gelassen, deinen eigenen Sohn, der im Rollstuhl sitzt!"

„Die Schuldgefühle würden mich bestimmt auffressen, wenn das ein echter Feueralarm gewesen wäre!"

Der arme Steve war etwas schusselig und wurde so häufig Gegenstand des Spotts, aber das war oft durchaus verdient. Als er Mary damals mit dem neugeborenen Ian aus dem Krankenhaus abholte, stieß er Ians Kopf am Autodach an, als er ihn in den Kindersitz setzen wollte. Solche Sachen passierten ihm ständig. Bevor sie eigene Kinder hatten, hüteten Mary und er einmal ein Kleinkind von Freunden. Er ließ es auf seinem Schoß etwas zu wild Hoppe-Reiter spielen, und dabei verdrehte es sich irgendwie unglücklich das Bein. Das Kind ließ sich nicht mehr beruhigen, und die Eltern mussten vorzeitig von ihrem ersehnten Date wieder nach Hause kommen. Ein anderes Mal stürzte er mitsamt Ben, Ians jüngerem Bruder, auf dem Arm die Treppe hinunter.

Doch irgendwie ist bei all diesen Stunts und vier Kindern nie etwas Schlimmes passiert.

Am Tag nach dem Feueralarm fand die Hochzeit statt. Wir saßen in dem gepflegten Garten eines alten Landhauses. Mir war unbehaglich zumute, weil ich nicht wusste, wie es sein würde zuzuschauen, wie Ian durch den Mittelgang geschoben wurde, während alle anderen zu Fuß gingen. Ich hatte auch Respekt davor, was es mit mir machen würde, ihn einmal sozusagen aus der Ferne zu sehen, mit einem gewissen Abstand wie jemand Außenstehendes, anders als sonst, wo ich die Person hinter dem Rollstuhl war.

Da kamen sie. David schob den Rollstuhl, in dem mein Freund saß, durch den seitlichen Gang, nicht durch die Mitte, wo alle anderen gingen. Der Schock war viel größer, als ich es mir vorgestellt hatte. Die Trauer um ihn, der früher so lebendig und sprühend gewesen und jetzt so hilflos und gebrochen war, erdrückte mich beinahe. Mit hängendem Kopf saß er in der Hitze neben seinen beiden Freunden aus Kindheitstagen.

Schon als sie noch kleine Jungs gewesen waren, hatte Mary immer wieder gegenüber Ian hervorgehoben, was für gute Freunde Marky und David ihm seien und wie wertvoll das war. Diese Treue, die sie schon bei den neunjährigen Jungs gesehen hatte, zeigte sich auch jetzt wieder. David hatte keinen Moment gezögert, Ian trotz seines stark beeinträchtigten Zustands zur

Hochzeit einzuladen und ihm den Ehrenplatz als Trauzeuge zu geben. Er schämte sich seines Freundes nicht und wollte ihn genauso wie immer bei diesem wichtigen Ereignis dabeihaben.

Bens und Janes Hochzeit schloss sich an. Sie schritten unter einem rosafarbenen Himmel zum Altar, nachdem gerade ein Gewitter abgezogen war. Zusammen mit den anderen Brautjungfern hatten wir beobachtet, wie der Sturm aufzog. Die Gäste flüchteten sich unter die Zelte, um Schutz vor dem Regen zu suchen. Die Hochzeit fand in einem alten leerstehenden Farmhaus mit Blumentapeten an den Wänden statt. Wir nutzten die Gelegenheit, um oben in den leerstehenden Räumen Fotos zu machen. Ian war mit seinen Brüdern unten. Das Gewitter war schnell vorbeigezogen, und die Trauung begann mit nur wenigen Minuten Verspätung, während die Sonne die kurze Panik von eben vergessen ließ.

Ich stand neben Jane, Ian neben Ben. Dort vorne, vor all den Menschen, die Ben und Jane liebten und sich über ihr Glück freuten, konnte ich nicht zu Mary und Steve schauen. Ich hatte Angst vor meiner Reaktion und auch vor ihrer. Mein Blick wanderte an Jane, Ben und unserem Pastor vorbei und blieb an Ian hängen, der in seinem Rollstuhl saß, die Augen hinter der Sonnenbrille verborgen, die alle Jungs trugen.

Er wirkte so … behindert. Die grelle Sonne spiegelte sich in den Brillengläsern, und sein Kopf sank immer tiefer. Ich hatte Angst, er könne anfangen zu sabbern, Angst, einige Gäste könnten denken, dass er besser nicht da vorn sitzen sollte, weil er doch sowieso nicht mitbekam, was vorging. Aber für mich war der Schmerz, ihn neben seinen Brüdern zu sehen, dennoch weitaus besser, als wenn er irgendwo in der Menge gesessen hätte. Er lag nicht mehr im Krankenhaus, und er musste genau da sein, wo er war, mitten unter den anderen.

Später am Abend, als das zweite Gewitter durchzog, drängten wir uns in dem großen Zelt und tanzten mit durchweichten

Schuhen auf der Veranda zur selbst zusammengestellten Musik. Ich schob Ians Rollstuhl in die Mitte der Tanzfläche und setzte mich auf seinen Schoß. Seine Cousine Sarah packte die Griffe seines Rollstuhls und wirbelte uns herum. Ich lachte, Frank Sinatra sang, und Ian grinste.

Er konnte nicht selbst tanzen, darum ließen wir seinen Rollstuhl tanzen.

Er war glücklich.

Und seine Freude weckte Hoffnung in mir.

Während des Sommers wurde Ian kräftiger und brauchte den Hoyer-Lift nicht mehr. Steve hatte es ganz mutig einmal ohne Hilfe des Lifts probiert, Ian aus dem Bett zu helfen … und es hatte funktioniert. Natürlich bewegte sich Ian noch sehr unbeholfen, und alles war mühsam für ihn. Aber wenigstens waren wir nun nicht mehr so abhängig von dem Lift und brauchten nicht immer den klobigen Metallrahmen mit der Schlinge herumzuzerren, wenn wir ihn auf die Couch im Wohnzimmer oder in den Sessel auf der Veranda setzen wollten. Und für mich bedeutete das auch, dass ich mich nicht mehr auf die schmale Armlehne seines Rollstuhls quetschen musste, sondern ganz normal neben ihm auf der Couch sitzen konnte. Ich konnte dicht bei ihm sein, sodass ich mich trotz der immer noch fehlenden Worte nicht mehr fühlte wie in einem anderen Raum.

Er nahm jetzt häufiger richtige Nahrung auf, klein geschnitten zwar, aber trotzdem richtiges Essen: Spaghetti und Hackbällchen und Eier. Und ihm lief auch nicht mehr so häufig Speichel aus dem Mund, weil die Muskulatur um seinen Mund mittlerweile so kräftig war, dass er die Lippen selbstständig schließen konnte, und er spürte nun auch selbst, wenn er sabberte. Ich hatte mich an den großen feuchten Fleck auf seiner Brust so gewöhnt, dass ich ihn kaum noch wahrgenommen hatte. Erst jetzt, wo er seltener wurde, fiel er mir wieder auf.

Am 20. Juli brachten wir ihn zu einer neuen Therapieeinrichtung. Wo Ian zum ersten Mal wieder schwimmen sollte. Doch als die Therapeutin hereinkam, fragte sie uns ganz munter, ob wir schon einmal ausprobiert hätten, ob Ian laufen könne. Voller Entsetzen sahen wir zu, wie sie ihn mithilfe ihres Mannes aus dem Rollstuhl hochzog. Seit seinem Unfall hatte er nicht mehr auf seinen Beinen gestanden, nicht ohne Hoyer-Lift oder gut gesichert auf dem Simulationslaufband. Ich wusste nicht, ob ich das mit ansehen konnte. Ich hatte solche Angst.

Aber … Ian machte seine Sache prima. Seine Therapeutin bewies uns, dass er mehr konnte, als wir ihm zutrauten, mehr, als wir ihm abverlangt hatten.

Und auch in diesem August fuhren wir zum traditionellen Familienurlaub an den See. Und dieses Mal sollte Ian mit ins Wasser.

Egal, was in den Monaten dazwischen geschehen war, der See hatte sich nicht verändert. Dort schien die Zeit stillzustehen, und die Cousinen und Cousins waren sich noch genauso nah wie eh und je. Diesen beiden Wochen am See fieberte Ian entgegen. Und da dies mein dritter Familienurlaub hier war, fühlte ich mich auch nicht mehr so fremd.

Ich verbrachte die Zeit entweder mit Ian im Haus oder lag mit seinen Cousinen auf dem Steg. Doch der Höhepunkt unseres Urlaubs war die Umsetzung unseres Plans, mit Ian schwimmen zu gehen.

Wir verpflichteten alle Männer in der Familie zum Helfen und suchten eine Stelle, an der wir seinen Rollstuhl bis dicht ans Wasser heranrollen konnten. Dort setzten wir ihn in einen Gartenstuhl aus Plastik und trugen ihn ins seichte Wasser am Ufer. Sobald die Männer tief genug im Wasser waren, zog sein Vater ihn aus dem Stuhl und in seine Arme. Die Schwimmweste, die er sicherheitshalber trug, gab ihm Auftrieb. Es war Nachmittag, und die Sonne strahlte vom Himmel, darum setzte Ians Onkel ihm seinen Angelhut auf.

Da war er also. Mein Freund. Der sich früher in knappen Shorts und cooler Pilotensonnenbrille mit seinen Cousinen Sarah und Jessie auf dem Steg gesonnt hatte. Er trieb im Wasser, gehalten von seinem Vater, mit knalloranger Schwimmweste und einem Schlapphut auf dem Kopf.

Im November hatte Ian zwei Wochen lang mit einer Erkältung zu kämpfen. Ein Virus hatte sich in seinen Lungen festgesetzt, und er musste häufig husten. Aber ich mochte sein Husten … weil darin seine Stimme verborgen war. Diese Stimme fehlte immer noch so sehr, in seinem Zimmer und im Auto, wenn wir zu einer Frühstücksverabredung fuhren. Die Stimme fehlte beim Abendessen der Familie am Tisch oder wenn die Leute ihn beim Einkaufen anstarrten.

Ich wünschte mir so sehr, seine Stimme wieder zu hören. Wenn ich sagte, ich wünschte mir, dass Gott seine Heilungskräfte in Ians Leben zeigte, meinte ich in erster Linie in seiner Kehle und seinen Lungen – damit er endlich wieder mit uns reden konnte.

„Ich habe mich schon oft um Kopf und Kragen geredet", hatte Ian einmal in der Anfangszeit unserer Beziehung zu mir gesagt. „Wenn man so viel quatscht wie ich, dann ist die Gefahr, dass man etwas Dummes sagt, überproportional groß."

Wie wahr. Oft habe ich mitbekommen, dass er etwas bedauerte, was er gesagt hatte, und ich hatte meinen Spaß daran zu beobachten, wie er sich aus der Sache wieder herauszureden versuchte.

Was hätte ich jetzt darum geben, so etwas noch einmal mitzuerleben!

Und am 29. November war es soweit.

Eine neue, raue Stimme drang aus Ians Kehle. Vor Freude

kreischend bat ich ihn, es noch einmal zu tun, um sicher zu sein, dass ich mir das nicht nur eingebildet hatte und um mich davon zu überzeugen, dass er tatsächlich gesagt hatte, was er sagen wollte. Wie oft hatte ich mir diesen Augenblick ausgemalt und mein Gedächtnis gemartert, um mich an den Klang seiner Stimme zu erinnern. Doch dieses Mal sprach die Stimme nicht nur in meinem Kopf. Dieses Mal war ein Irrtum ausgeschlossen.

„Iih-an."

Er hatte es gesagt … Ian!

Alle Schubfächer in seinem Gehirn, die durcheinander geraten waren, hatten sich schließlich neu geordnet, um ein Wort hervorzubringen. Nachdem er zwei Jahre lang in sich selbst gefangen gewesen war, hatte er sich herausgekämpft, gegen den Widerstand der durcheinandergeworfenen Buchstaben und Worte und Erinnerungen. Wie seine drei Cousins, die Drillinge, die immer wieder die Wasseroberfläche durchstießen, nachdem sie Arschbomben vom Steg gemacht hatten, hatte auch er sich nach oben gestrampelt und dafür ausgerechnet einen Augenblick gewählt, in dem ich mit ihm allein war. Ein erster Blick in eine Zukunft, in der auch seine Stimme wieder eine Rolle spielte, und nur ich allein war Zeuge. Als der Airbag seinen Kehlkopf eingedrückt hatte, hatte er ihn nicht für immer zerstört.

Als ich darüber nachdachte, was dieses eine Wort bedeutete, erweiterte sich der Horizont meiner Welt plötzlich genauso schnell wie Ians. Dieses eine Wort war der Anfang eines neuen Abschnitts auf unserer Reise.

Ich sitze auf dem Bett, hänge meinen Gedanken nach und beobachtete meinen schlafenden Mann. Wie es für ihn wohl gewesen sein mag, im Koma zu liegen? Wir haben oft darüber gesprochen, aber ein großer Teil davon wird für mich immer ein Rätsel bleiben.

„Es hat mir viele Jahre meines Lebens gestohlen", sagt er. „Das macht mir Angst, denn ich weiß nicht einmal, was in dieser Zeit geschehen ist. Aber ich weiß, dass Gott meine Frau in dieser Zeit zu einer guten Helferin ausgebildet hat. Und mich hat er darauf vorbereitet, dass ich wieder leben kann."

Kapitel 9

Ich renne davon. Mein Herz treibt mich an weiterzulaufen, noch schneller – die Dunkelheit hinter mir zu lassen, das Unbekannte, durch das dichte Gebüsch hin zum Licht, das die Angst vertreibt.

Endlich ein Haus. Das große Fenster und die rosa Azaleenbüsche laden mich ein. Ich werde langsamer, schreite schnellen Schrittes über die Rasenfläche, die ordentlich gemäht ist. Mein Blick wandert hinauf zu den Dachgauben. Das Haus ist hellgrau gestrichen, und die Fensterfront, die sich über die vordere Veranda zieht, sieht beinahe aus wie ein Lächeln.

Er sitzt auf der Schaukel, die mit einer Kette an einem Dachbalken befestigt ist, und schaut mich an, die Lippen zu einem Lächeln verzogen. In der linken Hand hält er ein Glas Zitronenwasser. Er winkt mir zu, lässt die Hand sinken und legt sie locker in seinen Schoß. Mit den Füßen stößt er sich sanft ab und setzt die Schaukel in Bewegung, hin und her, hin und her. Eine Brise streicht durch seine braunen, gelockten Haare, eine einzelne rote Laterne hängt am Verandageländer.

Ich steige die Stufen hoch, und beim Näherkommen wandert mein Blick über die Verandadielen mit dem Teppich, dessen Farben vom fröhlichen Gebrauch verblichen sind. Da liegt ein Schnuller, und mein Blick folgt seiner Spur zu einem kleinen Mädchen, das von mir abgewandt auf dem Boden sitzt und mit Bauklötzchen spielt.

Mein Gefühl sagt mir, dass dies *mein* Haus ist, *mein* kleines Mädchen, dass er *mein* Ehemann ist. Und doch weiß ich tief in meinem Inneren, dass ich hier nichts zu suchen habe, dass es falsch war, diese Richtung einzuschlagen. Das Heim und die Ruhe, die es ausstrahlt, locken mich, aber mir ist bewusst, dass ich zurückkehren muss, dass ich wieder in die Dunkelheit eintauchen und ihr folgen muss.

Doch bevor ich mich abwende, kann ich nicht widerstehen. Ich muss diese Tür öffnen.

Er sieht mich an, und auch das kleine Mädchen schaut zu mir herüber. Zitternd legt sich meine Hand an den Türgriff und dreht ihn. Meine Hoffnung wächst. Die Tür gleitet auf, und noch während sie sich in den Angeln dreht, höre ich ein Poltern. Weiße Flocken rieseln auf meine Schultern. Ich blicke hoch zum Türrahmen und der Decke, die von innen nach außen in sich zusammenfallen. Das ganze Haus beginnt einzustürzen, als besäße es kein Fundament, als sei es aus Stoff oder Karton oder Erwartungen oder Naivität erbaut.

Mein Ehemann nimmt mein kleines Mädchen auf den Arm und rennt an mir vorbei, in das einstürzende Haus hinein. *Warum sind sie da hineingerannt? Und warum ohne mich?*

Bald bin ich eingehüllt in eine große Staubwolke. Das Haus ist bei der kleinsten Berührung eingestürzt.

Langsam drehe ich mich um, zu dem dunklen Weg, auf dem ich gekommen bin. Das zerfallene Haus liegt in Trümmern, ein Haus, das niemals stehen sollte. Ich bettele darum, das Licht des Hauses möge zurückkommen, dieses Lächeln möge mich wieder wärmen. Ich wünsche mir dieses heimelige Bild zurück. Noch bin ich nicht bereit, in die Dunkelheit zurückzukehren. Das Haus ist viel zu plötzlich eingestürzt. Das Heim, das ich gesehen habe, hatte kein festes Fundament, war viel zu übereilt erbaut worden. Irgendetwas in der Dunkelheit musste ich übersehen haben in meiner Ungeduld, das Licht zu erreichen.

Langsam greife ich nach der roten Laterne, deren Licht trotz des Durcheinanders noch leuchtet. Ich umklammere den Griff und wende mich langsam der Dunkelheit wieder zu. Ich drehe mich um, und in meiner Erinnerung sehe ich die Umrisse des Hauses vor mir, bevor es einstürzte und Mann und Kind unter sich begrub. Ich trete rückwärts auf die Steine der dunkleren Straße und lasse das eingestürzte Haus nicht mehr aus den Augen. Während die Dunkelheit immer dichter wird, brechen die Wunden in meinem Herzen auf und beginnen zu bluten. Und die Dunkelheit dringt in mich ein, verdichtet sich und füllt mich schließlich ganz aus. Ich verlangsame meinen Schritt, und je intensiver die Dunkelheit wird, desto bedrohlicher wirkt das zerstörte Haus auf mich.

Ich kann nicht länger hinsehen. Ich muss mich der Dunkelheit zuwenden – einer Dunkelheit, die so undurchdringlich ist, dass ich die Arme vor mir ausstrecke und sie vor mir herschiebe. Die Luft ist so dick, dass sie mich aufrecht hält. Das Licht der roten Laterne in meiner Hand fällt auf meine nackten Zehen. Je weiter ich gehe, desto weiter und heller wird der Lichtschein, und er vertreibt schließlich die undurchdringliche Dunkelheit … auf einmal weiß ich wieder, warum ich hier bin.

Das Licht scheint in der Finsternis, und die Finsternis hat es nicht erfasst.

Zu Beginn des Jahres 2009 schrieben wir einen Rückblick über das vergangene Jahr und berichteten von allem, was Gott getan hatte. In diesem Jahr hatte Ian zum ersten Mal wieder richtiges Essen zu sich genommen. Er hatte zum ersten Mal gesprochen. Jeden Tag gab Gott uns ein kleines Stück von Ian zurück. Stück für Stück schuf er Ian neu, auch wenn die Schritte diesmal ganz anders waren als beim ersten Mal.

Ich bat Gott, das Jahr 2009 möge mehr Lachen als Tränen bringen, mehr Freude als Schmerz. Ich bat ihn, es möge das

Jahr werden, in dem Ian frei würde. Allmählich hatte ich es satt, durch leidvolle Erfahrungen Gott besser kennenzulernen. Nun fand ich es an der Zeit, ihm auch einmal durch Freude, Fortschritt und Gedeihen zu begegnen.

Die Fortschritte, die Ian weiterhin machte, änderten nichts an meiner Trauer. In den zwei Jahren hatte ich erlebt, dass der Schmerz im Laufe der Zeit dumpfer wurde. Er war nicht mehr so scharf wie damals im Krankenhaus, doch er hatte in mir Wurzeln geschlagen und war zu meinem ständigen Begleiter geworden. Ich musste mich der Erkenntnis stellen, dass er wohl niemals aufhören würde. Ich würde den Tod eines Teils von Ian immer betrauern, selbst wenn ich neben ihm saß und ihn während seiner Therapie anfeuerte. Mit jedem Tag, an dem er erwachte und feststellte, dass seine Beine und Arme und sein Gehirn nicht so funktionierten, wie er das wollte, würde er das bittere Brot des Verlusts schmecken. Doch er würde auch Gott näherkommen und seine Güte schmecken.

Ab und zu gehorchte Ian seine Stimme jetzt schon recht gut, doch meistens formte er die Worte nur mit dem Mund. Ich lernte, ihm von den Lippen zu lesen, und er arbeitete daran, wieder neu zu lernen, wie er durch die Atmung und mithilfe von Zunge und Zähnen seine Stimmbänder zum Kooperieren bringen konnte. Oft war er frustriert und wurde zornig, weil es so mühsam war, doch er ließ nicht locker.

Ians Familie half ihm, für meinen 24. Geburtstag ein besonderes Date zu planen. Er führte mich zum Essen aus, und als wir anschließend nach Hause kamen, wartete im Wohnzimmer ein Schokoladenkuchen auf uns. An diesem Tag machte Ian mir das allerschönste Geschenk, als er herzhaft lachte – so ein lautes und authentisches Lachen, dass es beinahe wie der alte Ian klang. Das fröhlichste Lachen, das ich in den vergangenen zweieinhalb Jahren gehört hatte. Auch die Fotos von diesem Abend sind wunderschön, denn sie zeigen, dass er wirklich *anwesend* war. Von den meisten Fotos aus dieser Zeit starren mich leere Augen an. Es war ein Blick, den man einem Menschen mit einer Hirnverletzung zuordnete. Auf diesen Fotos jedoch waren seine Augen voller Leben.

Er war da.

Und dass Ian wieder da war, ließ Hoffnung in mir aufkeimen. Vielleicht lag eine Ehe ja tatsächlich im Bereich des Möglichen.

Ich hatte Gott gebeten, dass meine Liebe zu Ian erkalten möge, falls unsere Beziehung doch nicht zu einer Ehe führen sollte. Bei einem Gespräch in der Küche hatte Steve mir einmal gesagt, Gott würde uns die Wünsche unseres Herzens erfüllen, wenn diese Wünsche in der Sehnsucht nach ihm und seiner Heiligkeit wurzeln. Und während ich betete und wir lebten, wurde meine Zuneigung zu Ian nicht schwächer, sondern im Gegenteil immer noch tiefer, auch noch, nachdem ich zwei Jahre lang an seinem Bett gesessen und auf ein Wort von seinen Lippen gehofft hatte.

15. März 2009

Ian, du bringst mich zum Lächeln. Ich lächle, wenn ich dich ansehe oder auch nur an dich denke. Ich staune über dich und deinen Weg, der dir so großes Durchhaltevermögen abverlangt – du legst ungeahnte Ausdauer und Beharrlichkeit an den Tag. Du gibst nicht auf und strengst dich an, zu uns (und vor allem zu mir) zurückzukehren. Es ist ein großer Segen für mich, dich zu kennen und diese Liebe erfahren zu dürfen. Gott schenkt uns nicht nur unsere Liebe zueinander, sondern auch die Freude aneinander. Trotz unserer körperlichen Begrenzungen und unserer immer noch viel zu einseitigen Gespräche. Eigentlich müsste unsere Beziehung auf der Stelle treten. Aber Gott ist gut und beschenkt uns jeden Tag neu. Ich liebe dich. Komm zurück.

An einem Abend im Mai fragte ich Ian beim Gutenachtsagen, wofür ich beten solle. Da er sich mittlerweile wieder recht gut artikulieren konnte, formulierte er oft Gebetsanliegen. Und nachdem er mir an diesem Abend geantwortet hatte, fragte er mich, wie er für mich beten könne.

Ich war verblüfft.

Das kam unerwartet.

Doch es war eine Erhörung meiner und unserer Gebete darum, dass er wieder in der Lage wäre, von sich aus Gesprächsimpulse zu geben und die Führung zu übernehmen.

Als er uns das erste Mal sagen konnte, dass er Hunger hatte, war das ein großer Schritt, ein Grund zum Feiern. Aber nun von ihm erfahren zu können, wie wir ihm geistlich beistehen konnten, das war unbezahlbar. Ein Wunder.

In meiner Wahrnehmung war es eine gefühlte Ewigkeit, dass ich für ihn gebetet hatte, ohne zu wissen, was genau er brauchte und ob auch er mit Gott sprach. Aber je besser Ian sich wieder zu artikulieren lernte, desto deutlicher wurde, dass sein Glaube noch intakt war und es seiner Seele gut ging, auch wenn sie noch teilweise hinter den Wolkenschichten des Komas verborgen war.

Am 19. Juni 2009 wurde Ian zum ersten Mal Onkel. Auf den ersten Blick verliebte er sich in seinen nagelneuen Neffen. Nur wenige Stunden nachdem er in unser Leben getreten war, lernte Ian Paladin kennen. Ian war glücklich, und seine Lippen verzogen sich sofort zu einem breiten Lächeln, das sich immer häufiger zeigte, je weiter das Jahr 2006 hinter uns lag.

Einige Monate zuvor, als wir noch auf dieses neue Mitglied unserer Familie warteten, wurde Ian gefragt, wie er sich bei der Aussicht fühle, bald Onkel zu werden.

„Avuncular“, antwortete er.

Er wiederholte dieses Wort mehrmals, bis wir es richtig verstanden.

Avuncular?!?

Wir nahmen ein Wörterbuch zu Hilfe, weil wir dieses Wort nicht kannten. Sein Wortschatz war offensichtlich größer als unserer.

„*Aus dem Lateinischen, von Avunculus = Onkel. Bedeutung: Wie ein Onkel*", las Mary aus dem dicken Wörterbuch vor, das während des Heimunterrichts der Murphys bereits viele Aha-Erlebnisse geliefert hatte. Und der „Avunculus" Ian strahlte über das ganze Gesicht, als er seinen Neffen in den Armen hielt.

Ich freute mich so, und ich hoffte, dass er eines Tages vielleicht auch unser Baby in den Armen halten könnte. Paladin war ein neuer kleiner Mensch, den Ian lieben konnte. Damals wussten wir natürlich noch nicht, dass Paladin und unsere zukünftigen Nichten und Neffen mit der reinsten Liebe an Ian hängen würden. Wir konnten nicht ahnen, dass wir im Laufe der Jahre immer häufiger die Beobachtung machen würden, dass Paladin Ian sehr ähnlich war. Doch im Augenblick war er für alle, die im

Wochenbettzimmer zusammen saßen, ein Sinnbild dafür, dass das Leben immer wieder neu beginnen kann.

Später am Nachmittag besuchten wir Paladin noch einmal. Mary und ich waren unterwegs zu einer Hochzeit, die an diesem lauen Juninachmittag im Freien gefeiert werden sollte. Jane war traurig, dass sie nicht dabei sein konnte, so kurz nach der Geburt. Während Mary und ich auf holprigen Feldwegen zum Ort der Feier unterwegs waren, wurde mir klar, dass es mir nicht mehr so viel ausmachte, eine Hochzeit mitzufeiern, wie noch im vergangenen Jahr. Aber vielleicht lag das an dem neugeborenen Baby. Oder am blauen Himmel über uns.

Aber vielleicht hatte Gott das auch bewirkt.

Wir nahmen in einer der hinteren Reihen auf der Seite der Braut Platz. Gigi gesellte sich zu uns, und schon bald plauderten und lachten wir fröhlich miteinander. Ich sah zu, wie sich die Brautjungfern vor dem nur wenige Meter entfernt liegenden neuen Heim des Paares in Bewegung setzten, gefolgt von der Braut in ihrem wadenlangen Kleid.

Zum ersten Mal seit Ians Unfall konnte ich zusehen, wie zwei Menschen aufgeregt vor dem Pastor standen, der sie trauen sollte, ohne in Tränen auszubrechen. Zum ersten Mal seit langer Zeit war ich nicht traurig. Ich war glücklich und voller Hoffnung und fühlte mich nicht allein.

Eine Ehe war in greifbare Nähe gerückt.

„Ian, was würdest du als Allererstes tun, wenn Gott dich wieder ganz gesund machen würde?“, fragte ich ihn, als ich an einem strahlend schönen Tag in meinem Tankini neben ihm am Pool im Garten unseres Pastors saß. So oft wie möglich ging ich mit Lydia hinüber zum Schwimmen, sodass sie ihren Sommer genießen und ich ein bisschen ausruhen konnte. Ian saß in seinem Rollstuhl neben uns am Beckenrand. Ich überlegte, wie ich diese Frage an Ians Stelle beantworten würde, und in meiner Fantasie sah ich vor mir, wie er in den Pool springen würde, wie er Lydia und mich in die Arme nehmen und mit uns tanzen würde oder wie er zum Haus seiner Eltern rennen würde.

Während ich an all diese Aktivitäten dachte, befand sich Ian auf einer ganz anderen gedanklichen Ebene.

„Ihm danken."

So oft es ging, begleiteten wir Caleb zu seinen Auftritten in der Umgebung von Pittsburgh. Ian und ich waren seine größten Fans, und wir saßen im Publikum, wenn er vor zehn alten Leuten im Seniorenheim spielte oder zwei Stunden Fahrt auf sich nahm, um in einem Coffeeshop vor zwei Gästen außer uns zu spielen, die zufälligerweise Freunde aus Pittsburgh waren, mit denen wir uns verabredet hatten.

Das Leben eines jungen Künstlers ist schwer. Aber durch diese Auftritte hatten wir etwas Gemeinsames zu tun und konnten Caleb zeigen, dass Ian trotz aller Schwierigkeiten an seinem Leben teilnahm.

An einem Abend saßen wir nach einem Auftritt bereits im Wagen und warteten auf Caleb, der in einem Geschäft noch schnell auf die Toilette gehen wollte. Mir wurde langweilig, und ich fing an, Ian zu filmen, fragte ihn, was Caleb wohl seiner Meinung nach in diesem Geschäft täte und warum es so lange dauerte. Ian setzte zu einer langen Antwort an, und ich fing alles mit der Kamera ein. Er musste seine Antwort siebzehn Mal wiederholen, bis ich ihn verstand.

„Unterhose kühlt?" Nein.

„Unterkühlt?" Nein.

„Bingo gespielt?" Nein.

Es stellte sich heraus, dass er „im Klo runtergespült" gesagt hatte. Während ich herumrätselte, lachte er mich die ganze Zeit aus, und manchmal zieht er mich heute noch damit auf, weil ich auf so abwegige Ideen gekommen war.

Ich versuchte etwas anderes. „Ian, was würdest du tun, wenn

jemand jetzt den Wagen aufbrechen würde? Wie würdest du mich beschützen?"

(Pause.)

„Auf das Schild zeigen."

„Welches Schild?"

„*Giant Eagle*", erklärte er. Das war der Name des Geschäfts, in dem Caleb sich aufhielt.

„Wozu?"

„Ich würde den Dieb bitten, es zu buchstabieren."

Ich brach in Gelächter aus. „Als Ablenkungsmanöver?"

„Klar."

„Und was würdest du tun, wenn er zu dem Schild schaut?"

„Wegrennen."

„Und was wäre mit mir?"

„Ich würde dir raten mitzukommen."

Einerseits wollte ich Ian heiraten. Aber ich wollte auch lieber noch warten, denn etwas aus Angst vor sich herzuschieben ist immer angenehmer, als im Glauben etwas zu wagen. Ich konnte nicht wirklich einschätzen, was es bedeutete, einen Mann mit Ians Einschränkungen zu heiraten. Er liebte mich, aber ich war mir nicht sicher, ob seine Liebe die Leerstellen in meinem Herzen ausfüllen könnte.

Und so machten wir erstmal immer weiter. Einen Tag nach dem anderen nahm ich in Angriff. Und Ian auch.

Für den August war wieder der Urlaub am See geplant, und wir freuten uns auf die Sonnenuntergänge über dem Wasser und darauf, mit Paladin im Schatten zu liegen und die Füße ins Wasser baumeln zu lassen. Mary, Lydia und Ian fuhren mit dem Van voraus, während Steve und ich noch zwei Tage in der Stadt blieben. Wir hatten beide noch keinen Urlaub bekommen. Steve wollte morgens losfahren und sollte einen Hausschlüssel für mich da lassen. Ich hatte bei Ben und Jane übernachtet und wollte am nächsten Tag noch den Rest meiner Sachen bei den Murphys holen. Doch beim Haus angekommen, konnte ich den Schlüssel nicht finden. Ich sah in allen bekannten Verstecken nach, aber alles war verschlossen. Schließlich rief ich Steve auf dem Handy an und fragte ihn, wo der Schlüssel sei.

„Er liegt auf dem Küchentisch."

„Steve, wie soll ich mir den Schlüssel vom Küchentisch holen, wenn die Haustür abgeschlossen ist?"

Pause. Dann die Erkenntnis.

Ganz untypisch für Steve. Er hatte das eindeutig nicht zu Ende gedacht. Zum Glück waren einige Fenster im Erdgeschoss nicht verriegelt, und durch eines davon verschaffte ich mir Zutritt zum Haus.

Steve hatte ich bei einem Lagerfeuer kennengelernt, zu dem die Murphys einige Studenten eingeladen hatten. Und nachdem Ian und ich uns angefreundet hatten, begegneten wir uns in der Kirche. „Wir sind ganz gespannt, was aus euch werden wird", sagte er zu mir, als wir mit einigen Leuten zusammenstanden. Das war ein etwas peinlicher Moment, deutete er doch an, dass er davon ausging, dass es zwischen Ian und mir etwas Ernstes war und ich nicht bereits nach ein paar Wochen Schluss machen würde. Das war natürlich auch meine Erwartungshaltung, aber diese Bemerkung vom Vater meines Freundes vor lauter Fremden war mir doch etwas zu viel.

Er trat oft ins Fettnäpfchen, wie ich bald herausfand, und das machte ihn in meinen Augen besonders liebenswert. Vor dem Unfall waren wir uns nur ein paar Mal begegnet, abgesehen von den Gelegenheiten, wo wir im Kreis der Familie zu Abend aßen. Aber beim Essen hörte er gern nur zu. Nach dem Unfall lernte ich die andere Seite von Steve kennen, die seine Familie schon immer kannte. Mit seinen Fragen hatte sich Ian immer an seinen Vater gewandt und ihn um Rat gefragt. In seinem Vater hatte er einen echten Freund, der Gott liebte.

Steve wusste natürlich, welche inneren Kämpfe ich auszufechten hatte, und er machte es sich zur Aufgabe, für meine Seele zu sorgen, so lange ich unter seinem Dach lebte. Da er schwierige Gespräche nicht scheute, führten wir viele Diskussionen, die mich aber immer Jesus näher brachten. Er war beruflich und durch seine Familie ziemlich stark eingespannt, betreute verschiedene Baustellen, machte ständig Besuche im Krankenhaus, und seine Frau und seine vier anderen Kinder waren ja auch noch da. Trotzdem nahm er sich immer Zeit für die Fragen, die mich bewegten.

„Warum beten wir überhaupt noch dafür, dass Ian geheilt wird?"

„Hat Gott diese Gehirnverletzung geschickt oder nur zugelassen? Und warum überhaupt?"

„Wie kann ich in dieser Situation jemals wieder Freude erleben?"

Einige Fragen quälten mich wirklich sehr. Und in der Zeit, bevor Ian sprechen konnte, war Steve seine Stimme, umsorgte mich durch Worte, die Gott mir und vielen anderen seiner Kinder zusprach. Er war ein Vorbild für mich, vor allem in seiner Liebe zu Jesus. Sorgsam, beinahe vorsichtig, folgte er Gottes Weisungen, denn er wusste, der Weg für ihn und auch seinen ältesten Sohn war ihm schon bekannt. Er lehnte sich zurück und ließ sich von Gottes Gnade tragen.

Kurz gesagt, er war ein guter Mann, der seine Familie liebte.

Nachdem ich ins Haus eingebrochen war, fand ich die Schlüssel auf dem Küchentisch, packte meine Sachen und machte mich in meinem neuen Geländewagen auf den Weg zum See. Auf der Fahrt hörte ich mir das neueste Album von Coldplaan, das ich später immer mit diesem Sommer in Verbindung brachte.

Ich lag mit den Cousinen und Cousins am Wasser und ließ mich mit Ian und den anderen in den Reifenschläuchen, die Grandpa mitgebracht hatte, auf dem Wasser treiben. Wir ließen uns von Onkel Erics Boot über den See ziehen. Wir feierten Tante Andreas Kochkünste beim jährlichen Luau und kühlten uns abends mit Filmen von Alfred Hitchcock oder den bei allen beliebten Renovierungssendungen im Haus ab. Ian konnte sich während der heißesten Tageszeit immer nur kurze Zeit im Freien aufhalten, und Steve hatte eine Erkältung, und so verbrachten die beiden Murphy-Männer viel Zeit zusammen im Haus.

Am 16. August war der Urlaub zu Ende, und wir reisten wieder ab in unsere etwas unnormale Normalität. Ian richtete sich wieder in seinem auf seine Bedürfnisse abgestimmten Zimmer ein und freute sich über seine rollstuhlgerechte Dusche. Am Montagmorgen kehrte ich an meinen Arbeitsplatz zurück.

Alltag.

Dann, am Mittwoch, den 20. August, kollidierte unsere mühsam erarbeitete Normalität wieder mit einem Albtraum.

„Mama, Papa ist aus dem Bett gefallen“, berichtete Lydia ihrer Mutter. Sie hatten gemeinsam Winnie the Pooh im Fernsehen geschaut. Sofort war sie zu ihrer Mutter gerannt, und Mary wusste sofort, dass dies kein Spaß war. So schnell sie konnte, rannte sie die Treppe hoch und in ihr Schlafzimmer. Ihr Mann, mit dem sie seit 27 Jahren verheiratet war, lag auf dem Boden und hatte offensichtlich einen Krampfanfall.

Caleb war zu Hause. Auf dem College hatte er gelernt, was man in einem solchen Fall zu tun hat. Die größte Gefahr bestand darin, dass der Patient an seiner eigenen Zunge erstickte. Er drehte seinen Vater in die stabile Seitenlage und fühlte seinen Puls. Steves Körper wand sich immer noch in Krämpfen auf dem Boden. Lydia kam zu Ian und mir nach unten, und ich nahm sie auf den Schoß, während wir beteten … wofür? Wir wussten es nicht.

Später am Abend fanden wir uns in demselben Warteraum in der Notaufnahme wieder, in dem uns der Krankenhausmitarbeiter drei Jahre zuvor Ians persönliche Sachen übergeben hatte. Wieder waren alle Geschwister bis auf die kleine Lydia da. Auch von Davids Familie, den Altrogges, hatten sich einige eingefunden. Wir wurden die Treppe hinaufgeführt in denselben Flügel des Krankenhauses, den wir nur allzu gut kannten. Dort teilte uns ein Arzt, den wir noch nicht kannten, mit, dass Steve einen Gehirntumor von der Größe einer Grapefruit hatte. Und wieder nickten wir wie betäubt, als uns erklärt wurde, eine sofortige Notoperation sei unumgänglich, und erst nach der Operation könnte man sagen, ob es sich um einen gutartigen oder bösartigen Tumor handele.

Und wieder der Warteraum.

Die Murphys und die Altrogges versuchten sich abzulenken, bis das Ergebnis des Eingriffs feststand. Ich rief Marys Nichte Jessie an, um ihr mitzuteilen, dass ihr Onkel gerade wegen eines Gehirntumors operiert würde, und bat sie, den Rest der Familie zu informieren.

Als ich wieder in den Warteraum kam, schlug jemand vor, wir sollten alle gemeinsam beten, und ich setzte mich neben Ian in seinem elektrischen Rollstuhl, ergriff seine linke Hand und hoffte, dass er verstand, was vorging.

Es waren dieselben Gebete wie vor drei Jahren.

Dieselben Bibelstellen.

Derselbe Krankenhausflügel in Pittsburgh.

Die Erinnerungen blähten sich in meiner Brust auf, wurden immer größer, als ich durch die Tür stürzte und in der nächsten Toilette auf den Boden sank. Dort flehte ich Gott an, er möge rückgängig machen, was bereits geschehen war. Es kam mir vor, als hätten wir die Station 4G nie verlassen. Alles war noch genauso wie vor drei Jahren, als wir um Ian bangten, gefangen auf der Intensivstation, wo diese Art von Gebeten am meisten Dringlichkeit haben.

Wieder tropften Tränen aus meinen Augen, rollten über

meine Wangen, während ich zu begreifen versuchte, dass wir schon wieder hier saßen und warteten. Wir brauchten Steve, aber er war nicht da.

„Es kann nicht Gottes Wille sein, dass Steve stirbt", sagte jemand später, als wir einmal ein paar Minuten an die frische Luft gingen.

„Es ist schön, dass du das denkst", erwiderte ich. „Aber es gibt keine Garantien. Wir müssen auch mit der Möglichkeit rechnen, dass Steve nicht überlebt."

Glauben ist schwer verdient, wenn einer aus der Familie auf der Intensivstation liegt. Wieder einmal mussten wir uns darauf einstellen, dass sich unser Leben von Grund auf ändern würde.

Später am Abend teilte uns der Chirurg mit, dass der Tumor in Steves Gehirn tatsächlich bösartig war. Behandelbar, aber nicht heilbar. Die Worte drangen in meine Ohren ein und wirbelten in meinem Gehirn umeinander, während ich mich bemühte, die Buchstaben des Todesurteils zusammenzufügen.

Die folgenden vier Tage verbrachten wir zu neunt zusammen mit dem zwei Monate alten Paladin in Steves Krankenzimmer. Am 22. August war Devons Geburtstag. Ich besorgte einen Kuchen und Geschenke, die eigentlich von Steve und Mary hätten kommen sollen. Wir versuchten so zu tun, als gehöre es zu einer normalen Geburtstagsfeier, dass der Geburtstagskuchen auf Papiertüchern serviert wurde und der Vater am EEG hing. Steve war bemerkenswert fit und erinnerte uns immer wieder daran, dass Gott souverän sei und genau wisse, was er tue, ganz egal, wie verwirrt wir waren.

Steve bekam Chemotherapie, Bestrahlungen und Physiotherapie verordnet. Genau wie Ian konnte er seinen Arm nicht mehr richtig bewegen und musste nun selbst die Übungen machen, die er früher mit seinem Sohn durchgeführt hatte.

Am 1. September bekam diese neue Realität einen Namen. Und eine Zahl.

Die offizielle Diagnose wurde gestellt und sein Gehirntumor in eine Kategorie eingeordnet. An jenem Abend trafen wir uns auf der Veranda. Steve ließ sich vorsichtig auf einem Stuhl nieder, sichtlich bewegt. Ich betrachtete seine vier Söhne in der Abendsonne und fragte mich, was Steve wohl bei den Worten empfand, die er dann aussprach.

„Der Arzt hat gesagt, dass ich noch ungefähr drei Monate habe."

Ich fragte mich, was für eine Kraft es ihn wohl gekostet hatte, die Worte auszusprechen, die bedeuteten, dass seine Söhne ihren Vater verlieren würden. Ich fragte mich, was er empfand, als er Ian zusammengesunken in seinem Rollstuhl sitzen sah und ihm klar wurde, dass er sich nicht mehr um seinen Sohn kümmern konnte. Ich frage mich, was er sah, wenn er in den Himmel schaute in dem Wissen, dass er ihm nun ganz nah kam.

2. September 2009 (Steve)

In der Bibel ist keine Rede von Krebs, wohl aber vom Tod. Wir haben Möglichkeiten, den Tod hinauszuzögern, sogar den Tod durch Krebs. Die Ärzte konnten mein Leben ein wenig verlängern, und ich staune darüber, dass ich immer noch hier bin. Aber eines Tages wird mein Tod kommen. Ich bin so dankbar, dass ich durch die Bibel weiß, was Gott getan hat, um mich vom Tod zu erlösen. Ich bin so dankbar, dass ich mir nichts selbst verdienen musste, sondern alles durch Christus geschenkt bekam.

Steves Diagnose bedeutete auch, dass wir Ian in den kommenden Wochen immer wieder daran erinnern mussten, denn sein Kurzzeitgedächtnis funktionierte nicht richtig. Immer wieder erzählte ich ihm von Steves Erkrankung und erklärte, dass er nur noch wenige Wochen zu leben hatte. Ich versuchte, seine Gedanken auf all das Gute zu lenken, das er mit seinem Vater erleben durfte, und ich bemühte mich auch, mit ihm gemeinsam um Heilung und Kraft zu beten.

Viele unserer Gespräche mit Steve in seinen letzten Lebenswochen drehten sich um Ians und meine gemeinsame Zukunft. Steve drängte auf eine Entscheidung. Wir sollten uns entweder trennen oder heiraten – dieser Schwebezustand war für ihn keine Option für längere Zeit. Steve redete viel allein mit Ian und er sagte mir, dass Ian ihm ganz klar gesagt hatte, er wünsche sich, dass wir heirateten. Er habe natürlich Bedenken wegen seiner starken Beeinträchtigungen und dem, was das für mich bedeutete, aber der Wunsch war stark.

Eines Abends stand ich im Esszimmer und bügelte, während Ian unter der Dusche war. Es war kühl im Haus, frische Luft drang durch die Fenster ins Zimmer. Der Herbst stand vor der Tür. Steve kam ins Zimmer und setzte sich an den Tisch. Ich erklärte ihm, dass ich mich irgendwie anders fühlte. Ich konnte das nicht erklären. Es sei wie bei Aslan in den Narnia-Büchern … als wäre Gott dabei, etwas zu bewegen. Mir sei, als stünde etwas Großes bevor, vielleicht eine Heilung, als würde Ian zu mir zurückkommen.

Und der Gedanke, sein Vater könnte es nicht miterleben, war einfach schrecklich.

„Ian!", rufe ich, „ich finde, wir sollten heute mal ohne deinen Rollstuhl aus dem Haus gehen!"

„Okay."

Ich befestigte die Schiene an dem kaputten Bein meines Mannes. Die Sohle seines Schuhs ist erhöht, um den Längenunterschied seiner Beine auszugleichen, der entsteht, weil sein Knie sich nicht durchstrecken lässt. Er steht auf, und ich schnalle seine Arme an der Gehhilfe mit den Armlehnen fest … weil er auch seine Arme nicht durchstrecken kann.

Er macht ein paar mühsame Schritte aus unserem Schlafzimmer auf die Veranda. Eine leichte Brise weht ihm entgegen, als er zum ersten Mal seit sieben Jahren auf seinen eigenen Beinen aus dem Haus geht. 15 Minuten braucht er vom Haus bis zum Auto, eine Strecke, für die ich 30 Sekunden brauche. Aber er schafft es. Und das ist ein Grund zum Danken.

„Wie fühlt es sich an, nach draußen zu gehen und den Rollstuhl zurückzulassen, Ian?", frage ich, als wir beim Auto ankommen und er endlich seine müden Beine ausruhen kann.

„Befreiend. Schmerzhaft, aber gut."

Er muss immer noch intensiv trainieren, macht immer noch Fortschritte, und Gott wirkt immer noch an ihm. Und die Dinge, die er noch nicht kann, wollen wir nicht einfach akzeptieren. Denn wenn man es nicht versucht, erreicht man auch nichts.

„Caleb, denkst du, wir könnten Ian in das Golfcart setzen?"

Es gelingt uns – nachdem wir es bei unserer Hochzeit vor zweieinhalb Jahren schon einmal erfolglos versucht hatten.

„Ian, ich bin davon überzeugt, dass du das Golfcart steuern kannst."

„Das ist keine gute Idee", erwidert er, nachdem sein linker Fuß auf dem Gas und seine linke Hand am Steuer liegen. Keine gute Idee vielleicht, aber sie führt zu etwas Gutem, und ich quietsche so laut vor Freude, dass unsere Tante auf der anderen Seite des Golfplatzes es hört. Zum Glück sind die Ufer des Sees weit weg und das Grün des Golfplatzes eben, perfekt geeignet als Spielplatz für einen Mann, der sich sieben Jahre nur mit der Hilfe anderer fortbewegen konnte.

„Denkst du, wir könnten Ian auf ein Quad setzen?"

„Meinst du, dass wir kurz nebeneinander stehen und einfach nur Händchen halten können, ohne dass du deinen Arm um mich legst? Ich weiß, es fällt dir schwer, die Balance zu halten, aber lass es uns ganz kurz probieren."

„Ben, was meinst du, sollen wir mit Ian eine Fahrt im Heißluftballon machen?"

„Denkst du, du könntest die Stufen zu dem Haus dort hochsteigen? Ich möchte so gern mit dir mal einen Besuch hier machen."

Wir können nicht akzeptieren, dass Ian bestimmte Dinge nicht mehr kann, weil wir anfangen zu sehen, dass es auch außerhalb unserer vier Wände und der bequemen Polsterung seines Rollstuhls noch ein Leben gibt. Jeden Abend macht er Sit-ups und andere Übungen mit seinem Pfleger, um seine Muskulatur zu kräftigen, die er dann benutzen kann, um kleine Freuden zu erleben, zum Beispiel, dass er allein ein Golfcart steuert. Und vielleicht eines Tages auch wieder Golf spielen zu können, ein Sport, den er sehr geliebt hat. Wir können die Einschränkungen nicht akzeptieren, weil es nicht zu versuchen letztlich dazu führt, es auch tatsächlich nicht zu können. Behindert zu sein.

Wir können die Einschränkungen nicht akzeptieren, denn soweit wir wissen, war es nicht Gott, der sie uns oder Ians Körper auferlegt hat.

„Der Herr wird alles zu einem guten Ende bringen" (Psalm 138,8).

Vier Wochen nach Steves Krampfanfall saß ich am Küchentisch beim Frühstück. Ein seltsamer Laut drang aus Ians Zimmer und auch sein Pfleger gab ganz ungewöhnliche Geräusche von sich. Es hörte sich an wie ein Stöhnen. Oder ein Spucken. Mary ging ins Zimmer, weil auch sie es mitbekommen hatte, und als sie wieder herauskam, suchte sie hektisch nach dem Telefon.

„Was ist los?", fragte ich, während sie den Notruf wählte.

Ich bekam nicht sofort eine Antwort, weil sie mich schützen wollten, aber ich wusste ohnehin, dass etwas nicht stimmte. Deshalb ging ich ins Zimmer.

Dort lag Ian mit einem Krampfanfall auf dem Boden. Sein ganzer Körper war verkrampft, und seine Augen starrten ins Leere.

„Ian, sieh mich an!", flehte ich. Ich wollte ihn in die Arme nehmen, wollte ihn dazu bringen, mich anzusehen. Eine furchtbare Panik bemächtigte sich meiner, alles könnte verloren sein.

Der Rettungswagen traf ein, und als die Sanitäter Ian auf der Bahre festschnallten, kam Steve um die Ecke. Als ich ihn sah, hielt ich meine Tränen nicht länger zurück, und sie tropften auf seine Schulter.

„Ich schaffe das nicht noch mal", sagte ich.

„Was denn?", fragte er sanft.

„Das alles."

Was ich meinte, aber nicht in Worte fassen konnte, war ein erneuter Krankenhausaufenthalt für Ian und schon wieder ein Krampfanfall eines geliebten Menschen.

Ich fuhr mit Ian im Rettungswagen und erneut fanden wir uns alle im Krankenhaus ein. Wir warteten auf den gepolsterten Stühlen, starrten auf den Monitor an der Wand mit dem Fernsehprogramm und hofften, dass Ian nicht auch einen Gehirntumor hatte. Ben informierte meine Mutter, weil ich es einfach nicht über mich brachte. Da ich beim Frühstück gesessen hatte, hatte ich mich noch nicht richtig angezogen und trug eine alte Trainingshose und ein auf links gedrehtes Kapuzen-Sweatshirt. Steve war ebenfalls mitgekommen, aber Caleb musste ihn zu seiner Bestrahlung im Gebäude gegenüber begleiten, bevor wir wussten, was mit Ian war.

Als wir zu ihm konnten, setzte ich mich an sein Bett und hielt seine linke Hand, genau wie damals auf der Intensivstation. Gigi kam mit ins Zimmer, denn mittlerweile war sie zu einer festen Größe im Krankenzimmer geworden, fast so wie ein Herzmonitor. Sie hielt einen Kaffeebecher in der einen Hand und streichelte mir mit der anderen den Rücken. Ian wurde zum MRT geholt. Ich begleitete ihn.

Und dann: Erleichterung.

Die Aufnahmen zeigten keinerlei Auffälligkeiten. Es sei ungewöhnlich, erklärte der Arzt, dass so lange Zeit nach der Verletzung ein so massiver Krampfanfall auftrete, aber eigentlich sei das sogar ein gutes Zeichen, weil Krämpfe ein Hinweis darauf seien, dass sich in Ians Gehirn etwas täte, dass die Neuronen sich einen Weg durch das geschädigte Gewebe bahnten.

Wir kehrten nach Hause zurück, vorsichtig balancierend auf dem Seil zwischen Hoffnung und Realität. Lachen gehörte unbedingt zu unserer Überlebensstrategie – die Therapiesitzungen, die Abendessen im Familienkreis mit Trauerrand. Ohne Lachen wären die Damoklesschwerter von wachsenden Gehirntumoren nicht auszuhalten gewesen. Wir brauchten die Erleichterung, die Perspektive und das Wohlgefühl eines herzhaften Lachens.

Wir brauchten einander.

Und wir wussten nicht, wie lange wir uns noch haben würden.

Wir sahen uns so oft wie nur möglich. Ben, der gerade das College abgeschlossen hatte, bekam ein Stellenangebot in einer Stadt, die 300 Meilen entfernt lag, doch er, Jane und Paladin und ihre zukünftigen Kinder mussten in der Nähe bleiben, schon um Marys willen. Diese Entscheidung hatte zur Folge, dass Ben einige Jahre nach einem passenden Job suchen musste, aber sie erlebten auch, dass Gott auf unerwartete Weise für sie sorgte. Er und Jane bekamen noch zwei Kinder und fanden schließlich ein Haus, von dem sie nicht einmal zu träumen gewagt hatten.

Caleb war mit seiner Frau nach Kalifornien gezogen. Die warme, trockene Luft tat ihrer chronischen Migräne gut. Doch auch ihnen wurde klar, dass sie näher bei der Familie sein wollten. Calebs Frau nahm gesundheitliche Einschränkungen in Kauf, damit sie wieder herziehen konnten. Die Familie war ihnen wichtiger.

Fünf Tage nach Ians Besuch in der Notaufnahme wurde Steve erneut eingeliefert, wieder wegen eines Krampfanfalls, dieses Mal mit dem Rettungshubschrauber. Der Tumor war erneut gewachsen. Dieses Mal hatte er Probleme mit dem Sprechen gehabt, ein bisher unbekannter Indikator für Tumorwachstum. Jetzt stand wieder eine Entscheidung an, genau wie vor drei Jahren, als die Frage im Raum stand, ob Ian künstlich am Leben erhalten werden sollte. Die Murphys hatten die Wahl, ihre Einwilligung zu einem weiteren Eingriff zu geben, bei dem die Gefahr bestand, dass Steves Sprachzentrum und andere Funktionen noch weiter beeinträchtigt würden, oder abzuwarten und zu hoffen, dass der Tumor sich nicht zu schnell ausbreitete.

Als wir an Steves Bett mit den vielen Monitoren standen, musste ich an das Gespräch mit ihm auf der Veranda denken, bei dem er mir Mut gemacht und gesagt hatte, wie auch immer wir in Bezug auf eine Heirat entscheiden würden – das Wichtigste sei, dass wir im Rückblick sagen konnten, dass wir die Entscheidung im Glauben getroffen hätten. Das galt auch für diese Situation, in diesem Raum, während Paladin schlafend in Janes Armen lag und Lydia am Fuß eines Bettes stand, das sie, wenn es nach ihrem Papa gegangen wäre, niemals gesehen hätte.

Die Entscheidung fiel zugunsten der Operation. Ein paar Tage später konnte Steve nach Hause kommen.

Von da an verschlechterte sich sein gesundheitlicher Zustand rapide. Seine Kräfte ließen zusehends nach, und er schaffte es kaum noch, die Treppe nach unten zu bewältigen. Schließlich ging das gar nicht mehr. Und da die Treppe für Ian ein unüberwindliches Hindernis darstellte, sah er viel zu wenig von seinem Papa, der im Sterben lag.

Als deutlich wurde, dass Steve es nicht mehr nach unten schaffen würde, überlegten wir, wie wir Ian nach oben bringen könnten. Seine drei Brüder und sein bester Freund trugen ihn schließlich die Treppe hoch und setzten ihn auf den Bürostuhl seines Vaters, den wir an das Bett schoben. Steves Augen waren offen, aber er sprach nicht.

Da waren sie nun.

In traurigem Schweigen zusammen.

Ich besuchte Steve, wann immer es mir möglich war, versuchte, auch tagsüber immer mal wieder nach ihm zu sehen, mich zu ihm zu setzen und ihm etwas zu erzählen. Eines Nachmittags, als ich von einem Treffen mit unserem Pastor kam, mit dem ich über das Thema Ehe gesprochen hatte, ging ich nach oben. „Fühlst du dich verpflichtet, bei Ian zu bleiben?“, hatte unser Pastor mich gefragt. War das so? Hatten die Erwartungen unserer Familien, die Geschichte, die wir in unserem Blog öffentlich gemacht hatten oder die Schwäche meines eigenen Herzens mich in eine emotionale Ecke gedrängt? Nein, das glaubte ich nicht. Ich war wirklich davon überzeugt, dass Ian und ich heiraten konnten, sollten und wollten.

„Ich verspreche dir, dass Ian immer versorgt sein wird“, sagte ich Steve an diesem Tag und sah ihm ins Gesicht, das von Tag zu Tag schmaler und blasser wurde. „Ich verspreche dir, ich werde mich um Ian kümmern.“

Steves Geist verwirrte sich zunehmend. Eines Nachmittags tippte er fünfzehn Minuten lang auf das Display seines Telefons, weil er etwas damit tun wollte, aber nicht mehr wusste, was oder wie. Er versuchte es auch mir zu zeigen. Es war ein Handy ohne Touchscreen, und er erreichte nicht, was er wollte. Hilflos blickte er mich an, flehte mich an, ihm zu helfen, die Worte auszusprechen, die er selbst nicht mehr fand.

Weil der Krebs die Oberhand gewann.

Mein Mann arbeitet unermüdlich daran, kräftiger zu werden. Er steht rechts neben mir, die Arme an der Gehhilfe festgeschnallt, das rechte Knie durch eine Schiene stabilisiert. Sechs Jahre sind seit dem Unfall vergangen, und noch immer fällt es ihm unendlich schwer, einen Fuß vor den anderen zu setzen. Jeden Abend soll er eine Stunde lang stehen, so will es die Therapeutin. Und heute Abend wollte er es ins Wohnzimmer schaffen. Und darum steht er jetzt neben mir, vor der Couch.

„Ian, du könntest doch etwas singen, dann vergeht die Zeit schneller“, schlage ich vor und werfe einen Blick auf den Timer, den ich auf meinem Handy eingestellt habe.

„Das ist aber eine sehr selbstsüchtige Bitte.“

„Weil ich dich gern singen höre?“

Er lacht. „Ja.“

Seine Beine beginnen zu zittern, als sie müde werden, und er will sich hinsetzen. Ich erkläre ihm, dass er noch ein wenig durchhalten muss. Es fällt mir sehr schwer, ihn so anzutreiben, aber so lauten die Anweisungen der Physiotherapeuten. Caleb stabilisiert die Gehhilfe, damit Ian nicht das Gleichgewicht verliert und vornüber stürzt … wieder einmal.

Ich sitze hier und kann ganz einfach jede Bewegung machen, die ich will. Ich blicke Ian an und versuche mir vorzustellen, wie es wohl ist, in *seinem* Körper zu stecken, wie es wohl ist, wenn man nur mithilfe eines Geräts auf seinen Beinen stehen kann. Und ich frage mich, wie er es schafft, unermüdlich weiter zu trainieren und es immer wieder neu zu versuchen.

„Ian, was ist deine Motivation, dich so sehr anzustrengen?“

„Du.“

„Warum?“

„Weil du die Belohnung bist.“

„Inwiefern?“

„Umarmungen und Küsse, hm?“

Caleb und ich lachen über seine Antwort. Ich schiebe mich unter den linken Arm meines Mannes. Caleb sitzt uns gegenüber auf der viktorianischen Couch, deren pinker Bezug verschämt von einem weißen Überwurf versteckt wird. Calebs Lachen, eine feste abendliche Größe in unserem Heim, verrät seine Gedanken.

„Du bist ganz schön frech“, sagt Ian zu ihm.

Ich möchte diesen Augenblick festhalten, denn nicht immer werde ich so fröhliche Interaktionen erleben. Hinter mir liegen

Zeiten, in denen Ian seine Gefühle für mich nicht ausdrücken konnte, und sicherlich wird es auch wieder einmal solche Zeiten geben, weil er vielleicht zu müde ist oder wieder einmal eine Blasenentzündung hat, die ihm alle Kraft raubt. Aber diesen Augenblick möchte ich in meinem Herzen bewahren, damit ich, wenn mich in den stummen Zeiten wieder einmal Zweifel beschleichen, zurückblicken und mich an all die Gelegenheiten erinnern kann, wo er mir seine Zärtlichkeit gezeigt hat, wo er mich spüren ließ, dass er mich liebt.

Dies waren die Kosten, die Ian zu überdenken hatte, bevor er sich entschloss, mir einen Heiratsantrag zu machen. Dies waren die Fragen, die er zu beantworten hatte:

Wird Gott für meine Frau sorgen?

Werde ich in der Lage sein, sie zu lieben? Wird sie mich über die Jahre weiter lieben können oder wird sie meiner Einschränkungen überdrüssig werden?

Kann ich ihr mit meinem behinderten Körper ein guter Ehemann sein?

Aber Ians Glaube war klar und stark, und er vertraute darauf, dass Gott auch in dieser Situation gegenwärtig ist. Er füllt die größeren Lücken aus und stopft die tieferen Löcher, denn manchmal erscheinen mir die schlechten Tage unerträglich, oder auch nur die Tage, an denen ich nicht über seine Einschränkungen hinwegsehen kann und die mir endlos lange vorkommen.

„Ian, ich schaffe das nicht“, sage ich an einem solchen Tag manchmal.

„Ich will das nicht.“

„Ich ersticke daran.“

Wenn ich darüber nachdenke, was er alles nicht mehr kann, packt mich manchmal der Zorn … leider viel zu häufig. Ich ermahne ihn dann noch häufiger, seine rechte Hand nicht mit der linken festzuhalten, weil sonst die Muskeln anfangen zu atrophieren. Ich fordere ihn ungeduldiger auf, den Kopf in einer aufrechten Position zu halten, statt ihn zur Seite zu neigen, was Verspannungen nach sich zieht und so schrecklich behindert aussieht. Und ich erschrecke mich vor mir selbst, wenn ich mich sagen höre: „Ian, ich habe keine Ahnung, was du meinst. Du musst deutlicher sprechen!"

Manchmal spielen meine Hormone verrückt; dann vermischt sich die Biologie mit der Realität zu einer Kakophonie von Emotionen.

Ich weiß, dass ich diese Gedanken nicht zulassen sollte. Ich darf mich nicht von ihnen leiten lassen oder sie am Ende noch für wahr halten, sondern muss sie mit aller Kraft von mir schieben.

Die Wahrheit muss den Sieg davontragen. Sie *muss* siegen.

Jesus Christus ist der Herr über den Tod. Über das Leiden. Über alles.

Nur aus diesem Grund geben wir nicht auf.

„Ich glaube, heute ist der Tag, Gigi."

Ich schrieb Gigi diese SMS, nachdem ich unsere Verabredung abgesagt hatte. Eigentlich hatten wir zusammen spazieren gehen wollen, aber irgendwie hatte ich das Gefühl, dass Steve an diesem Tag sterben würde.

Ich saß im Wohnzimmer. Mit wenigen Unterbrechungen hielt sich Mary die meiste Zeit in Steves Zimmer auf. Sie sagte nicht viel, aber es stand nicht gut um ihn, das war mir klar. Eine neue Schwester war zu Marys Unterstützung gekommen … eine Hospizschwester.

„Er trinkt nicht mehr, und ohne Flüssigkeit wird es in ein paar Tagen vorbei sein."

Nachdem ich die SMS an Gigi abgeschickt hatte, kam Mary ins Wohnzimmer.

„Caleb?", sagte Mary, „ich glaube, es ist bald so weit. Komm hoch, wenn du dich von deinem Vater verabschieden willst."

Ich bewegte mich nicht aus meinem Sessel, denn ich war nicht ihre Tochter. Ich wohnte wegen ihres Sohnes im Haus, doch der war gerade mit seinem Pfleger zur Therapie gefahren. Doch ich konnte es nicht aushalten; kurz darauf stand ich dann doch im Türrahmen vom Schlafzimmer. Zwei der Söhne und die Tochter saßen auf der Bettkante ihres Vaters.

Steves Körper lag im Bett, aber es war kein Leben mehr in ihm.

Ich verließ das Haus und machte mich auf den Weg zum Therapiezentrum, um Ian Bescheid zu sagen. Im Flüsterton informierte ich seinen Therapeuten, was geschehen war, und schob schließlich Ians Rollstuhl aus dem Sprachtherapieraum, wo er seit viel zu vielen Tagen so unendlich hart an sich arbeitete. Jane, die in demselben Gebäude arbeitete, kam nach unten, und auf dem Parkplatz des Krankenhauses sagten wir ihm, dass sein Vater gestorben war. Dann fuhr Jane zu der Schule, an der Ben als Ersatzlehrer unterrichtete, um es ihm ebenfalls mitzuteilen.

Zu Hause angekommen, sahen wir, wie die Hospizschwester das OxyContin in die Toilette schüttete, nachdem sie jede einzelne Tablette gezählt hatte. Das war Vorschrift, damit die Angehörigen auch ganz bestimmt keine Tabletten zurückhielten. Die Mitarbeiter des Bestattungsinstituts trafen ein, fremde Menschen für uns, legten Steve in einen Leichensack und trugen ihn an uns vorbei nach draußen. Ich wandte mich ab, denn ich wollte nicht wissen, wie ein menschlicher Körper in einem Leichensack aussah.

Wieder war die Zeit des Schweigens angebrochen.

Und wieder saßen wir im Wohnzimmer zusammen: Mary, ihre vier Söhne, eine Schwiegertochter, ihre kleine Tochter und ihr neues Enkelkind. Und ich. Wir saßen da und versuchten zu begreifen, was geschehen war, und die einzige angemessene Reaktion schien uns zu sein, mit Gott in Kontakt zu treten, zu ihm zu beten und zu singen.

Und während wir sangen, wurden wir getröstet, wie es Christen seit Tausenden Jahren erleben. Steve hatte auf das Leben nach dem Tod hingelebt, und jetzt war er vom Leben aufgenommen worden. Und während wir auf der Couch saßen, auf der Steve noch vor wenigen Wochen gesessen hatte, wussten wir, dass er in diesem Augenblick seinem Gott begegnete.

Kapitel 10

Ich liebe es, wenn das Wochenende sanft an die Tür klopft, hinter der ich mit meinem Mann wohne, ganz besonders im Frühling. Früh am Morgen denke ich, dass es ein guter Tag wird, denn wenn draußen die Vögel fröhlich zwitschern, kann ich nicht anders, als ebenfalls glücklich zu sein. Die helle Morgensonne lässt mich Pläne schmieden, in denen das Büro nicht vorkommt, hilft mir, aus dem Bett aufzustehen, zu duschen und meine Yoga-Übungen zu machen.

An solchen Wochenenden nehme ich mir morgens viel Zeit für das Gebet. Ich kann Ian beim Schlafen zusehen, denn die Pflegekraft kommt am Wochenende nicht. Ich bete, weil es sein kann, dass ich ihn vielleicht nicht mehr so sehr liebe, wie ich es möchte, wenn er aufwacht, und dass er den ganzen Tag möglicherweise zu müde ist, um etwas zu unternehmen. Ich weiß also, dass ich mir eine gute Grundlage schaffen muss, gleich hier und jetzt. Dass ich meine Fersen in die Holzbohlen graben und mich vorbereiten muss auf die Zweifel und Kämpfe, die im Laufe des Tages auf mich einstürmen werden.

„Wenn ich nur immer so empfinden könnte", sage ich mir, „wenn ich ihn nur immer so ansehen könnte wie gerade und lächelnd sagen könnte: ‚Ich liebe dich so sehr', dann wäre der Tag so einfach. Wenn ich ihn niemals ungeduldig anfahren würde, wenn er nicht ‚funktioniert', dann würde ich mich nicht so eingeengt und so bedürftig fühlen. Wenn ich immer klar denken könnte, dann wäre diese Ehe leicht. Warum nur mache ich es mir immer so schwer?"

Entsetzt über mich selbst sehe ich zu, wie sich Ians Brust langsam hebt und senkt.

„Ach, Ian, warum bist du nur so lieb?", habe ich ihn einmal gefragt.

„Ich habe einen unglaublichen Erlöser", antwortet er mir.

Da ist er wieder, dieser geradlinige und sehr prägnante Glaube meines Mannes. Da ist er, der Glaube, der mir fehlt, den ich mir aber so sehr wünsche. Denn ich brauche ihn, um diese Ehe weiterzuführen, dieses Leben, das alles andere als bequem ist. Ich weiß, ich muss mich immer wieder in die Hände des Töpfers begeben und mich formen lassen. Ich muss immer noch bearbeitet und gebrannt werden, um ein nützliches Gefäß zu werden. Wenn mir ein Ausweg gezeigt würde, ein leichterer Weg, würde es mir letztlich nicht besser gehen, als wenn ich mich weiter auf dem schwierigen Weg durchkämpfe.

„Ist das nicht meine Bestimmung?", überlege ich. Dieses Leben in der Abhängigkeit von dem Einen, der mich erschaffen hat? Dieses Leben, das nicht leicht ist und das durch die Widrigkeiten meine Sehnsucht nach Gott deutlich macht?

Mein Blick ruht auf Ian, seine Atmung wird tiefer und gleichmäßiger. Er liegt in tiefem Schlaf. Die Kraft, die Gott ihm schenkt … sie hält ihn.

Immer wieder sprach ich mit Ian über den Tod seines Vaters, weil ihm solche Ereignisse oft nicht im Gedächtnis blieben. Nicht immer verdrängte sein Gehirn die Tatsachen, aber oft schien der Tod ihm nicht präsent zu sein. Es war schlimm, dass er auf diese Weise immer wieder neu um seinen Vater trauern musste, und ich bemühte mich, ihm dabei zu helfen. Zum Beispiel fragte ich ihn, was er an seinem Vater am meisten vermisste und was er am meisten geliebt hätte.

Im November diktierte er mir einige Sätze für unseren Blog:

10. November 2009 (Ian)

Mein Papa hat sich immer auf den Himmel gefreut. Ich bin froh, dass er jetzt dort ist. Er lebt mit Gott, in jeder einzelnen Minute eines jeden Tages. Mein Vater erfreut sich jetzt bester Gesundheit, ganz anders als hier auf der Erde. Er fehlt mir, aber ich weiß, dass es ihm jetzt gutgeht. Und das lässt in mir den Wunsch entstehen, selbst mit Ausdauer auf den Himmel zuzugehen. Ich werde den Himmel sehen, weil Christus für mich gestorben ist, und ich freue mich auf den Himmel, weil ich dort jeden Tag Gott begegnen werde. Die Vorstellung, mit Gott zu reden, gefällt mir.

Doch während ich Ian durch den Trauerprozess um seinen Vater begleitete, wurde mir etwas klar, das in meinen Tagebuchbriefen an Ian sehr deutlich wird: Meine eigene Trauer kam zu kurz.

20. November 2009

Die Briefe in diesem Buch sind an dich gerichtet, Ian. Ich muss dir sagen, es betrübt mich fast am meisten, dass du oft nicht in der Lage bist, dich an den Tod deines Vaters zu erinnern. Und ich weiß nicht, warum Gott dich immer wieder vergessen lässt, aber so ist es. Ich bin nicht Gott. Aber das ist doch kein Erbarmen? Ich bete und bete, dass du dich erinnerst und angemessen trauern kannst.

Ich kann Gott nicht erfassen. Mein endlicher Geist möchte Gott gern in eine überschaubare Schublade stecken. Und mein Denken ist blockiert durch meinen Schmerz und meine Erschöpfung. Aber so ist es wohl, aus der Gnade zu leben, Liebling. Denn unsere Last geht so weit über unsere Kräfte, dass wir oft das Gefühl hatten, das Todesurteil erhalten zu haben.

Hier ist meine eigene Kraft zu Ende, Liebling.
Ich vermisse dich.
In Liebe, ich.

Ich machte für Ian weiter. Ian machte für mich weiter. Nach dem Tod seines Vaters hatten seine Physiotherapeuten den Eindruck, dass sich sein gesundheitlicher Zustand verschlechterte. Aber wir, seine Familie, sahen mehr. Er ergriff häufiger die Initiative, und er zeigte mir deutlicher seine Zuneigung. Aber ich litt noch immer.

21. November 2009

Ich bin traurig. Und habe Angst. Vielleicht ist das normal, wenn man bedenkt, was wir durchgemacht haben. Gott, bitte sei nicht so fern. Gott, bitte hilf mir, an dir festzuhalten. Ian, ich habe Angst, der Himmel ist vielleicht nur eine schöne Vorstellung von uns Menschen. Ich habe Angst, dass wir vielleicht durch die Hölle gehen müssen, um dorthin zu gelangen.

Mein Liebling, meine Sorge ist, dass ich ein Leben mit dir körperlich nicht schaffe. Ich bin im Augenblick so erschöpft. Und ich fürchte, dass ich in den Tiefen der Verzweiflung versunken bin. Und dass ich meine Gefühle für dich und meine momentane geistige Verfassung voneinander trennen muss. Ich weiß, dass ich dich liebe, aber ich habe Angst, dass ich die Freude an dir ebenso verliere wie an allem anderen im Leben.

Heute Abend, als du versucht hast, ohne Hilfe zu Abend zu essen, hast du frustriert deine Gabel auf den Tisch geschleudert. Ich habe dich gefragt, was du denkst, und du hast gesagt: „Ich wünschte, das wäre leichter.“ Das hat mir das Herz gebrochen. Ich verstehe es nicht. Es macht keinen Sinn. Ich weiß nicht, was Gnade wirklich ist. Und ich weiß nicht, warum du das alles ertragen musst. Oh Ian, ich wünsche dir, dass du bald in den Himmel kommst. Ich kann mir ein Leben ohne dich nicht vorstellen, aber dort wärst du glücklich.

Noch einen Tag wie diesen kann ich nicht ertragen.

Ich liebe dich sehr.

Ich glaube, ich habe eine Weile gebraucht zu erkennen – und auch erst im Rückblick wurde es mir klar –, dass Steve Ian ein Stückweit für mich lebendig gehalten hatte, indem er mir beistand, als Ian dazu nicht in der Lage war. Er hatte Erinnerungen an die Zeit, als Ian sich in mich verliebt hatte, die kein anderer hatte. Sogar in manchen seiner Gesten sah ich Ian wieder.

Mit Steve starb auch ein Teil von Ian.

Doch als er fort war, schien es auch, als käme Ian wieder etwas mehr zurück. Ian unterstützte mich wieder, wie er es früher getan hatte. Und obwohl mit weniger Worten, riet er mir und half mir geistlich weiter. Ihre Rollen hatten sich in gewisser Weise vertauscht.

Als Ian fort war, war Steve an meiner Seite.

Als Steve ging, gab Gott mir meinen Ian zurück.

Als Leerstellen sich auftaten, füllte Gott sie.

In diesem Jahr wollten wir über Weihnachten verreisen, weil es uns leichter erschien, die Feiertage an einem fremden Ort zu verbringen als zu Hause, wo uns alles an Steve erinnerte. Ein Bekannter stellte uns seine Ferienwohnung in einem Skiort zur Verfügung, und an einem verschneiten Dezembermorgen machten wir uns auf den Weg in die Berge. Nachdem wir ausgepackt hatten, erkundeten wir aufgeregt die neue Umgebung. Die Aussicht, lange ausschlafen zu können, war herrlich. Als Beitrag für die Möglichkeit, auf Skiern über die Pisten zu sausen, waren die Jungs für das Frühstück verantwortlich. Die jüngeren Geschwister machten sofort nach unserem Eintreffen den Vorschlag, die Bescherung vorzuziehen und gleich an diesem Tag

Weihnachten zu feiern. Sie könnten nicht mehr länger warten, sagten sie.

„Möchtest du mit Ian mal allein sein?“, fragte Mary. Wenn wir alle zusammen waren, fanden wir nie die Gelegenheit, für uns zu sein. Die Frage machte mich misstrauisch. Trotzdem saßen wir auf einmal ganz allein nebeneinander auf der Couch. Ich hatte meine Füße mit den Nikolaus-Pantoffeln unter Ians Oberschenkel gesteckt. Irgendetwas war im Busch, das merkte ich, als alle im Obergeschoss verschwanden und auffällig bemüht so taten, als würden sie sich ganz normal verhalten.

Unser Gespräch war mühsam. Der Augenblick kam mir erzwungen vor. Und dann veränderte sich alles, als von der oberen Galerie etwas heruntergelassen wurde. Beim genaueren Hinsehen entdeckte ich ein Seil, an dem eine kleine Schmuckschachtel befestigt war. In meiner Reichweite blieb sie hängen.

„Ian, was ist das?“

„Ein Ring.“

„Was für ein Ring?“

„*Der* Ring“, erklärte er.

Ich griff danach und half Ian, ihn aus der Schachtel zu nehmen.

Als Ian noch im Krankenhaus gelegen hatte, hatte es Zeiten gegeben, wo ich mir diesen Augenblick ausgemalt hatte. Ich stellte mir dann vor, wie sein Heiratsantrag aussehen würde, wie er ihn inszenieren würde. Bei einem Mann, der im Scherz einmal zu seinem Pastor gesagt hatte, dass er, wenn er verheiratet sei, beim Heimkommen jedes Mal ein Feuerwerk erwarte, war ein einfacher und einfallsloser Heiratsantrag einfach nicht denkbar.

Vielleicht hätte er ihn in ein Drehbuch eingebaut und mich dann gebeten, das Manuskript Korrektur zu lesen. Wenn ich bei den Worten des Hauptdarstellers: „Willst du mich heiraten?“, angekommen wäre, hätte er sich dann eingeklinkt.

Vielleicht hätte er mich auch zum Essen ausgeführt. Eine ganz normale Fahrt im Auto, und wie immer hätte er den Jazz-Sender eingestellt. Etwa eine Meile hinter dem Tunnel machte die Straße eine leichte Biegung, und auf einmal lag die Skyline der Stadt vor uns. Jazz – vor allem Mr Sinatra, der uns aufforderte, mit ihm zu fliegen – wäre die perfekte Untermalung gewesen. Vielleicht hätte er es dort in seinem Auto getan, nicht traditionell auf den Knien, sondern ganz einfach Ian-mäßig.

Wie auch immer, er wusste, was dieser Augenblick bedeutete, und er wusste, welche Frage er mir stellen wollte. Zusammen mit seiner Mutter und seiner Schwägerin hatte er den perfekten Ring ausgesucht. Genau wie der Ian vor dem hatte er genaue Vorstellungen und folgte nicht den Empfehlungen seiner Ratgeberinnen. Er wusste, was er wollte. Punkt.

Und jetzt kam es.

„Willst du mich heiraten?“, fragte er.

Willst du mich heiraten.

Er hat mir die Frage aller Fragen gestellt.

Und schon tauchten sechs Köpfe über dem Geländer der Galerie auf, die das frisch verlobte Paar sehen wollten. Lachend rief ich ihnen zu, sie sollten nicht so kindisch sein. Sie polterten die Treppe herunter, und die Mädels wollten sehen, wie mir der Ring stand, den sie mit Ian zusammen ausgesucht hatten.

Ich telefonierte und verschickte SMS und erzählte und nahm Reaktionen entgegen, die von Freude über Verwirrung bis hin zu Befremden reichten. An diesem Abend feierten wir, und ich fing an, unsere Hochzeit zu planen, wie ich mir das schon so lange gewünscht hatte, doch zu große Angst davor gehabt hatte. Jane schilderte ich, wie ich mir die Hochzeit vorstellte, während gleichzeitig die wildesten Gedanken, die in meinem Kopf herumwirbelten und ein Gefühlschaos in mir auslösten. Die Skala meiner Gefühle reichte von Angst über Entzücken bis hin zu Benommenheit.

Am Morgen nach dem Heiratsantrag saß ich oben am Computer und stöberte auf Hochzeitswebseiten. Mary kam zu mir und brachte mir schonend bei, dass Ian einen weiteren Krampfanfall gehabt hatte, als Caleb ihm aus dem Bett half. Vergessen waren Blumenschmuck und Einladungen. Alle Zukunftsmusik und die Hoffnung, dass eines Tages eine Art Normalität sich einstellen würde, wichen der Erkenntnis, dass wir nach wie vor Medikamente und Krankenhäuser und Menschen in unserer Nähe brauchten, die Ian halfen.

Ich freute mich, ja.

Aber nicht ohne Realität.

Die Stille des Winters legte sich über uns, nachdem wir aus der Ferienwohnung im Skigebiet in die Warren Road zurückgekehrt waren. Die Wärme, die der neue Kamin abgab, hüllte mich ein, als ich unser Hochzeitsbuch mit Ideen füllte und Fotos von dem Kleid einklebte, das ich gerade mit meiner Mutter und meiner Schwester gekauft hatte. Und mit der überarbeiteten Gästeliste.

Doch während dieser langen Wintertage in Pennsylvania stellten wir fest, dass Ian auffallend oft müde war. Seine Therapeuten teilten uns schließlich mit, er würde nicht genug mitmachen und sie könnten so nicht mehr sinnvoll mit ihm arbeiten.

Seine Ärztin erklärte, wenn sie die Ursache für seine Müdigkeit finden wolle, wenn sie herausfinden wolle, wieso er den ganzen Tag mit geschlossenen Augen im Bett lag, müsse sie ihn ins Krankenhaus einweisen. Nur so könne sie ihn eingehend untersuchen. Sie hoffte auch, dass ein paar Wochen auf der Rehastation ihm neuen Auftrieb geben würden. Und ihr Ziel sei es zu erreichen, dass er sein Eheversprechen selbstständig aufsagen könne.

Gleich am nächsten Tag im Krankenhaus war der Grund für seine Schläfrigkeit gefunden: Ein Medikamentenstau in seinem Körper, der durch eine bessere Überwachung hätte verhindert werden können. Das war schnell behoben, und kurz darauf richtete sich Ian in dem Rehazentrum ein. Seine neue Umgebung bot ihm neue Reize. Er frühstückte zusammen mit den anderen Patienten, vorwiegend älteren Leuten, die mit einer neuen Hüfte oder neuen Knien dort wieder laufen lernten. Das Ziel seiner Therapie dort war, dass er ohne Hilfe essen konnte. Mit dem Laufen hatte er immer noch größte Schwierigkeiten, und damit kam er auch während der Zeit in der Reha nicht viel weiter. Und er sollte lernen, immer gleich zu signalisieren, wenn er Hilfe brauchte. Mary und ich standen in engem Kontakt mit den Therapeuten. Sie informierten uns über Ians Fortschritte und klärten uns auf über seine Möglichkeiten und das, was ihrer Meinung nach für ihn unerreichbar sei.

„Ian, ich habe einen Job angeboten bekommen", erklärte ich ihm, als ich an seinem Bett stand. Gerade hatte ich mit einer Firma telefoniert, bei der ich mich an dem Tag vorgestellt hatte, als Ian auf die Rehastation verlegt worden war. Wenn ich den Job annähme, wäre unser Lebensunterhalt gesichert, ich hätte ein besseres Gehalt und bessere Sozialleistungen und wir könnten uns eine eigene Wohnung suchen.

Am 8. April, ein paar Tage nach Ians Entlassung aus der Reha, unterschrieben wir unseren ersten Mietvertrag als in Kürze verheiratetes Ehepaar, und wir feierten das mit einem Abendessen in Pittsburgh.

Es passierte.

Es passierte tatsächlich.

„Ich werde dafür sorgen, dass es Ian gut geht", hatte ich Steve versprochen, als er vom Krebs schon sehr geschwächt war. Mit diesem Versprechen meinte ich es ernst. Ich wollte es halten.

Aber durch meine Schwäche und meine chaotische Veranlagung wurde mein Vertrauen – das Vertrauen auf mich selbst und das Vertrauen auf Gott –, häufig gedämpft. Und je näher unser Hochzeitsdatum rückte, desto größer wurden auch meine

Ängste und Sorgen. Manchmal zweifelte ich daran, dass ich wirklich geeignet sei, Ian zur Seite zu stehen. Und nicht selten lösten meine Ängste auch Zweifel aus, wenn ich mich auf Begriffe wie „Gehirnverletzung“ und „Behinderung“ und andere beängstigende Wörter konzentrierte. Zweifel quälten mich meistens dann, wenn ich mit Menschen zusammen war, die mit Behinderungen nicht umgehen konnten und ihr Tempo nicht so weit verringern konnten, dass Ian mitkam. Dann quälte mich der Gedanke, dass ich nicht wirklich Ians Ehefrau wäre, sondern die Pflegerin eines Mannes mit schwersten Behinderungen. Und in solchen Augenblicken stieg die Panik in mir hoch, und mir kam es vor, als ob die bevorstehende Hochzeit ein „Lebenslänglich“ wäre.

Das alles führte dazu, dass ich Ian gegenüber ungeduldig und patzig wurde. Und ich hatte das Gefühl, meine Entscheidung wieder und wieder rechtfertigen zu müssen. Manche Äußerungen von anderen klangen für mich so, als besäße Ian in ihren Augen keinen Wert, weil er „beschädigt“ war. B-Ware sozusagen. Ich hatte es satt zu erklären, warum er es in meinen Augen wert war, ihn zu heiraten.

Aber Ian – er war ein Fels.

„Du heiratest mehr als eine Hirnverletzung“, sagte er mir nach einem langen Gespräch, sechs Worte, die mich überzeugten.

„Aber was ist, wenn ich es nicht schaffe?“, fragte ich ihn. Mein Zorn und meine Unzulänglichkeiten schienen so groß.

Ohne zu zögern antwortete er: „Das kann gar nicht sein. Du würdest alles für mich tun.“

Gott war größer als meine Ängste und größer als Ians Einschränkungen, das wusste ich. Aber die Realität des neuen Lebens, das wir anstrebten, und die Krassheit dieser Realität an Ians schlechten Tagen, erdrückte mich. Sagte mir mein Bauchgefühl, ich solle Ian doch lieber nicht heiraten? Oder war dieses Gefühl nur die verständliche Reaktion meines Herzens auf die Entscheidung für ein Leben, das nicht leicht sein würde? Ich hatte Angst vor der Dunkelheit der Behinderung und vor der Tatsache, dass ich selbst nicht die Macht hatte, wahrhaft zu lieben oder geliebt zu werden. Aber ich wollte mich auch nicht von alledem abwenden, weil das bedeutet hätte, mich von Ian abzuwenden.

30. Mai 2010

Ian, du bist ein guter Mann, und du wirst mich lieben bis zu dem Tag, an dem ich sterbe. Ian, du hast so viel für mich getan und willst noch so vieles für mich tun.

Oh Gott, bitte verändere mein Herz. Bitte lehre mich diese Liebe. Jesus, danke, dass Ian mir hilft, vor dir auf den Knien zu liegen, denn genau da gehöre ich hin.

Auch Ian brauchte Mut, um trotz seiner Einschränkungen eine Ehe einzugehen. Er lernte darauf zu vertrauen, dass Gott unsere Defizite ausgleichen würde, in jeder Hinsicht.

Ich begann unser erstes gemeinsames Heim einzurichten. Endlich fand ich Verwendung für all die Dinge, die ich auf Flohmärkten zusammengetragen hatte. Unser erstes Heim war perfekt, ein kleines Ranchhaus auf dem Grundstück unseres Vermieters. Als wir es uns mit dem Makler ansahen, stand das Haus leer, und der Geruch der vorherigen Mieter hing noch in den Teppichen und Wänden. Die vordere Veranda war leer und wartete darauf, Partygäste und Nichten und Neffen willkommen zu heißen. Meine Freundinnen kamen, um das Haus von oben bis unten zu putzen, während ich an meiner neuen Arbeitsstelle anfing. Am Abend trafen wir uns und strichen die Wände.

„Ian, du musst schon mithelfen!“, fuhr ich ihn an, als ich vor lauter Stress wütend darüber wurde, dass er nicht an meiner Stelle stand und schuftete. Tatsächlich hatte er einen Farbroller in der Hand und strich, allerdings war er nicht sehr motiviert, weil er ohnehin nur ein wenig auf der Höhe herumrollen konnte, an die er herankam.

Das Haus verfügte neben Wohnzimmer, Küche und Bad noch über drei Räume, die ich schön und heimelig einrichten konnte. Eines der hinteren Zimmer sollte ein Büro für Ians und Davids Firma werden, das andere war für Caleb, und ins Wohnzimmer kamen unsere Couch und das Klavier.

Ich wollte uns ein Heim schaffen, in dem Ian es bequem hatte und sich zu Hause fühlte. Einen Ort, zu dem wir gern zurückkehrten und an dem wir Gott noch mehr lieben lernten. Von Mai bis August würde ich allein in unserem neuen Zuhause wohnen und alles vorbereiten für Ian, der dann nach unserer Hochzeitsreise mit einziehen würde.

Mit jedem Tag, der uns dem 28. August näher brachte, wuchsen meine Ängste, Unsicherheiten, und auch mein Glaube geriet häufig ins Wanken. Ich war gern mit Ian zusammen. Ich liebte ihn. Aber ich bezweifelte meine eigenen Kräfte und mein Durchhaltevermögen. Eigentlich war ich nämlich durchaus jemand, der gern mal frühzeitig die Flinte ins Korn warf. Ich glaube, ich hatte einfach Angst vor meiner eigenen Courage.

Ganz anders Ian.

24. Juli 2010 (Ian)

Es ist unglaublich. Es ist verrückt. Heiraten ist unglaublich. Larissa ist unglaublich. Sie ist die perfekte Frau für mich. Sie weiß, was ich brauche und ist bereit, es mir zu geben. Sie hilft mir, mit meinen Einschränkungen umzugehen.

Manchmal fällt mir das Sprechen schwer. Wenn ich mich nicht äußern kann, bin ich frustriert. Die Kommunikation ist ein so wichtiger Bestandteil einer Ehe. Bitte betet dafür, dass ich richtig sprechen kann.

Die Hochzeit sollte auf dem Grundstück meiner Tante und meines Onkels stattfinden, am Rand eines Sees auf der Bergkuppe. Auf diesem Berg war meine Mutter aufgewachsen. Dort hatte sie ihre Pferde geritten und im Wald mit ihren acht Geschwistern gespielt, barfuß und in selbst geschneiderten und von einem zum anderen weitergereichten Sachen. Auf diesem Berg, auf dem das Haus stand, vor dem mein Vater meine Mutter nach ihren Verabredungen in der Highschool abgesetzt hatte und das sie am Morgen ihrer Hochzeit verließ, in einem Kleid, das ihre Mutter für sie geschneidert hatte und mit dem wir später Verkleiden spielten, wollten wir uns das Jawort geben.

Aber die Gasgesellschaft machte uns einen Strich durch die Rechnung. Auf dem Land, das sie gepachtet hatte, genau an der Stelle, wo wir bei unserer Trauung stehen wollten, sollten ab Mitte des Sommers Bulldozer Gräben für neue Rohrleitungen ausheben.

Darum waren wir gezwungen, drei Meilen nach Osten auszuweichen. Dort hatten meine Eltern und mein Bruder vor zwei Jahren ein Stück Land gekauft. Die Wiese war von einer Seite durch einen dichten Wald abgeschlossen, den wir mit unseren Quads wunderbar durchstreifen konnten. Mein Papa, tief in seinem Innern immer noch ein Farmer, begann mit den Vorbereitungen, mähte die Wiese, versprühte Insektenvertilgungsmittel und stellte einen Strommast auf. Ende August würde der Mais schon beinahe mannshoch stehen, und vielleicht könnten wir uns am Abend im Maisfeld verstecken, wie wir es als Kinder getan hatten.

„Ian, warum willst du mich heiraten?“, fragte ich immer wieder, weil ich mich vergewissern wollte, dass ich das Richtige tat.

„Weil ich dich liebe.“

„Hast du keine Angst vor der Ehe? Mit deinen Einschränkungen?“

Natürlich nicht. Er zeigte sich wie immer als der Starke, während der Zeitpunkt unserer Trauung näher rückte. Stattfinden sollte sie vor einem provisorischen Altar und unter einem Kronleuchter, den Mary bei einem Garagenverkauf gefunden hatte. Er war aus Messing und abgrundtief hässlich, doch sie sprühte ihn für uns schwarz an und ersetzte die verlorenen Kristalltropfen durch bunte Glaskugeln, die am 28. August über uns glitzern würden.

Nicht eine Sekunde zweifelte Ian an Gott und der Entscheidung, die wir getroffen hatten, und sein Glaube war genau das, was ich brauchte. Seine Sicherheit tat meine Fragen nicht ab oder tadelte sie, sondern sie beruhigte mich nur einfach in ihrem sanften Vertrauen.

Ian sollte es an seinem Hochzeitstag bequem haben, darum entschieden wir uns für Jeans und Westen als Outfits für die Männer. Die Trauung war für 17:00 Uhr angesetzt, wenn die Sonne nicht mehr so hoch stand und es nicht mehr so heiß war. Ian vertrug die pralle Sonne nicht gut.

Meine sieben Brautjungfern suchten sich wadenlange Kleider aus, jedes mit einem unterschiedlichen Muster und Schnitt. Dazu sollten Westernstiefel getragen werden, weil wir auf einer Wiese heiraten würden und weil Stiefel einfach viel besser zu mir passten als hochhackige Schuhe. Sogar für unseren Ringträger Paladin, der gerade vierzehn Monate alt war, und für Ayla, noch nicht einmal ein Jahr, und auch für Lydia, die gerade sechs Jahre alt geworden war, gab es kleine Stiefel.

In den Bergen feierten wir auch die Braut/Bräutigamparty, und während wir die Geschenke auspackten, fragte ich mich, was unsere Gäste wohl insgeheim dachten. Ob tatsächlich ehrlich gemeint war, was auf den Karten stand, oder ob sie mich nicht vielleicht doch eher für verrückt hielten oder sich über Ian ärgerten, weil er mir die Zukunft stahl, die mir ihrer Meinung nach zustand. Ich fragte mich, ob sie wussten, wie sehr ich mir wünschte, dass Ian nicht mit solchen Defiziten leben müsste, dass er sich auch nach einmaligen Begegnungen wieder an sie alle erinnerte, und wie sehr ich mir wünschte, unsere Verlobungszeit wäre anders verlaufen. Ich fragte mich, ob sie wohl wussten, dass es für Ian nicht lustig war, sich von seiner Mutter pflegen zu lassen, weil er auf Hilfe angewiesen war, sowohl auf Reisen als auch zu Hause. Ich fragte mich, ob sie ahnten, wie falsch sich diese Geschenkesache anfühlte, weil unser Leben nicht normal war und unsere Ehe auch nicht, und weil wir kein Geschirr brauchten – wir brauchten Gott.

Trotzdem, neben diesen Ängsten und Kümmernissen freute ich mich über Ian und dass ich in ihm einen besten Freund hatte, einen Freund, der für immer mit mir zusammen sein wollte. Der mich niemals unfreundlich anfuhr. Einen besten Freund, der mich, wenn der Rahmen stimmte und er sich konzentrieren konnte, in wenigen Worten mehr über Gott lehren konnte als ein Pastor in einer ganzen Predigt, einfach deswegen, weil Ian seinen Glauben lebte. Ich wusste nicht, wieso ich immer noch einen Mann mit so vielen Defiziten liebte, aber ich verstand auch nicht, warum Gott mich immer noch liebte, mich, einen Menschen, der ihm nichts zu bieten hatte. Doch beides hatte ich erlebt, und erlebte es immer wieder, und das machte mich unendlich glücklich.

Wir wussten nicht, was uns in unserer Ehe erwartete, das konnten wir nur erahnen. Ein bisschen mussten wir damals so auf unsere Ehe blicken, wie ich heute auf die Kinderfrage blicke.

„Ich kenne die Freuden des Elternseins nicht“, sagte ich zu unserem Freund Dave. „Und die Härten kann ich nur erahnen. Wie würde es zum Beispiel gehen, dass ich Ian beim Abendessen helfe, aber auch den Kindern? Oder dass ich mitten in der Nacht aufstehe, um ein Baby zu versorgen, und dann frühmorgens Ian beim Duschen helfe.“

„Die unglaublichen Freuden, die du als Eltern erlebst, gleichen die Mühen mehr als aus“, erwiderte Dave lachend.

Unser Pastor sagte uns bei unserem Ehevorbereitungsgespräch etwas Ähnliches. Dieses Gespräch verlief anders als bei anderen Paaren, da wir ja auch anders waren als andere Paare.

„In eurer Ehe wird es viel tiefere Täler geben als in einer Ehe ohne Behinderung", erklärte uns Joe auf Marys Veranda. „Aber weil ihr diese Täler kennt, werdet ihr auch höhere Gipfel erleben."

Ich glaubte ihm. Und bat Gott, meinem Unglauben zu helfen.

„Sieh doch nur, was Gott getan hat", meinte eine Freundin aus der Gemeinde tief bewegt, die aus der Ferne beobachtet, gebetet und gefleht hatte. „Sieh doch nur, was Gott getan hat!"

Sie sah unsere Beziehung mit anderen Augen, die das ganze Bild im Blick hatten, von unserer Geburt bis zu diesem Unfall, bei dem er nur einen Schritt vom Tod entfernt gewesen war, und weiter bis zu dieser Hochzeit. Sie sah Gottes Wirken, und ihr Glaube war größer als meiner.

Ende Juli fuhren wir wieder für zwei Wochen an den See. Es war der erste Urlaub ohne Steve. Niemand würde im Haus ein Puzzle legen, und wir mussten Ian ohne seine Hilfe ins Wasser kriegen.

Mary wollte ein Pontonboot mieten, mit allen zusammen auf den See hinausfahren und Steves Asche verstreuen. Ich hatte mir noch keine Gedanken darüber gemacht, was mit Steves Asche geschehen war. Ich hatte mir auch nie gewünscht, ich könnte an seinem Grab sitzen und an ihn denken, weil Erinnerungen nicht in einem Grab liegen. Sie waren überall im Haus zu finden, in der Garage, an seiner Werkbank, die nach wie vor gleich neben der Tür stand. Er hatte ihren Inhalt akribisch sortiert und beschriftet, von Ersatztürgriffen und Schubladenknöpfen bis hin zu Bolzen und Schrauben.

Die Jungen hatten die Aufgabe, Ian aufs Boot zu schaffen. Ein schwieriges Unterfangen. Der Eigentümer riet ihnen schließlich, ihn im Zweihandtragegriff aufs Boot zu bringen, wie Feuerwehrleute ihn zur Rettung anwenden, und nicht zu versuchen, den Rollstuhl von dem unebenen Landesteg auf das schwankende Boot zu schieben. Er hätte als Pfleger gearbeitet, erklärte er uns, und wüsste, wie man „solche Leute" bewegte.

Nachdem wir alle auf dem Boot waren, fuhr Ben uns hinaus auf den See. Der Wind strich sanft über den Platz im Boot, auf dem eigentlich Steve hätte sitzen sollen. Ich verdrängte den Zweck unseres Ausflugs und stellte mir vor, dass wir zum Vergnügen mit dem Boot auf dem Wasser unterwegs waren und den Nachmittag genossen, wie andere Urlauber auch.

Wir kamen an eine abgelegene Stelle, abseits der beliebten Routen für Wasserskiläufer. Mary saß mit ihren fünf Kindern und ihrem Enkel, dazu Jane und mir im Boot, die Urne mit der Asche des Mannes im Arm, mit dem sie diese Familie gegründet hatte. Sie trat an die Reling, nahm den Deckel der Urne ab und verstreute die Asche auf der Wasseroberfläche.

Es würde nicht lange dauern, bis der See die Überreste von Steves Körper in sich aufnehmen würde. Dieser Körper, der ihm auf der Erde so gute Dienste geleistet hatte, würde ein Teil des Sees werden, den seine Kinder so liebten.

Als wir vom See nach Hause kamen, blieb nur noch ein knapper Monat bis zur Hochzeit. Meine Gefühle fuhren wieder einmal Achterbahn. Ich schwankte zwischen Vorfreude und dem Wunsch, der Tag möge schon vorbei sein. Dass alles endgültig und besiegelt war. Bis dahin gab es noch viel zu tun. Ich wollte für jeden Gast eine Karte schreiben und an eine Wäscheleine hängen, brauchte noch Ringe für meine Brautjungfern, sammelte Gürtelschnallen für die Trauzeugen, bestellte Fächer.

Obwohl es mit Ians Erinnerungsvermögen nicht zum Besten stand, wusste er, dass der 28. August ein besonderer Tag war, der sein Leben verändern würde. Er tat sich mit Ben und David zusammen, um unsere Hochzeitsreise zu planen, die eine Überraschung für mich werden sollte. Erst wenn wir am 29. ins Auto stiegen, würde ich das Ziel unserer Reise erfahren. Mir war das sehr recht, denn ich plante und kannte jedes kleinste Detail der Hochzeit, und es war schön, dass ich mir darüber keine Gedanken zu machen brauchte.

Unser neues Heim war beinahe fertig eingerichtet. Ian brauchte nur noch einzuziehen. Das höhenverstellbare Bett war mit der grauen Bettwäsche bezogen, die ich bei der Brautparty geschenkt bekommen hatte. Seine Kommode war eingeräumt, ein hässlicher Kasten, den ich in einem Trödelladen entdeckt und schwarz gestrichen hatte, passend zu unserer grau-schwarz-gelben Tagesdecke. Bilder von unseren Freunden hingen an den weißen Wänden im Wohnzimmer und im Flur und machten unser Haus wohnlich. Der Mixer stand auf der Arbeitsfläche aus Granit neben dem braunen Brotkasten, der zu unserem Backofen passte. Es fühlte sich richtig gut an, gut in dem Sinne, dass es ein Heim wurde, ein Ort, wo man ausruhen konnte.

Da wir in unserem neuen Heim immer auch Pflegekräfte unterbringen mussten, sollte unser Schlafzimmer ein Zufluchtsort sein, zu dem andere Leute keinen Zutritt hatten, wo sie nicht morgens in unseren Schubladen wühlten, um Ians Socken zu suchen, ein Ort, wo wir alles andere ausschließen konnten.

12. August 2010

NOCH 16 TAGE BIS ZU UNSERER HOCHZEIT!

Manchmal habe ich Angst davor. Ich glaube, bei unserer Verlobung fing ich an, alle diese Erwartungen an dich zu stellen, und statt mich einfach nur an dir zu freuen, denke ich ununterbrochen über deine Einschränkungen nach.

Ian, ich möchte dich besser lieben. Ich wünsche mir, dass der Heilige Geist mich mit Liebe zu dir erfüllt und mir hilft, dich so zu sehen, dass deine Einschränkungen unwichtig werden.

Unter all meinen Zweifeln lag ein dreifacher Anker, der mich hielt: Die Liebe – meine Liebe zu Ian, die sich nicht verändert hatte, und Gottes Liebe zu uns, die nie aufhören und sich niemals ändern würde. Und Ians Liebe zu mir. Ich hatte Gott gebeten, meine Liebe erlöschen zu lassen, falls wir nicht füreinander bestimmt seien, denn ich wollte Ian kein Leid zufügen und nicht aus den falschen Motiven heraus handeln. Aber meine Liebe zu Ian und Ians Liebe zu mir hatte sich nicht verändert, und seine Zärtlichkeit schien immer größer zu werden, je mehr Funktionen er sich zurückeroberte.

Und so ging ich vorsichtig im Glauben weiter – einen Schritt, der mit nichts zu vergleichen war, was ich je getan hatte. Ich ließ mich auf die Ehe ein in dem Bewusstsein, dass ich dies in totaler Abhängigkeit von Gott und im Vertrauen darauf tat, dass Gutes und Barmherzigkeit mir folgen würden.

Am Mittwoch vor unserer Hochzeit fuhr ich nach Hause ins Sullivan County, um noch etwas Zeit mit meiner Familie zu verbringen. Außerdem war noch einiges für die Hochzeit vorzubereiten. Ian würde am nächsten Tag mit seiner Familie nachkommen. Den Donnerstag und Freitag würden wir alle zusammen in den Bergen verbringen. Wir wollten unsere Gäste um uns haben, darum hatten wir alle freien Hütten in einem Nationalpark in der Nähe reserviert, was Stockbetten, Toilettenhäuschen und Taschenlampen in der Nacht bedeutete. Ian wohnte in der am besten zugänglichen Hütte und verbrachte viel Zeit mit seinen Trauzeugen mit Scherzen und unpassenden Bemerkungen über die zu erwartenden Freuden der Ehe.

Ich wohnte zehn Minuten entfernt im Haus meiner Eltern. Mein Onkel stellte Bierbänke und Tische auf der Wiese auf, auf der die Trauung stattfinden sollte. Die abgesplitterten Stellen auf den Bänken deckten wir mit Tüchern ab, damit sich unsere Gäste nicht verletzten, und mein Dad hängte diesen unsäglichen schwarzen Leuchter an einen hohen Ast. Die Wiese war erfüllt von unseren Hoffnungen für unseren Hochzeitstag … und mit der Hoffnung, dass es in unserer Ehe irgendwann mehr gute als schlechte Tage geben würde und dass das Versprechen, „ … in Krankheit und Gesundheit“ füreinander da zu sein, nicht nur einseitige Erfüllung fände.

Es ist der letzte Tag vor dem 28. Geburtstag meines Mannes, und während die Tennisbälle zusammen mit unserer Daunendecke im Wäschetrockner herumgewirbelt werden, höre ich, wie Devon und Ian in der Bibel lesen. Früher am Abend hatte ich mit Ian darüber gesprochen, dass er nur noch heute 27 sein würde.

„Ich hoffe, ich mag dich auch noch mit achtundzwanzig“, witzelte er.

Er bringt mir so viel Freude, dachte ich bei mir, während ich in sein Lachen einstimmte. Für mich ist unbegreiflich, wie er trotz seiner Gehirnverletzung so schlagfertig sein kann, aber gleichzeitig so langsam in allem, was mit Bewegung zu tun hat. Andererseits war sein schnelles Mundwerk schon immer sein stärkstes Charakteristikum. Irgendwie passend, dass es noch funktioniert.

Mary sagt, Ian erinnere sie an ihren Vater, jetzt, wo er weniger redet. Alles, was er jetzt sagt, ist gut überlegt und hat Qualität, meist ist es witzig, und es lohnt sich immer, es aufzuschreiben. So sei auch ihr Vater gewesen, Ians Opa Berger.

Opa Berger war ein Mann, dem Ian gern ähneln würde. Er wuchs als zweites von drei Kindern in Chicago auf. Mit seinem Fahrrad fuhr er zu dem Kino, vor dem das FBI Dillinger gerade gestellt und erschossen hatte. Er wollte das Blut auf dem Bürgersteig sehen, und natürlich fanden seine vier Murphy-Enkel das „cool“. Dazu kam, dass er Gewichtheber und Rettungsschwimmer am Lake Michigan war, außerdem ein bahnbrechender Wissenschaftler, der nebenbei Prosa und Gedichte schrieb und Sprache liebte.

Ian ist mir mit 28 noch wertvoller als mit 26. Und ich frage mich, wie das sein kann, wie es kommt, dass Liebe immer noch wachsen und stärker werden kann. Aber ich weiß, dass es so ist und immer so sein wird.

Vor mir steht ein kleiner Korbhocker, auf dem eine Glasvase mit Hortensien steht. Diese Blumen erinnern mich an unsere Hochzeitsblumen. Im Frühling sagte ich Ian, dass ich am liebsten immer frische Blumen in unserem Zimmer haben würde. Es müsste kein großer Strauß sein, manchmal reiche auch eine einzelne Blume. Auch wenn es ein paar Dollar kostet.

„Wenn es dich glücklich macht, gern."

Nicht eine Sekunde zögerte er mit seiner Antwort. Er möchte mich glücklich sehen, und wenn nur durch zwei Blütenstängel in einer Glasvase mit Wasser.

Wir saßen am zwei Meter langen Tisch neben dem Stützbalken in der Kirche, in der ich aufgewachsen war, als mich die Erkenntnis traf, dass auch ich einen Gehirnschaden hatte. In wenigen Stunden wollte ich heiraten, und das bedeutete, dass ich Freud und Leid in einer ungeahnten Intensität mit jemandem teilen würde. Als ich neben meinen Brautjungfern bei einem Frühstück saß, das meine Mutter für die Brautgesellschaft und die von weither angereisten Gäste vorbereitet hatte, wurde mir klar, dass ich bald behindert sein würde. In wenigen Stunden würde ich die Worte aussprechen, die das Ende eines selbstbestimmten Lebens mit einem gesunden Körper und das Einswerden mit Ians Körper bedeuteten.

Aber meine Entscheidung, mich mit ihm eins zu machen, war richtig, das wusste ich, als ich da am Tisch saß und mir Pfannkuchen mit Erdbeeren schmecken ließ, denn ich ließ mich auf etwas ein, das Gott mir für diesen Tag, für diesen Augenblick zugedacht hatte. In den vergangenen vier Jahren hatte ich viel mehr um meinetwillen getrauert als um Ians Verlust, und das würde sich jetzt ändern. Es *musste* sich ändern, weil wir diesen Schritt gemeinsam taten. Und von heute um 17:00 Uhr an bis zu dem Zeitpunkt, wenn einer von uns in den Himmel ging, würden wir jeden Schritt gemeinsam gehen, und jeden Verlust gemeinsam ertragen.

Von heute um 17:00 Uhr an würde ich mit einer Behinderung leben.

Meinen letzten Brief an Ian schrieb ich an unserem Hochzeitsmorgen, dem 28. August 2010. Er stellte die Abrundung der Briefe der fünf Jahre zusammen, die ich ihm als Hochzeitsgeschenk überreichen wollte.

28. August 2010

Es ist unser Hochzeitstag. Wir werden nun wirklich und wahrhaftig heiraten. Ich habe Angst, bin gleichzeitig aber auch glücklich, aufgeregt und nervös. Du bist ein großer Segen für mich. Und ich darf mein Leben mit dir verbringen!

Wir haben es geschafft. Wirklich, mein Liebling. Wir werden heiraten. In neun Stunden. Dies niederzuschreiben macht alles umso schöner.

Ich liebe dich. Wenn ich das nächste Mal schreibe, werde ich deine Frau sein.

In Liebe, ich.

Eine sanfte Brise trug Nick Drakes Stimme aus den Lautsprechern zu unseren Gästen hinüber, die auf den alten Bierbänken saßen und warteten. Die Trauzeugen in ihren Jeans und den grauen Westen hatten neben unserem Pastor Mark ihre Plätze eingenommen. Niemand sollte stehen, weil das für Ian unangenehm gewesen wäre. Wir hatten unsere schönen alten Gartenstühle aus Metall auf die Wiese gebracht und rechts und links von Mark aufgestellt. Bei der Hochzeit wollten wir auch keinen

Rollstuhl sehen. Ian wurde von seinen Trauzeugen getragen, wann immer das nötig war.

Ich wartete mit meinen Brautjungfern auf der Hügelkuppe. Der Wind strich über die Grashalme und Maisstengel hinweg. Mein Vater hatte einen Anhänger an den kleinen Traktor gehängt und uns alle in unseren Blumenkleidern und den Stiefeln vom Haus meiner Eltern zu der Wiese gebracht, auf der die Trauung stattfinden sollte.

Ians Bruder Caleb und seine Cousinen Anastasia und Rebekah sangen ein Lied. Ich erinnerte mich, dass sie dieses Lied im Urlaub geprobt hatten. Wir hatten gemeinsam auf der hinteren Veranda zum See hin gesessen. Doch jetzt sangen sie es tatsächlich, nicht mehr nur zu Übung, was bedeutete, dass der 28. August endlich da war.

Von der Stelle aus, an der ich mit meinem Vater stand, konnte ich Ian und die anderen nicht sehen. Oberhalb der Zelte, Bänke und des Leuchters waren wir umgeben von Wald. Meine Brautjungfern setzten sich in Bewegung, eine nach der anderen. Vier Jahre lang hatten sie miterlebt, wie ihre Cousine, beste Freundin und Schwester beharrlich um ihre Hoffnung kämpfte. Vier Jahre voller tränenreicher Gespräche, Schuldgefühle, weil ihr Leben weiterging, und Hilflosigkeit angesichts unseres Verlustes. Tief bewegt schritten sie an den Gästen vorbei und nahmen auf ihren pinkfarbenen und orangenen Stühlen Platz.

Mein Vater stand neben mir auf dem Hügel und hielt meine Hand, während der Wind uns liebkoste und mich daran erinnerte, dass Steve dort irgendwo war. Er hielt meine Hand, als wir auf unsere Familien und Freunde und auf Ian zugingen. Papa drückte meine Hand und kämpfte gegen die Tränen an, als wir Ian sahen, wie er auf seinen besten Freund gestützt vor dem Traualtar stand. Ich spürte, wie mir Tränen in die Augen traten, aber ich durfte ihnen nicht nachgeben, denn sonst würde ich nicht mehr aufhören können zu weinen.

Wir haben Jahre auf diesen Tag gewartet und jeden einzelnen Tag nur mit der Hilfe unserer Eltern überstehen können. Sie haben alle vier jahrelang nur für ihre Kinder gelebt – für Ian, ihren ältesten Sohn, und für mich, die Jüngste der Whiteleys.

Damals war mir das noch nicht bewusst, aber in Ian wartete auch ein Teil von Steve am Altar auf mich. Ian hatte so viel von seinem Vater geerbt, doch das zeigte sich erst nach und nach in der Rolle, in die Ian an diesem wunderschönen Sommerabend schlüpfte. Steve hatte den Charakter seines Sohnes geprägt und mit seiner Treue und Liebe viel Gutes in ihn hineingelegt, von dem ich nun profitieren durfte.

Mein Vater umarmte mich, gab mir einen Kuss und gab mich dann frei für einen Mann, der nicht so für mich sorgen konnte, wie Papa es gern gesehen hätte. Aber dies war es, was seine Tochter sich von ganzem Herzen wünschte.

„Das wird eine Reise, die du nie vergessen wirst."

Mein Papa und ich machten eine Vater-Tochter-Reise nach Charleston, eine Stadt, die weitläufige Plantagen und malerische Cafés zu bieten hatte. Wir haben beide an demselben Tag Geburtstag, ich wurde 25 und er 55. Eine letzte gemeinsame Reise, bevor die Hochzeitsplanung mich verschlang, schien uns genau richtig.

Er holte mich ab, und gemeinsam fuhren wir zum Flughafen. Ich ließ Ian nur ungern allein, doch ich freute mich auch auf dieses Abenteuer mit meinem Papa und ein paar Tage voller Lachen.

Die Angestellte der Mietwagenfirma wollte uns einen Minivan geben, doch wir nahmen einen Sportwagen. Noch bevor der Motor ansprang, drehten wir die Scheiben herunter und atmeten tief die warme Südstaatenluft ein. Im Norden war es noch kälter als hier in Carolina, und wir genossen die Wärme.

In meiner Erinnerung sehe ich meinen Papa vor mir, wie er eine von Bäumen beschattete Allee entlangbraust. Er wollte sehen, ob er immer noch so draufgängerisch war wie zu Highschoolzeiten, und gab Gas. Das Beifahrerfenster war offen, und meine Haare flatterten im Wind. Ich quietschte vor Freude, und mein Vater lachte. Die alte Landstraße führte uns an ein unbekanntes Ziel, aber es war perfekt.

Für ein paar Augenblicke war ich wieder sechs Jahre alt und hatte keine Sorge auf der Welt.

Für ein paar Augenblicke lebten wir in der Freiheit des Vergessens.

Während der Trauzeremonie färbte ein prächtiger Sonnenuntergang den Himmel orange. Ich legte mein Eheversprechen ab, aber ohne den Passus „in Krankheit und Gesundheit“, weil ich bei anderen Hochzeiten immer weinen musste, wenn diese Worte fielen. Ich musste weinen, weil ich nur den ersten Teil kannte, nicht den zweiten.

Der Pastor sagte Ian sein Eheversprechen vor, und Ian wiederholte es Wort für Wort. Seine Sprache war immer noch ungelenk und schwer zu verstehen. Ich jedoch wusste, was er sagte. Und David auch, weil er dieses Eheversprechen wochenlang mit ihm eingeübt hatte. Er formulierte die Worte sogar mit dem Mund mit, als Ian sein Eheversprechen aufsagte. (Später witzelten wir oft, dass ich an jenem Abend genaugenommen beide Männer geheiratet hätte.)

„Ich liebe dich", flüsterte ich Ian nach der Trauung ins Ohr, als die Gäste sich erhoben. Wir konnten nicht gemeinsam durch den Mittelgang schreiten, darum kamen unsere Gäste zu uns. Mary trat zu uns und steckte Ian das Hochzeitsgeschenk zu, das er für mich gekauft hatte: ein Schmuckkästchen, in dem eine feine, silberne Kette lag. Ich trug keine Kette, vielleicht hatte ich es irgendwie geahnt.

Unsere Gäste gratulierten uns, schenkten uns Umarmungen, gute Wünsche und Tränen der Rührung. Wir saßen auf einem Schaukelstuhl aus Metall, den ich rot und weiß angemalt hatte, unter dem grünen Blätterdach der Bäume. Unsere Lieben hielten sich in unserer Nähe und Kameras hielten diese Momente fest. Anschließend trugen die Jungs Ian mitsamt seinem Stuhl zu einer kleinen Lichtung im Wald, wo wir auf weißen Lederstühlen Platz nahmen, Hand in Hand, um diesen Tag zu feiern.

Meine Mutter hatte den Empfang vorbereitet und ein klassisches Spätsommer-Menü bestellt: Maiskolben, Schweinefleisch vom Barbecue-Grill, gebackene Bohnen und Salat. Unsere Gäste pilgerten zur improvisierten Fotokammer oder lauschten der Darbietung unserer Musiker. Im Zelt wurde getanzt und gelacht. Das Gelächter, die lachenden Gesichter, die Lichter, alles drehte sich wie in einem Karussell der Freude um mich.

Nach Einbruch der Dunkelheit und nachdem wir uns an Eiscreme und Oreo-Keksen gütlich getan hatten, sagte man uns, wir sollten das Zelt verlassen. Eine Überraschung wartete auf uns.

Ian und ich traten an die frische Luft und sahen abwartend zum Himmel hoch. Bald stiegen über unseren Köpfen Laternen auf, kleine Lichter, die die Nacht erhellten. Ian hielt meine Hand, während wir hinaufblickten in den dunklen Nachthimmel und mit unseren Blicken den Laternen folgten, die ins Unbekannte schwebten. Jede Laterne war von einem lieben Menschen auf die Reise geschickt worden.

Wir legten die Köpfe in den Nacken und sahen zu, wie sie aufstiegen und sich zu neuen Konstellationen zusammenfanden, während die Flammen in den Wachszylindern flackerten.

Ich hielt die Luft an und strahlte und wünschte mir, das Spektakel würde nie zu Ende gehen. Die Laternen, die über unsere Köpfe dahinschwebten, waren für uns ein Symbol der Liebe – eine Liebe, die meine Familie an diesem Tag mit uns teilte. Sie liebten uns durch jedes mühsame Detail des Alltags und auch durch solche Schönheit wie diese. Fünfzig Laternen schwebten über uns, und es gab keine andere Lichtquelle, die ihr Licht gedämpft hätte, denn die Wiese, auf der wir unsere Hochzeit feierten, war nur umgeben von Wald und Maisfeldern.

Und gerade als wir dachten, nun sei es vorbei, begann das Feuerwerk. Mein Onkel hatte sich im Maisfeld versteckt und schoss nun große Salven Hoffnung in den Himmel, begleitet von unseren Jubel- und Beifallsrufen.

Unsere Familien und Freunde hatten sich große Mühe gegeben, diesen Abend für uns zu einem unvergesslichen Erlebnis zu machen, und es gelang. Aber natürlich blieb in unseren Herzen auch vieles unerfüllt. Die Sehnsucht nach Heilung und der leere Platz, auf dem eigentlich Steve sitzen sollte. Doch sie füllten diese Lücken mit ihrer Liebe zu uns aus, die mit jedem Verlust noch stärker wurde.

Liebe tut so etwas.

Mit strahlenden Gesichtern begaben wir uns wieder ins Zelt zurück. Jetzt war es an der Zeit, das Tanzbein zu schwingen. Wir sangen und tanzten, und David und Lisa brachten uns mit ihren Reden zum Lachen.

Die Gäste begannen sich schon zu verabschieden, als uns jemand an die Hochzeitstorte erinnerte. Der Kuchen, den Beth am Morgen in der Küche meiner Mutter gemacht hatte, wanderte von unseren Händen in unseren Mund, und dann küsste Ian mich.

Bald darauf begaben sich die Gäste zu ihren Autos, aber wir wollen noch nicht gehen, und Mary auch nicht. „Sonst verabschiede ich mich immer gern von einer Hochzeit", sagte sie. „Aber ich wünschte, diese würde ewig dauern."

Ja, es war alles fast zu schön gewesen, um wahr zu sein. Und so friedvoll. Der Himmel spannte sich über unserem Zelt und die Lichterketten spendeten gerade so viel Licht, dass sie uns einzuladen schienen, noch länger zu verweilen.

Sechs Stunden lang hatte Ian gestrahlt und gelacht. Sechs

Stunden lang hatte Ian die Freude gefeiert, ein Ehemann zu werden. Eines der wundervollen Ziele, für die Gott die Menschen geschaffen hat. Ian und ich hatten mit der Familie und den besten Freunden gefeiert. Sie waren alle gekommen, um deutlich zu machen, dass sie uns liebten, uns zur Seite standen und uns nicht verlassen würden.

Aber natürlich wussten wir nur zu genau, dass wir diesen Augenblick nicht für ewig festhalten konnten. Und darum fuhr uns David kurze Zeit später zu unserer kleinen Hütte am Fluss. Als ich die Holztür aufstieß, entdeckten wir, dass sich ein lieber Mensch hineingeschlichen und überall Kerzen angezündet hatte. Wir sahen uns im Raum um. Unser Blick wanderte zum Bett, und wir lachten, weil sich durch die Worte „Ja, ich will", doppelt ausgesprochen, alles geändert hatte. In dieser Nacht besiegelten wir unseren Bund und wurden Mann und Frau in einer neuen und einzigartig behinderten Ehe.

„Liebling?" Ich wende mich ihm zu, um seine Aufmerksamkeit auf mich zu lenken.

„Ja?"

„Was ist das Schönste daran, dass du mein Mann bist?"

Ein gefährliches Lächeln umspielt seine Lippen, und ich weiß, dass ich damit eine Antwort herausgefordert habe, die nicht für anderer Leute Ohren bestimmt ist.

„Da gibt es keine einzelne Antwort", erwidert er zögernd.

„Okay, das ist süß von dir. Aber ehrlich, zähle etwas auf."

„Sex."

„Ich wusste es!", rufe ich.

Ich wusste, dass in seiner Antwort dieses Wort vorkommen würde, und zwar aus zwei Gründen – zum einen, weil er bei dem Unfall im Jahr 2006 sein ohnehin schon etwas schwach ausgeprägtes Gefühl für unangebrachte Äußerungen verloren hat, und zum anderen, weil ihm Sex wirklich sehr gefällt, wie den meisten Männern, so hörte ich.

„Warum ist es das?“, frage ich ihn.

„Ich bin verflucht.“

Ich lache erneut, weil er mit wenigen Worten so viel sagen

kann, und ich gebe ihm einen zärtlichen Kuss und erinnere ihn an die unzähligen Gründe, warum ich so gern seine Frau bin.

„Du ermutigst mich, du bist freundlich und zärtlich zu mir", murmele ich zwischen kleinen Küssen, die ihm zeigen sollen, wieviel er mir bedeutet und wieviel Raum er in meinem Kopf und meinem Herzen einnimmt. „Du vertraust mir und willst immer mit mir zusammen sein, und du unterstützt mich …"

Das Gespräch mit ihm über dieses Thema, die Bewusstmachung, warum ich dankbar bin für unsere Ehe, rührt etwas an in meinem Herzen, erinnert mich daran, was das Zentrum unserer Beziehung ist. Ich sehe ihn an, in seine weiße Mikrofaserdecke eingepackt neben mir, und meine Gefühle für ihn lassen meinen Magen Purzelbäume schlagen. Er will immer bei mir sein, entscheidet sich immer für mich, begrüßt mich immer mit einem strahlenden Lächeln und einem „Hallo, Frauchen!"

„Wie war dein Tag?", frage ich ihn dann.

„Besser jetzt, wo mein Frauchen zu Hause ist."

Das sagt er immer, weil er tatsächlich dankbar für mich ist … Tag für Tag.

Ich bin gern Mrs Murphy, ein Name, mit dem ich, so lange wir verheiratet sind, meines Wissens noch nie angesprochen worden bin. Aber dieser Name bedeutet, dass ich mit einem guten Mann verheiratet bin.

„Ian, ich habe das Gefühl, dass ich meiner Arbeit nicht mehr gerecht werde."

„Das Problem sind die ersten fünf Wörter deines Satzes."

Bingo! Da ist es wieder. Kurz und prägnant erinnert er mich daran, dass mein Jammern häufig auf Gefühlen beruht, die jeder Grundlage entbehren.

Ich bin gern Mrs Murphy, weil ich mir so lange gewünscht habe, diesen Namen eines Tages zu tragen, weil der Name bedeutet, dass wir im Herzen des jeweils anderen verankert sind, dass die Jahre der oberflächlichen Beziehungen, die Jahre nach unserem Kennenlernen und dem Unfall ihren Höhepunkt gefunden haben in einer Bindung an meinen besten Freund, meinen Vertrauten. Es ist ein Ehrentitel.

„Ian, heute Abend habe ich mich nach einem Mann umgeschaut, der nicht körperbehindert ist."

„Was kann ich tun, um dir zu helfen?"

„Warum bist du gar nicht beleidigt?", frage ich verwirrt. Im umgekehrten Fall wäre ich ganz bestimmt sauer gewesen.

„Weil du es mit einem heiligen Gott zu tun hast", antwortet er.

Als ich die Geschichte später meinen Freundinnen erzählte, waren sie verblüfft, dass ich so offen mit Ian rede. Dass wir so ehrlich zueinander sind. Aber für mich ist das eine Selbstverständlichkeit. Ich habe ihm immer alles erzählt, ob in seinem Mazda vor meiner Wohnung oder an seinem Krankenbett auf der Intensivstation, während er am Tropf hing. Ich erzähle ihm alles, weil ich ihm vertraue. Und ich weiß, wenn er mich enttäuscht oder etwas zu mir sagt, das nicht in Übereinstimmung mit der Bibel steht, will er, dass ich ihm ebenso wieder auf die Bahn helfe.

Es ist eine Freude, mit einem guten Mann verheiratet zu sein, einem Mann, der seinem Vater so ähnlich ist.

„Ian, meine Oma schenkt uns ihr Auto!", rufe ich aufgeregt, nachdem sie mir am Telefon von ihrem Plan erzählt hat. „Jetzt könnten wir unseres verkaufen und das Geld als Anzahlung für ein Haus verwenden", schlage ich vor, obwohl ich weiß, dass das nicht sinnvoll wäre. Wir sollten das Geld lieber sparen.

„Nein, wir sollten unser altes Auto auch jemandem schenken."

Wieder hat er mich ertappt. Seine Großzügigkeit führt dazu, dass ich mit Ben und Jane telefoniere, deren Auto gerade kaputtgegangen ist.

Es ist eine Freude, mit einem Mann verheiratet zu sein, der das Beste in mir zum Vorschein bringt.

Und der mich zum Lachen bringt ...

„Ian, ich fürchte, ich muss diese Woche meine Seele verkaufen, um an dem Buch weiterzuarbeiten."

„Sieh aber zu, dass du einen guten Preis dafür bekommst. Geh nicht unter 49,99 Dollar."

Wie damals im Krankenhaus und während der langen, anstrengenden Tage auf der Warren Road vor unserer Hochzeit zeigt Gott mir durch Ian, was ich brauche, genau zum richtigen Zeitpunkt.

Viel zu schnell wurde nach unserer Hochzeit unsere Ehe für mich zur Selbstverständlichkeit. Ich vergaß, was ich empfunden hatte, wenn ich vor verschlossener Tür stand. Die Ehe, diese Ehe, hat mir ermöglicht, Ian wirklich kennenzulernen. Ich kann ihn auf eine Weise erleben, wie es mir früher nicht möglich war. Es gibt keinen Ort, zu dem ich keinen Zugang habe, ich bin in seinem Geist und in seinem Herzen. Ich kann ihn jetzt durch und durch kennenlernen und erleben, ohne Vorbehalte oder Furcht, weil Gott ihn mir geschenkt hat und mich ihm.

Ich bin seine Gehilfin geworden auf eine Weise, wie ich es früher nicht sein konnte. Zum ersten Mal konnte ich während unserer Hochzeitsreise tun, was ich noch nie zuvor getan hatte, konnte ihm werden, was mir vorher versagt war. Über Nacht wurde das Sich-Hinschenken und Ablegen des eigenen Ichs zu dem Gefäß, durch das Gott tief empfundene Dankbarkeit und Freude fließen ließ. Durch diese Tunnel, die gegraben wurden durch jede Tablettendose, die ich bestückte, und jeden Katheterbeutel, den ich ausleerte, begannen kleine Rinnsale zu tröpfeln, die mich mit dem Herzen Gottes verbanden. Und im Laufe der Jahre, in denen ich das Geschenk erlebte, die Gehilfin eines anderen Menschen zu sein, wuchsen sie zu einem Strom an, der schließlich durch die Mauern brach, die ihn eingeengt hatten, und vor Gnade übersprudelte.

„Seit du verheiratet bist, wirkst du glücklicher", sagte meine Mutter einen Monat vor unserem dritten Hochzeitstag.

Ja, Gott hat uns in dem jeweils anderen ein Geheimnis geschenkt, das wir in jedem Jahr, das wir gemeinsam erleben, weiter auspacken und aufdecken. Durch meinen behinderten Mann, der mir durch ein paar Worte mehr sagen kann als jeder andere, hat er mir ein kostbares Geschenk gemacht.

„Ian, was würdest du einem Menschen antworten, der meint, Larissa hätte dich nicht heiraten sollen?", fragte jemand während eines Interviews. Wir hatten unseren Interviewpartner vorher von Bemerkungen erzählt, die uns verletzen, von Kritik und Verurteilung.

„Ich würde antworten, er solle mal einen Tag an Larissas Leben teilhaben."

„Warum?"

„Weil er dann sehen würde, dass sie einen Mann hat, der sie liebt."

Das Beste an dieser Ehe sind die Wahrheit, die Ian sagt, und der Gott, den er liebt. Wir sind zwei leere Gefäße, die wir aus uns selbst heraus nicht füllen können, aber durch das, was wir empfangen, was aus der vollkommenen Liebe auf uns herabtröpfelt, werden wir heil und vollkommen gemacht.

„Ian, das letzte Mal habe ich fünf Runden geschafft. Weißt du noch, welches Ziel du mir für heute gesetzt hast?"

„Eine Steigerung um fünfzig Prozent."

„Das habe ich geschafft!"

„Ich bin so froh, mit dir verheiratet zu sein", sagt er und dreht den Kopf nach rechts, wo ich in meinem tropfnassen Badeanzug stehe.

„Warum?", frage ich.

„Ich kann mich glücklich schätzen!"

„Warum?"

„Weil du es verstehst, dich selbst anzutreiben."

Bei jedem Schwimmzug und jeder Runde dachte ich an ihn, daran, wie stolz, wie glücklich er sein würde, dass ich mich durchbiss. Weil auch er das jeden Tag tut. Ich wollte ihm zeigen, dass ich mich ebenfalls anstrenge, dass ich das Ziel erreichen will, das er mir gesteckt hat. Und ich freute mich darauf, dass er stolz auf mich sein würde, wenn ich zu dem blauen Liegestuhl zurückkehrte, auf dem er lag. Bei ihm erwarteten mich immer Ermutigung und Zärtlichkeit.

„Ich liebe dich. Danke, dass du mir immer Mut machst", sage ich zu ihm und trete an seine linke Seite.

„Danke, dass du dankbar bist."

„Ach, jetzt hör aber auf!"

„Das habe ich doch schon."

Lachen, dann Stille.

Das Wasser tropft aus meinen nassen Haaren auf meine rosa Großmuttersonnenbrille aus dem Trödelladen, und das Handtuch, das über meiner Schulter hängt, flattert sanft im Wind gegen meine Oberschenkel. Ich spüre ein Zupfen am rechten Zipfel, und als ich den Blick senke, sehe ich, wie seine rechte Hand mit dem Ehering mein Handtuch umklammert.

„Dieses Handtuch sieht richtig gut aus."

„Ian, du bist besessen von Handtüchern!" Ständig fragt er nach einem Handtuch. Gleich nach dem Zähneputzen oder sobald er im Pool ist, um zu schwimmen.

Ein schiefes Lächeln und eine Pause, die normalerweise bedeuten, dass gleich eine freche Bemerkung kommen wird. „Jetzt wartest du auf eine scharfsinnige Aussage von mir", sagt er.

„Ja. Und?"

„Da kannst du lange warten", erwidert er.

„Warum?"

„Weil ich erst ein Handtuch will."

Ich stehe da und schaue ihn nur hilflos an, weil ich wieder mal vergessen hatte, wie lustig er ist. Er erholt sich gerade von einer Infektion, die ihm zu schaffen machte und seinen Humor erstickt hat. Wegen dieser Infektion musste ich auf sein Lächeln und auf neue Fortschritte verzichten. Immer wieder hat sein Körper gegen Infektionen zu kämpfen. Das kenne ich mittlerweile schon. Trotzdem machen sie mir Angst. Denn wenn es Ian nicht gut geht, geht es auch mir nicht gut.

Seit ich heute von der Arbeit nach Hause gekommen und mit ihm zusammen bin, habe ich jede Minute genossen. Ich habe nicht an seine Gehirnverletzung gedacht oder mir gewünscht, er könnte einfach allein ins Wasser gehen, ohne meine Hilfe. Ich war nicht böse auf ihn, weil er mich nicht gefragt hat, wie mein Tag war, oder ein Gespräch mit mir begonnen hat. Ich habe mich ganz auf ihn konzentriert und wie er mich zum Lachen bringt und wie gut er aussieht mit seinem Viertagebart.

Und dieses Gefühl, sich einfach nur an einem Menschen zu freuen, ist unglaublich befreiend, erfrischend und willkommen. Und das Gegenteil davon – die ständige Erwartungshaltung – fühlt sich an wie Sterben. Und das will ich nicht. Denn wenn ich mich auf meine Wünsche, Erwartungen und Ansprüche konzentriere, macht mir die Zukunft Angst. Aber auch diese Angst und

Hoffnungslosigkeit muss ich manchmal aushalten, damit ich wieder neu erkenne, dass nicht ich es bin, die meine Ehe in Händen hält. Die Tage der Dunkelheit und tiefen Täler lassen mich die Größe Gottes erkennen und wecken in mir die Sehnsucht nach dem Himmel, wo endlich alles gut sein wird.

Die Tage, in denen wir auf unsere eigenen unerfüllten Wünsche sehen, sind hilfreich, denn ohne sie würden wir unser Leben hier auf der Erde zu sehr lieben. Ohne diese schweren Tage würde ich meine Defizite nicht erkennen und mir der Gegenwart Gottes nicht bewusst werden.

Hier, wo ich Ian anschaue und Gott sehe und mir klar mache, welchen Preis Jesus bezahlt hat, damit wir die Liebe kennenlernen und erfahren können, erkenne ich ganz deutlich, dass er es tatsächlich ist, der alle Dinge zu meinem Besten zusammenwirken lässt.

Epilog

25. Juli 2013

Ich genieße unseren Urlaub hier am See. Heute war ich viele Stunden im Wasser. Sarah und Jessie sind da und Larissa.

Ich fühle mich so frei, weil meine Frau auf meinem Schoß sitzt. Das Rauschen der Wellen findet sein Echo in meinem Kopf. Der Wind streicht über meinen Körper, ein wunderschönes Gefühl. Der Bootssteg trägt mich, so wie meine Familie.

Sie sind um mich und fragen mich ständig, wie es mir geht. Wenn ich hoch zum Haus laufe, nimmt meine Oma mich dort in Empfang.

Dieser See bringt so viele Erinnerungen zurück an Sonnenbrand auf meinem Rücken oder Algen an meinen Händen. Früher bin ich oft nachts im See geschwommen, lag auf dem Rücken im seichten Wasser und schaute hinauf zu den Sternen. Meine Cousinen und Cousins spielten Football im Hof und Karten an der Tiki-Bar, und ihre Stimmen erfüllten das ganze Haus.

Oma Berger backte Brot und Opa schwamm seine Runden im See in seiner winzigen Badehose aus den 1960er-Jahren. Onkel Eric reparierte an seinem Boot herum, zog seine Kinder in Schwimmreifen hinter sich her oder ging nachts mit ihnen angeln.

Ich muss immer lächeln, wenn ich an den See denke, weil mit ihm viele glückliche Erinnerungen verbunden sind. Hier ist die ganze Familie zusammen, und alle sind gern hier. Alle sind glück-

lich. Wir hängen alle gemeinsam ab. Ich sitze gern mit Sarah in ihrem Zimmer und rede mit ihr über unser Leben.

In den strahlenden Gesichtern meiner Cousins und Cousinen sehe ich Gott, weil er das Glück ist.

Ich weiß genau, was Ian meint, weil auch ich die Zeit am See genieße. Seit letztem Jahr bin ich nicht mehr so glücklich gewesen wie jetzt. Irgendetwas geschieht, wenn ich mit Ians Familie Urlaub mache. In diesem Jahr waren wir mit 38 Personen hier im Haus am Seeufer. Alles fällt von mir ab, eine Enge, die mir zu schaffen macht, wenn ich nicht hier am Wasser bin.

In diesem Jahr ist es besonders schön, weil es Ian so gut geht. Zum ersten Mal seit 2006 schafft er alle Stufen bis zur Tiki-Bar, und beim Sonnenuntergang sitzt er auf dem hohen Barhocker mit Blick auf den Steg. Wir posieren für die Luau-Fotos und fragen uns, ob das Handy wohl die Farben richtig einfängt oder alles ruiniert. Es fällt Ian nicht mehr so schwer, in das Boot ein- und auszusteigen, weil er kräftiger geworden ist. Er braucht keine Rampe, um ins Haus zu gelangen, weil er die Treppen selbst hochsteigen kann.

Diese beiden Wochen am See haben die Familie über Jahre zusammengeschweißt, und ich bin in sie hineingewachsen. Oma und Opa Berger erleben, dass sich ihre Kinder, Enkel und Urenkel, wann immer es ihnen möglich ist, im Sommer treffen, um nach Monaten der Trennung ihre Beziehung aufzufrischen. Über viele Jahre und Generationen hinweg erleben diese Familien Gottes Treue. Und wir alle haben teil an dem Segen.

Am See ist Heilung, weil wir alle zusammen sind und uns geliebt fühlen, trotz allem, was in den vergangenen 12 Monaten wieder alles geschehen ist. In diesem kleinen Kokon ruhen wir – und auch Ian – aus, weil niemand hier der Meinung ist, er besäße keinen Wert, und weil mir niemand zu verstehen gibt, ich hätte einen Menschen, der keinen Wert besitzt, nicht heiraten sollen.

In dem Kokon am See werden wir Teil der Erinnerungen aller anderen und des Lebens der Menschen, die Ian von klein auf kennen.

Wir fühlen uns sicher.

Wir fühlen uns zu Hause.

Es ist, als würde ein Sprühregen aus dem Himmel auf unsere Geschmacksknospen fallen und unseren Appetit wecken auf die Heimat, die wir niemals wieder werden verlassen müssen. Es fühlt sich an wie ein Vorgeschmack auf die Erlösung.

Es ist wie in Cousine Sarahs Traum, den sie ein paar Tage nach ihrer Abreise hatte. In ihrem Traum stieg Ian eine lange, gewundene Treppe hinunter. Sie und ich warteten unten auf ihn. Er brauchte sehr lange, und es war überaus anstrengend für ihn, ohne seinen Stock zurechtzukommen.

Und als er die letzte Stufe erreichte, polterte sein Vater hinter ihm die Treppe hinunter, laut lachend und unendlich stolz, weil sein Sohn so viel erreicht hatte. Er hatte nie an Ian gezweifelt, und er hatte für ihn gekämpft und sich für ihn eingesetzt. In Sarahs Traum war Steve nicht gestorben, war nicht fortgegangen, sondern hatte die ganze Zeit auf uns gewartet, gesund und heil und strahlend. Er hatte alles gehabt, was ihm auf Erden je gefehlt hatte, und er schien Jesus ähnlicher zu sein, als zu fassen war. Er öffnete sich uns und schloss seinen Sohn, von dem die Erde ihn getrennt hatte, in die Arme, hob ihn auf in unendliche Liebe und Freude.

Sarah umarmte ihren Onkel. „Wir haben dich vermisst“, hauchte sie.

„Oh, ich liebe euch alle mehr, als ihr ahnt.“

Alles war wiederhergestellt. Alles war erlöst. Alle Zerbrochenheit war von der Helligkeit aufgesaugt worden.

25. Juni 2008 (Steve)

Ich sehe Gott in Larissas Wunsch, an Ians Seite zu bleiben. Ich weiß nicht, was die Zukunft bringen wird, ich weiß nicht, was Gott mit ihr vorhat. Ich wäre nicht verbittert, wenn sie beschließen würde, weiterzuziehen. Ich würde ihr das ganz bestimmt nicht übel nehmen. Aber im Augenblick sehe ich Jesus in ihrer Hingabe. Wie ich, ein sündiger Mensch, ist sie von Gott geschaffen, und mir ist bewusst, dass ihre Fähigkeit, Liebe zu schenken, begrenzt ist ... ganz anders als Gott. Doch durch ihre Fürsorge und Liebe zu Ian zeigt sich Gottes Liebe.

Gott ist grenzenlos in seiner Liebe zu mir, auch wenn ich seine Fürsorge nicht verdient habe. Immer wieder tue ich, was ihm nicht gefällt, Tag für Tag, aber in der Bibel lese ich, dass sein Erbarmen niemals aufhört. Selbst wenn ich nie gesündigt hätte, im Vergleich zu Gottes unendlichem Wesen besitzen wir nichts, was von Wert für ihn wäre. Und doch werden die, die ihm ihre begrenzte Hingabe schenken, von Gott als unendlich wertvoll betrachtet. „Wie klein und unbedeutend ist da der Mensch und doch denkst du an ihn und sorgst für ihn."

Larissas Hingabe lenkt meinen Blick auf den Erlöser. Wenn diese Worte Sie Larissa bewundern lassen, dann habe ich es falsch angepackt. Wenn durch einen unserer Beiträge in unserem Blog die Aufmerksamkeit auf uns gelenkt wird, dann haben wir versagt. Bei Larissa und Ian sollten wir nicht ihre Hingabe und Liebe bewundern. Vielmehr sollten sie unser Augenmerk auf Jesus lenken, uns über seine Liebe zu uns staunen lassen und über das Wunder, dass wir seine Liebe weitergeben können. Bitte schreibt keine lobenden und bewundernden Kommentare zu diesem Beitrag, denn hier geht es nicht um Larissa oder mich oder meine Familie. Die ganze Geschichte ist ein Bild für Christi Liebe zu uns. Wenn ich diese Liebe erst im Himmel ganz begreifen werde, wird sie mir sicher den Atem rauben. Ich verdiene sie nicht, aber ich staune darüber.

Danke, Herr!

Für meinen Ehemann zum 30. Geburtstag

Mit 20 hast du dich entschieden, mich zu lieben, und dein Herz für ein junges, manchmal etwas schüchternes Mädchen zu öffnen, das lernen musste zu lieben.

Wirklich und wahrhaftig zu lieben.

Wir beide mussten das lernen, denn noch wussten unsere jungen Herzen nur, wie man selbstsüchtig liebt, nicht wie man gibt. Wir liebten uns, weil es leicht war und weil wir dachten, dass wir uns gegenseitig ergänzten. Wir liebten, weil wir dachten, dass wir glücklich zusammen seien und weil wir auch tatsächlich noch keine andere Art der Liebe kennenlernen mussten. Noch nicht.

Mit 21 hast du angefangen, auf etwas hinzuarbeiten, das du an meine Hand stecken konntest, um mir zu zeigen, dass du unsere unvollkommene Liebe für immer leben wolltest. Ich wusste, dass du mich mehr liebst als ich dich. Ich merkte das an deiner Sicherheit. Deine Liebe wuchs, und auch das Bauchgefühl, dass diese Liebe bleiben würde, weil Gott mit dabei war. Du hast um mich gekämpft!

Ich kannte Gott noch nicht so gut und mich selbst kannte ich auch noch nicht so gut.

Mit 22 warst du plötzlich verschwunden. Du warst in dir selbst verborgen, an diesem geheimnisvollen Ort, an den ich nie gelangen konnte, dem Rätsel deines Komas. Dieser Ort hielt dich davon ab, mit mir zu reden, aber er konnte dich nicht daran hindern, mich zu lieben.

„Seine Herzfrequenz erhöht sich, wenn Sie mit ihm reden."

„Er sieht Sie anders an als alle anderen."

„Er folgt Ihnen mit den Augen."

Mit 25 kam deine Stimme zurück und deine Liebe war immer noch stark genug, um daran zu glauben, dass du der Ehemann sein könntest, der du sein solltest. Und so hast du mich gefragt.

Und jetzt, mit 30, mein Liebster, mit 30 liebst du mich noch besser und kämpfst noch entschlossener für mich als ich für dich.

Du willst immer bei mir sein.

Du willst einfach nur bei mir sein.

Du hast keine Erwartungen an mich. Du hast keine Anforderungen, die ich erfüllen muss. Es ist dir egal, ob deine Party ohne Dekoration auskommen muss, weil ich voll damit ausgelastet war, 30 Leute zu koordinieren. Es macht dir nichts aus, dass der Fußboden schmutzig ist und ich die Dusche seit einem Monat nicht geputzt habe und dass unser Schlafzimmer mit Schmutzwäsche übersät ist.

Du liebst mich einfach. In all meiner Unvollkommenheit. In den Umständen, die ich dir mache. Mit den schnippischen Worten, die ich manchmal sage, und den Mittagessen, die ich dir vorzubereiten vergesse und den Glühbirnen, die ich nie austausche. Mit meinem Körper, der auch nicht mehr ist, was er mal war, und den du ansiehst und sagst, er sei immer heiß gewesen und ich werde es für dich immer bleiben.

Du freust dich einfach an mir, so wie ich bin.

Und damit zeigst du mir, wie Gott mich liebt. Durch dich erinnert mich Gott daran, dass er sich an mir freut und mich genau so gut findet, wie er mich geschaffen hat.

Keine Erwartungen. Keine Leistung.

Danke, Liebster, dass du mir das vorlebst. Ich wünsche mir ein Herz wie deins.

Auf die 30!

Ich liebe dich für immer,

dein Frauchen.

Ian macht weiter Fortschritte auf seinem Genesungsweg. Gemeinsam sind Larissa und er oft unterwegs zu Vorträgen und Seminaren und erzählen ihre Geschichte.

Ian malt fröhliche Bilder, mit deren Verkauf er seine eigene Physiotherapie finanziert.

Nach einer weiteren Operation an seinem zerschmetterten Knie ist Ian am 9. Januar 2015 zum ersten Mal allein, ohne Gehhilfe und andere Unterstützung, einige Schritte gelaufen. Damit hat er sein persönliches Zwischenziel „Walk by Thirty“ lange vor seinem 30. Geburtstag erreicht.

In ihrem Blog halten Ian und Larissa uns über das auf dem Laufenden, was in ihrem Leben passiert:

www.ianandlarissa.com

MIX
Papier aus verantwortungsvollen Quellen
FSC® C014496

Verlagsgruppe Random House FSC®N001967
Das für dieses Buch verwendete FSC®-zertifizierte Papier *Munken Premium Cream* liefert Arctic Paper Munkedals AB, Schweden.

Die amerikanische Originalausgabe erschien im Verlag B&H Publishing Group, Nashville, Tennessee, unter dem Titel „Eight Twenty Eight".

1. Auflage 2015
Bestell-Nr. 817058
ISBN 978-3-95734-058-0

Umschlaggestaltung: Michael Wenserit
Umschlagfoto: Lydia Hartnett, Lydia Jane Photography
Innenfotos: privat/Lydia Hartnett, Lydia Jane Photography
Satz: Vornehm Mediengestaltung GmbH, München
Druck und Verarbeitung: GGP Media GmbH, Pößneck
Printed in Germany